中华人民共和国海船船员适任评估教材
交通运输类“十四五”创新教材
符合《海船船员适任评估规范（2024版）》评估要求

轮机实操评估Ⅲ
——动力设备拆装

中国海事服务中心 组织编写

大连海事大学出版社
DALIAN MARITIME UNIVERSITY PRESS

图书在版编目(CIP)数据

轮机实操评估. Ⅲ，动力设备拆装 / 中国海事服务中心组织编写. — 大连 ：大连海事大学出版社，2025. 6. —（中华人民共和国海船船员适任评估教材）.
ISBN 978-7-5632-4698-4

Ⅰ. U664.1

中国国家版本馆 CIP 数据核字第 20258RW680 号

大连海事大学出版社出版

地址：大连市黄浦路523号　邮编：116026　电话：0411-84729665（营销部）　84729480（总编室）

http://press.dlmu.edu.cn　E-mail：dmupress@dlmu.edu.cn

大连天骄彩色印刷有限公司印装　　大连海事大学出版社发行

2025 年 6 月第 1 版　　2025 年 6 月第 1 次印刷

幅面尺寸：184 mm×260 mm　　印张：15.5　　字数：386 千

出版人：余锡荣

策　　划：李明阳　　组　　稿：沈荣欣

责任编辑：席香吉　　责任校对：高　颖

封面设计：张爱妮　　版式设计：张爱妮

ISBN 978-7-5632-4698-4　　定价：52.00 元

中华人民共和国海船船员适任评估教材

编审委员会

主　　任：单红军

委　　员：（按姓氏笔画排序）

于忠武　王　勇　万　健　吴中平　吴丽华　施祝斌
唐强荣　温华兵　曾庆成

审定委员会

主　　任：单红军

委　　员：（按姓氏笔画排序）

马洪涛　王平义　王明春　王　琪　吕　明　刘金华
刘锦辉　闫松银　李忆星　李　丽　李明月　杨甲奇
肖亚明　何江华　张庆宇　张守波　陈东水　陈常晖
周明顺　黄江昆　景向伟

编写委员会

主　　任：曾庆成

执行主任：王　勇　余锡荣　张玉波

副 主 任：（按姓氏笔画排序）

王方金　王希行　方　诚　邓　华　邓志华　叶晓飞
代勇刚　曲　涛　朱永祥　朱耀辉　刘月鹏　刘世伟

前　言

作为全球贸易主动脉的海洋运输，承载着90%以上的国际货物流动，在世界经济格局中发挥着举足轻重的作用。海船船员是全球航运体系的核心，其专业素养与适任能力直接决定着全球海上物流链的安全畅通与运营效能。在智能船舶技术日新月异、新能源装备迭代升级、自动化系统深度应用的当代航运变革中，国际公约和国内海事管理法规亦呈现动态演进态势，这些深刻变化对海船船员的知识架构、技术应用与应急处置能力提出了前所未有的高标准。

为精准对标高素质船员培养标准，打造与世界一流海运强国相匹配的船员队伍，交通运输部海事局颁布了《海船船员适任评估规范(2024版)》，并于2025年4月1日正式实施。此规范旨在通过科学、系统的评估体系，确保船员具备与岗位相匹配的专业技能与素质。鉴于这一重要背景，中国海事服务中心积极响应行业需求，凝聚行业专家智慧，组织编写了这套《中华人民共和国海船船员适任评估教材》。该系列教材严格遵循评估规范要求，结构严谨，重点突出，实用性强，既为船员备考提供精准指导，又着力于培训过程中对船员实操技能与复杂场景处置能力的强化，切实提升船员的岗位胜任能力。

本套评估教材分为航海、轮机、电子电气三大专业，共16册。

航海专业包括：《航海实操评估Ⅰ——船舶操纵、避碰与驾驶台资源管理》《航海实操评估Ⅱ——航次计划、气象传真图分析》《航海实操评估Ⅲ——货物积载与系固》《航海实操评估Ⅳ——航线设计、电子海图显示与信息系统》《航海实操评估Ⅴ——航海仪器的使用、雷达操作与应用》《航海实操评估Ⅵ——GMDSS设备操作》《航海实操评估Ⅶ——水手工艺、水手值班》；

轮机专业包括：《轮机实操评估Ⅰ——轮机模拟器、动力装置测试分析与操作》《轮机实操评估Ⅱ——机舱资源管理》《轮机实操评估Ⅲ——动力设备拆装》《轮机实操评估Ⅳ——电气与自动控制》《轮机实操评估Ⅴ——动力设备操作》《轮机实操评估Ⅵ——船舶电工工艺和电气设备》《轮机实操评估Ⅶ——金工工艺》；

电子电气专业包括：《电子电气员实操评估Ⅰ——船舶电站操作与维护、船舶电子电气管理与工艺》《电子电气员实操评估Ⅱ——通信与导航设备维护、计算机与自动化》。

本套评估教材的出版具有多重意义。一是有利于行业发展，通过系统提升船员实操能力，为航运业转型升级注入强劲动能，推动我国航运业向绿色航运、智慧航运发展；二是有益于船员职业发展，引导船员精准掌握实训要点，提高培训效率和学习效果；三是有助于评估考试管理，为海船船员适任评估工作提供更加符合行业需求的标准和内容，推动海船船员适任评估工作从实施流程、评估方式到评判标准的全国统一。

中国海事服务中心邀请全国航海院校知名专家，航运企业资深船长、轮机长，以及海事局船员考试领域业务骨干共同参与本套评估教材的编写和审定工作。编审团队深度融合国际公约、国内法规最新要求与航海新技术发展趋势,注重理论联系实际,突出“用、学、考”一体化思维,通过贴合实际的案例、深入浅出的讲解,阐明评估要义,突出评估要点,使整套评估教材既具专业深度又易学易用。我们衷心期望这套凝聚航海智慧的评估教材能够成为广大船员职业成长的加速器,为我国高素质船员队伍建设发挥积极作用。同时,也热忱欢迎行业同仁和广大船员对本套评估教材提出宝贵意见和建议,以便我们不断完善,使其更好地服务于我国的航海事业。

中国海事服务中心
2025 年 4 月

编者的话

本书是按照《中华人民共和国海船船员适任评估规范(2024)》的要求编写的,涵盖了750 kW及以上船舶大管轮和二/三管轮以及未满750 kW船舶大管轮和二/三管轮"动力设备拆装"科目的评估项目,以及750 kW及以上船舶机工和未满750 kW船舶机工"设备拆装与操作"中的拆装评估项目。

本书介绍了动力设备拆装检修中的基本规则、工具和量具以及使用,并较系统地介绍了各种动力设备的拆装和检修方法。内容包括:船舶柴油机、增压器、制冷压缩机、液压设备、自清滤器、分油机、船用泵、空气压缩机、辅锅炉水位计和燃烧器、双头螺栓、板式和壳管式换热器、管系以及过滤器的拆装和检修。本书主要作为大管轮、二/三管轮、机工等各类轮机培训班的训练与评估教材,同时可用作高等航海类院校轮机工程专业本、专科生的实训教材,也可供船舶轮机管理人员及其他有关技术人员参考。

为便于学习和使用,本书按照"动力设备拆装"评估任务组织了章节结构,第二章和第三章每节均对应了不同的评估任务,同时部分评估任务附有拆装视频二维码,扫码即可观看相关视频。附录部分节录了《中华人民共和国海船船员适任评估规范(2024)》中适任评估科目的相关内容,以供参考。

本书由大连海事大学仉大志、高跃峰,天津海运职业学院马喜仲,江苏海事职业技术学院刘奔,江苏航运职业技术学院穆成利主编。张占勇、王富林参与了书稿部分章节的编写。中国海事服务中心王乃璋、广东海事局刘健、天津海事局权国富担任本书主审。全书最后由仉大志统稿。

由于编者水平有限,书中难免存在错误和不妥之处,恳请读者批评指正。

编者

2025年4月

目　录

第一章

船舶动力设备拆装与检修基础

第一节　拆装安全规则和技术规则

一、拆装安全规则

柴油机的拆装安全规则是为了保证人身安全和机械设备安全，防止发生人身事故以及工具、仪表、机器、零部件的损伤变形及破损。安全规则可归纳为如下几条：

1.工具使用的安全注意事项

(1)拆装时，应首选专用工具，再选通用工具。

(2)拆装螺母时，应首选梅花扳手或套筒扳手，尽量少用开口扳手和活络扳手，因为后两种容易打滑伤人和磨损螺母棱角。

(3)不允许随意加长扳手的长度，以防力臂过大造成力矩过大，导致螺栓断裂或引发伤人事故。

2.拆装作业时的安全注意事项

(1)拆装过程中应分工明确，统一指挥，相互配合。特别是在拆装、搬运笨重零件以及盘车时，应相互关照，避免配合不当造成人身伤害事故。

(2)对较难拆卸的零部件，应查明原因，找出拆卸办法，避免强拆硬敲，损坏机件。

(3)拆装前应做好一些安全预防措施，预防拆装过程中的油、水、汽、电发生跑、冒、滴、漏现象，防止人机损伤。

(4)保持拆装场地整洁，地下的油污及杂物应及时清除，以防滑倒。

3.吊装作业时的安全注意事项

(1)在吊运部件前,应认真检查起吊工具,特别是吊索、吊钩及受吊处,确认牢固后方可吊运。

(2)严禁超负荷使用起吊工具,起吊重量应小于起吊绳索额定载荷。起吊时,应先用低速将绳索绷紧,再慢慢起吊。如发现起吊吃力,应立即停止,并采取相应措施。

(3)吊钩与绳索的悬挂中心应与机件中心保持一致。

(4)在起吊过程中,应禁止任何人在其下方通过或工作。

二、拆装技术规则

1.拆前准备

(1)人员准备。拆卸前应根据拆装工作量的大小和保证安全的需要,安排适当数量的拆装人员并进行合理分工。

(2)技术准备。在动手拆装前,拆装人员应首先了解所拆机器的构造特点和装配技术要求,明确拆装目的,制定拆装方案。

(3)用具、备件场地等准备。为了避免拆装工作中途停顿下来,应事先准备好所需的工具、吊具、索具、放螺丝帽的桶等,准备好拟换上的垫片、填料、备件和易损件等,清理好拆装所需的场地空间。

2.拆卸程序

(1)先拆易损零件和附属机件,后拆主要机件。

(2)按照“从上到下,从外到里”的原则,即先拆外部和上部机件,后拆内部和下部机件。

(3)先拆完整部件,再分解部件中的零件。

3.拆卸技术要点

(1)在检修机械以及各种气、电控制的机械设备时,应当派专人在操纵或控制部位看管或挂好禁止起动警示牌。

(2)拆卸中要严格遵守技术安全操作规程,按照正确的拆卸程序进行。要正确地使用工具,同时要避免做不必要的拆卸,该拆的必须拆,能不拆的就不拆。

(3)拆卸时应为后面的检修和装配作准备。注意机件之间的相互位置关系,检查一下有无配合记号,如没有记号则需做好安装记号,以防在装复时错位。对于动力设备本身磨合好的部件,例如柴油机的活塞、活塞环、连杆、连杆轴承、主轴承等,要尽量保持原来已磨合好的配合关系,注意方向性。

(4)注意清洁、防尘。拆卸的零件应按部件和精度不同,分别存放,应尽可能按零件的拆装次序和原配的位置关系摆放好。对于成套零件如轴、齿轮、柱塞副、螺栓、螺母、键、垫片、定位销等应尽可能地按原来结构套在一起或用铁丝穿起来,以防散失。不允许将零件直接放置在地面上,应放在木板或帆布、塑料布上,以防止零件碰擦和因潮湿而生锈。

(5)对拆开的孔口、管口,吊缸后的气缸上部等,应用木塞、木板或硬纸板封住或盖住,以防异物进入。但切不可用棉纱或破布堵盖。拆卸紧固件时,应检查是否有定位销、簧等,当确认无任何妨碍时再拆。零件需敲打时,必须垫着木块或铜棒等较软的物体。

4.装配技术要点

(1)安装时,应按"先拆下来的后装,后拆下来的先装"的次序进行。

(2)配合件的工作表面不允许有伤痕或缺陷,所有零件装配前应清洗干净,并在运动部件配合表面涂上润滑油。

(3)装配时应确保配合件之间的正确配合,间隙须符合说明书要求。

(4)对有记号和安装方向要求的零部件,均应按原来的位置装配,不得装错或装反。

(5)对于形状相同但有位置和顺序要求的零件,例如柴油机的活塞、活塞环、连杆螺栓、连杆大端轴承等,应按原来的位置和顺序装配,不得任意互换。

(6)重要的螺栓不得有损伤,上紧时应按规定的顺序和预紧力进行。

(7)防松零件如开口销、锁片、弹簧垫圈等,均应按规定的尺寸规格安装,不可用不同规格代替。

(8)在装配中,除完好的金属垫片可继续使用外,对纸质、橡胶垫片原则上应换新。

(9)在装配中,应随时检查零件的灵活性和密封性等要求,避免装完后返工。

(10)装配完毕后,应全面检查装配质量,如有漏装、误装等现象,应及时纠正。

第二节　拆装工具和量具的介绍及使用方法

一、拆装工具及使用

船舶动力设备维修过程中，维修人员针对不同的拆装要求，要会使用不同的拆装工具。拆装工具分为通用工具和专用工具，通用工具是已经标准化和系列化的工具，如钳子、各种规格的扳手、螺钉旋具（起子）、锤子等；专用工具是专为某种型号机器设计的，用于拆卸通用工具无法拆卸的零部件，一般在随机工具中配备。下面对拆装工作中使用最多的普通扳手进行简单介绍。

1.普通扳手的使用

普通扳手包括开口扳手（呆扳手）、梅花扳手、套筒扳手、扭力扳手、活络扳手、内六角扳手。

（1）开口扳手（呆扳手）（见图 1-1）

开口扳手及梅花扳手一般按六角螺母的两条平行边之间的距离（mm）作为规格，开口扳手的常用规格（mm）主要有：7、8、10、12、14、17、19、22、24、27、30、32、36、41、46。使用时要将扳手较厚的一边置于受力较大的一侧，扳动扳手。使用时应特别注意不能用于拧紧力矩较大的螺栓和螺母，以免滑脱；应将扳手手柄往身边拉，切不可向外推，以免碰伤手。

图 1-1　开口扳手（呆扳手）

（2）梅花扳手（见图 1-2）

梅花扳手的常用规格（mm）有：8×10、10×12、12×14、14×17、16×18、17×19、19×22、22×24、24×27、27×30、30×32、32×36 等。梅花扳手适于在狭窄场合下操作，能承受较大的扳转力矩，扳转时各角受力均匀，不易滑脱，且对螺栓和螺母的棱角损害小，使用比较安全，但套上和取下不方便。当螺栓和螺母需用较大力矩进行拆装时，应尽量使用梅花扳手。梅花扳手扳转时，不准在梅花扳手上任意套加力套管或锤击；禁止使用内孔磨损过甚的梅花扳手。

图 1-2　梅花扳手

(3)套筒扳手(见图 1-3)

套筒扳手的工作部分与梅花扳手相同，能够与螺栓或螺母的六角形状相匹配。套筒扳手是使用最方便的工具之一，使用灵活且安全，使用中螺栓和螺母的棱角也不易损坏。使用时要注意不要拆装过紧的螺栓和螺母；用快速摇柄拆装时，握住摇柄的手要保持稳定，以免套筒滑出或损坏螺栓和螺母的棱角。

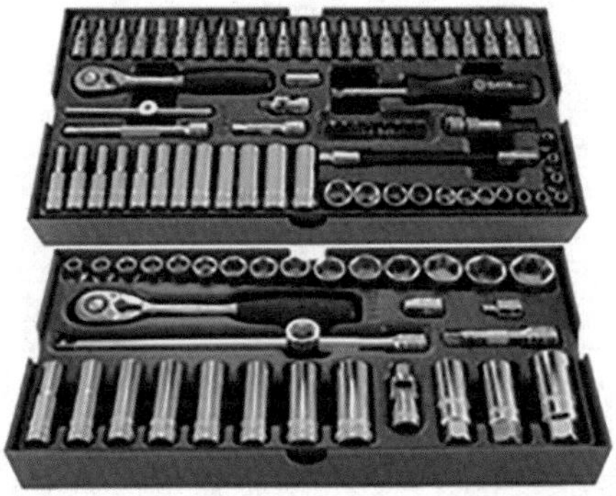

图 1-3　套筒扳手

(4)扭力扳手(见图 1-4)

扭力扳手可读出所施扭矩大小，常用的扭力扳手有预调式和指针式两种形式，其规格是以最大可测拧紧力矩来划分的，常用的有 300 N · m 和 500 N · m 两种，主要用于拆装有规定拧紧力矩的螺栓和螺母，如气缸盖、曲轴主轴承盖及连杆等部位的螺栓和螺母等。使用时禁止往外推扭力扳手手柄，以免滑脱而损伤身体；对于要求拧紧力矩较大、工件较大、螺栓数较多的螺栓和螺母，应分次按一定顺序拧紧；禁止使用无刻度盘或刻度线不清的扭力扳手。对于预调式扭力扳手,应特别注意在不使用时应将扭力值调节到最小处,并存放在干燥的地方,以保证所设扭力值正确无误并延长其使用寿命。

图 1-4　扭力扳手

(5)活络扳手(见图 1-5)

活络扳手的特点是使用方便,它的开口尺寸能在一定范围内调节,所以可用一把活络扳手扳动开口尺寸允许范围内的多种规格的螺栓和螺母。

图 1-5　活络扳手

使用活络扳手时应注意以下几点:

①活络扳手使用时不允许在其手柄上套一根长管子作为加长手柄。

②应使扳手开口的固定部分承受主要作用力。

③扳紧力不能超出螺栓或螺母所能承受的限度。

④扳手的开口尺寸应调整到与被扳紧部位尺寸一致,将其紧紧卡牢再用力扳动螺母。

2.普通扳手的选用原则

普通扳手的选用原则是:优先选用专用扳手(厂家配置)、套筒扳手、梅花扳手,其次是开口(呆)扳手,最后是活络扳手。

二、拆装量具及使用

(一)游标卡尺及使用

1.游标卡尺的构造和用途

游标卡尺主要由外量爪、内量爪、尺框、尺身、深度尺和游标等组成,如图 1-6 所示。

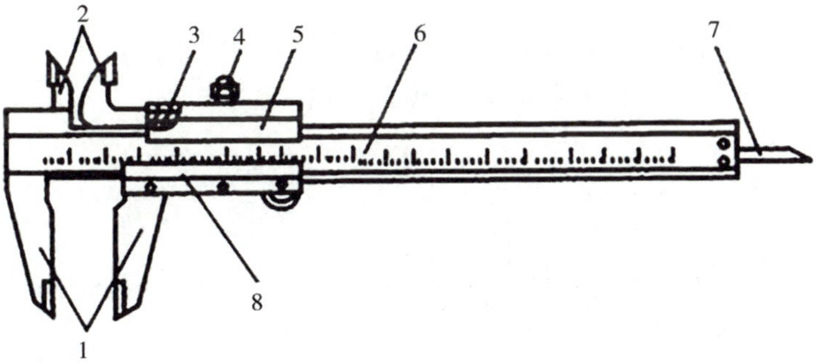

图 1-6　游标卡尺的结构

1—外量爪;2—内量爪;3—弹簧片;4—紧固螺钉;5—尺框;6—尺身;7—深度尺;8—游标

游标卡尺可以测量外径、内径、长度以及深度,如图 1-7 所示。

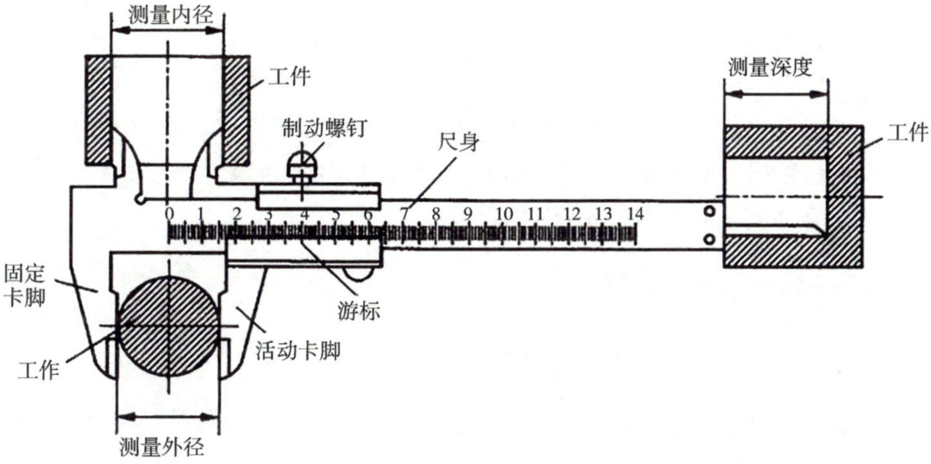

图 1-7　游标卡尺的用途

2.游标卡尺读数方法（见图 1-8）

（1）确认量程与测量精度值：若游标尺为 20 分度，则测量精度为 0.05 mm；若游标尺为 50 分度，则测量精度为 0.02 mm。在动力设备拆装项目中使用的游标卡尺精度一般为 0.02 mm。

（2）读数时先读主尺上整数：读出主尺上在游标尺 0 线左边的第一条刻线的数值，单位是 mm。

（3）再读游标尺小数：看游标 0 线右边哪个区间的哪条分度线与主尺分度线对齐，所在区间左边的数字即为小数点第一位；对齐分度线乘以精度值，即为小数点第二位。比如游标尺 4 ~5 区间的第 3 条线与主尺刻度对齐，则小数点第一位为 4，即 0.4 mm，第二位为 3×0.02 mm，即 0.06 mm。

（4）读数 ＝ 主尺上的读数 ＋ 游标尺对齐区间左边数字（小数点第一位）＋ 对齐分度线乘以精度值（小数点第二位）。如下图所示，读数为 5.46 mm。

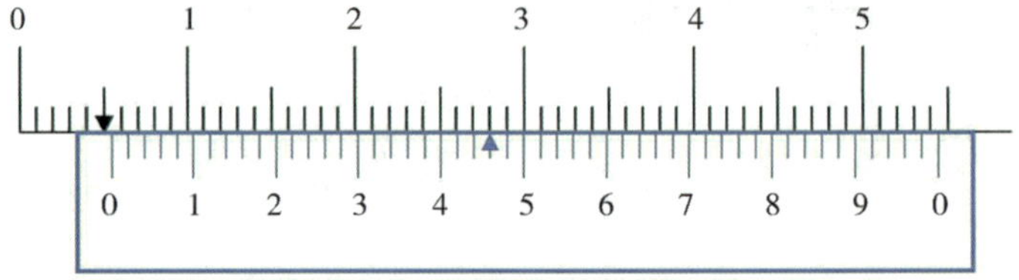

图 1-8　游标卡尺读数方法

（5）读尺注意事项：

①读数时卡尺要拿平，朝着光线照亮的方向来读，观察刻度，两眼要顺着刻线看，不能与刻线倾斜，以免产生读数误差。

②读整数时，以游标尺的 0 线为准，不是以量爪的边为准。

③主尺上的标刻数字为厘米数，不是毫米数。

④读小数时要细心准确。如果游标尺上没有一条刻线与主尺上的刻线完全对齐，应找出对得比较齐的那条作为小数的数值。可从游标尺的刻线左边向右看，刻线逐渐对齐，又逐渐错开，在过渡的那几条中可找出对得比较齐的那条线。

（二）外径千分尺及使用

1.外径千分尺的构造和用途（见图 1-9）

千分尺有很多种，常见的为外径千分尺，用来测量物体的外径、厚度等尺寸，它由测砧、测微螺杆、锁紧装置、固定套筒、微分筒及棘轮组成，如图 1-9 所示。测量范围在 25 mm 以上的外径千分尺，都配备有专用校准棒。

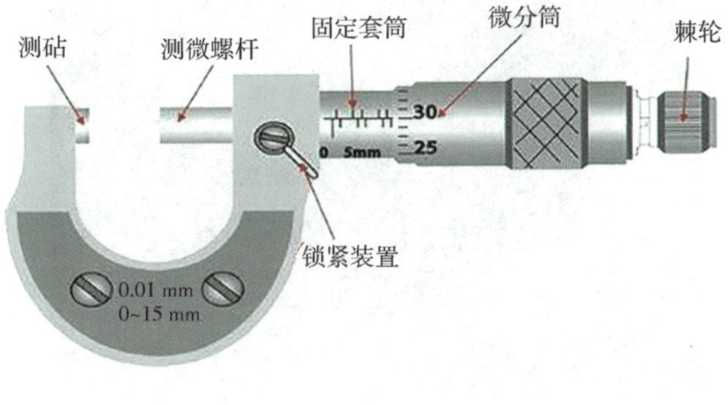

图 1-9　外径千分尺

2.外径千分尺使用和读数方法

(1)清洁校尺:用干净的软布擦净千分尺的两个测量表面和校准棒,把校准棒放在测砧和测微螺杆之间,先转动微分筒,当测微螺杆接近校准棒时,改为缓缓转动棘轮(微调旋钮),使校准棒和测砧接触,当棘轮发出清脆的"嗒、嗒、嗒"三声后,即停止转动,此时微分筒前沿应与横刻线对齐,主轴刻度基线与微分筒的零刻度线对齐,否则有误差(见图 1-10)。

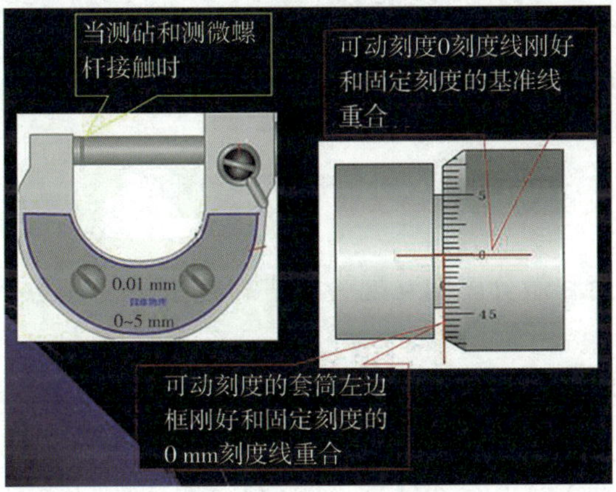

图 1-10　外径千分尺校准

(2)误差调整

①当误差较大时,把外径千分尺配套的调整扳手的前端插入固定套筒内,转动套筒使微分筒的"0"刻度线和套筒上的基准线对齐,经几次调整后,再进行零点检查(见图 1-11)。

②若还有偏差,使用测定值加减误差法(上加下减)。

所谓"上加下减",就是在外径千分尺校准时,如果微分筒上的零刻度线到了固定刻度的基准线上方,这时会导致读数变小,此时需要在测量值上加上相应的误差,相差几个小格,就在测量值上加上零点零几毫米(每个小格是 0.01 mm)。如果微分筒上的零刻度线在固定刻度的基准线下方,这时会导致读数变大,则需要在测量值上减去相应的误差,相差几个小格,就在测

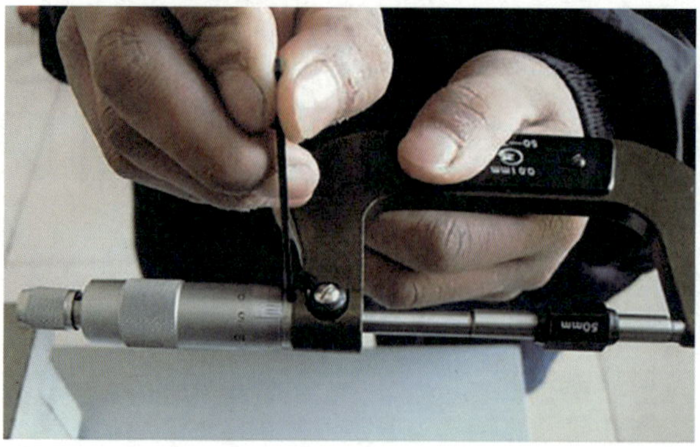

图 1-11　外径千分尺调零

量值上减去零点零几毫米（每个小格是 0.01 mm）。如图 1-12 所示，需要在测量值上减去 0.01 mm，才得到实际值。

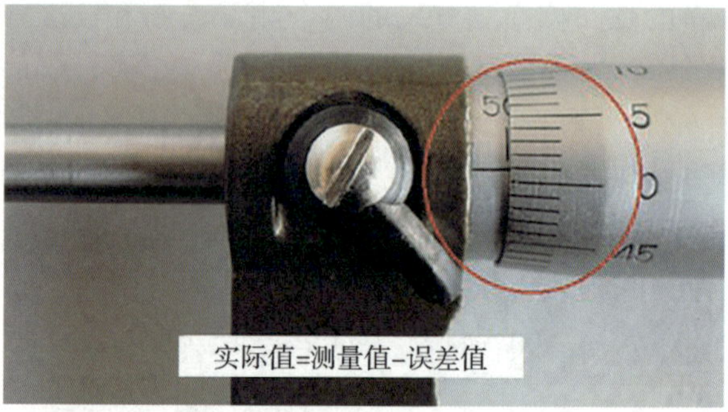

图 1-12　外径千分尺误差计算

（3）读数

千分尺是利用固定套筒和微分筒相互配合来进行读数的。注意千分尺主要刻度标识，如图 1-13 所示。

主尺值：上下两侧相邻两条刻线的间距是 0.5 mm，轴向刻线每侧相邻两条刻线的间距是 1 mm。

微分尺：螺距是 0.5 mm，（即微测螺杆转一圈，测微螺杆轴向移动 0.5 mm。），每一小格表示的数值是 0.5 mm/50 = 0.01 mm。

①主尺：先读主尺上的数值，即读微分筒左边的固定套筒上露出刻线的数值。

②半刻度：注意轴向刻线下侧 0.5 mm 的刻线是否露出来，以免少读或多读 0.5 mm。

③微分尺：读微分筒上的数值。看微分筒上哪条刻线与固定套筒上轴向刻线对齐，微分筒上该刻线表示的小数就是微分筒上读数。

④估读值：如果固定套筒的轴向刻线对着微分筒上两条刻线之间，则应估读第三位小数。

⑤计算值：主尺读数与微分筒读数相加，即为测量尺寸。如果外径千分尺有误差，则最后利用“上加下减”法消除误差。

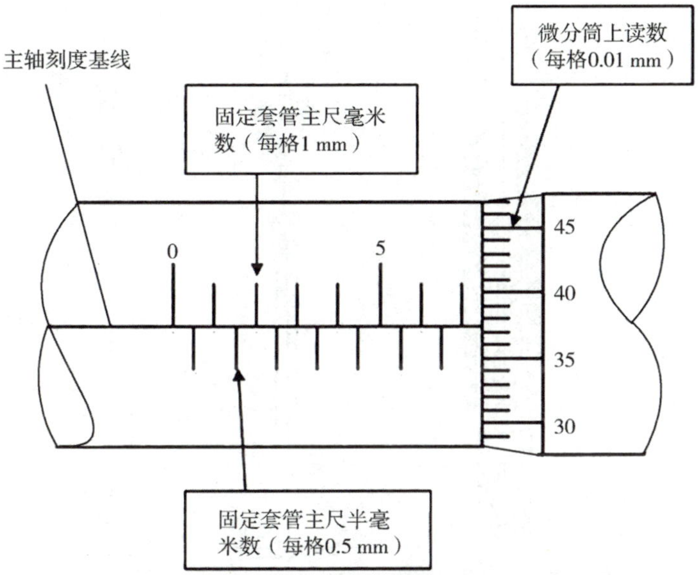

图 1-13　外径千分尺主要刻度标识

（三）量缸表及其使用

1.量缸表的构造及用途

量缸表由百分表、表杆、固定量杆、活动量杆及一套长短不一的接杆等组成，如图 1-14 所示，主要用来测量气缸（套）的内径，进而判断气缸（套）的磨损情况。百分表表盘刻度为 100，大指针在圆表盘上转动一格为 0.01 mm，转动一圈为 1 mm；小指针移动一格为 1 mm。

2.量缸表的使用

（1）装表：

①将百分表插入表杆上部，预先压紧 0.5～1.0 mm，并使百分表表盘与活动测杆同一方向，用锁紧螺母把百分表固定。

②按被测气缸的标准尺寸，选择合适的接杆，装上后，暂不拧紧锁紧螺母。

（2）校准（见图 1-15）：

量缸表的使用要遵循“两次校准”的原则：

①第一次校准，是将测量活塞直径所用的外径千分尺，调整到所测量气缸的标准直径，并以此千分尺校对量缸表。

②第二次校准，是将装好的量缸表放入外径千分尺中，稍微旋转接杆，使百分表指针在原来的基础上转动约 2 mm，即使活动量杆（伸缩杆）有 2 mm 左右的压缩行程，此时扭紧接杆的锁紧螺母，然后转动百分表表盘，使大指针对准刻度零处。

注意：量缸表校准后，在测量时不得再做任何调整。

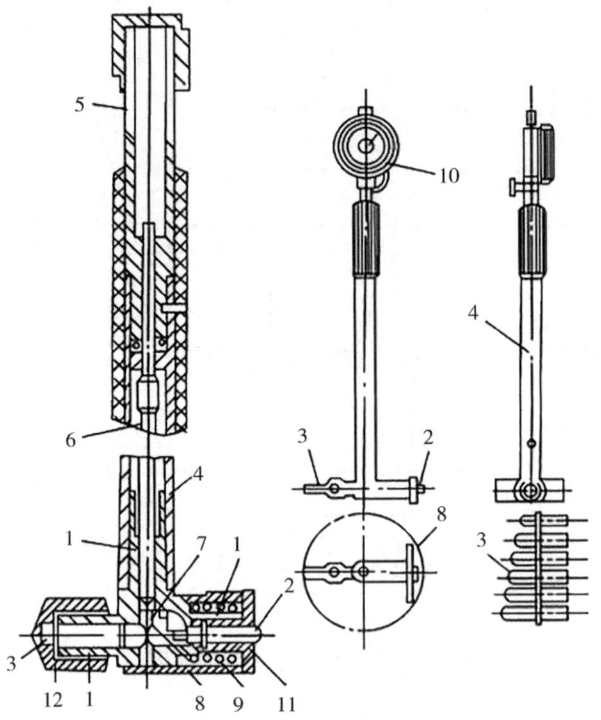

图 1-14　量缸表

1—三通管;2—活动量杆;3—固定量杆;4—表管(表杆);5—插口;6—活动杆;7—杠杆;8—活动套;9—弹簧;10—百分表;11、12—锁紧螺母

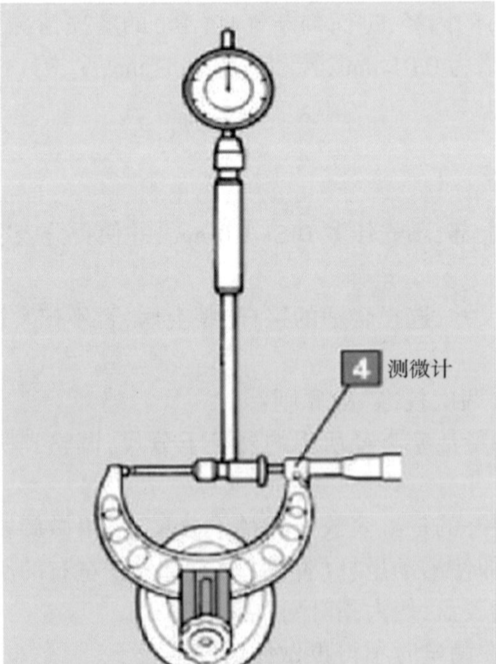

图 1-15　量缸表校准

3.测量（见图 1-16）

（1）测量时，用干净软布擦净缸套表面。用右手握住量缸表表杆（握住表杆上隔热套），左手两指使表的定心架压在缸套壁面，使可换量头（接杆）进入缸内。

（2）将定心架放在要测量的部位，右手握住表杆前后稍作摆动。这样，可换量头沿缸套母线略作上下移动。观察表杆摆动时表盘大指针的转动，一开始大指针顺时针转动，表示逐渐接近于水平方向。当大指针刚要反转时，即表示活动测杆已垂直于气缸轴线，表杆立即停止摆动，这时百分表的读数就是气缸的实际尺寸与标准缸径之间的实际偏差（注意：若测量时小指针移动超过 1 mm，则应在实际测量值中加上或减去 1 mm。）。

而偏差方向的判断方法是：

（1）如果读数时大指针顺时针偏离“0”刻度线，则表示实际缸径小于标准缸径。

（2）如果读数时大指针正好指在“0”刻度线，说明实际缸径等于标准缸径。

（3）如果读数时大指针逆时针偏离“0”刻度线，则表示实际缸径大于标准缸径。

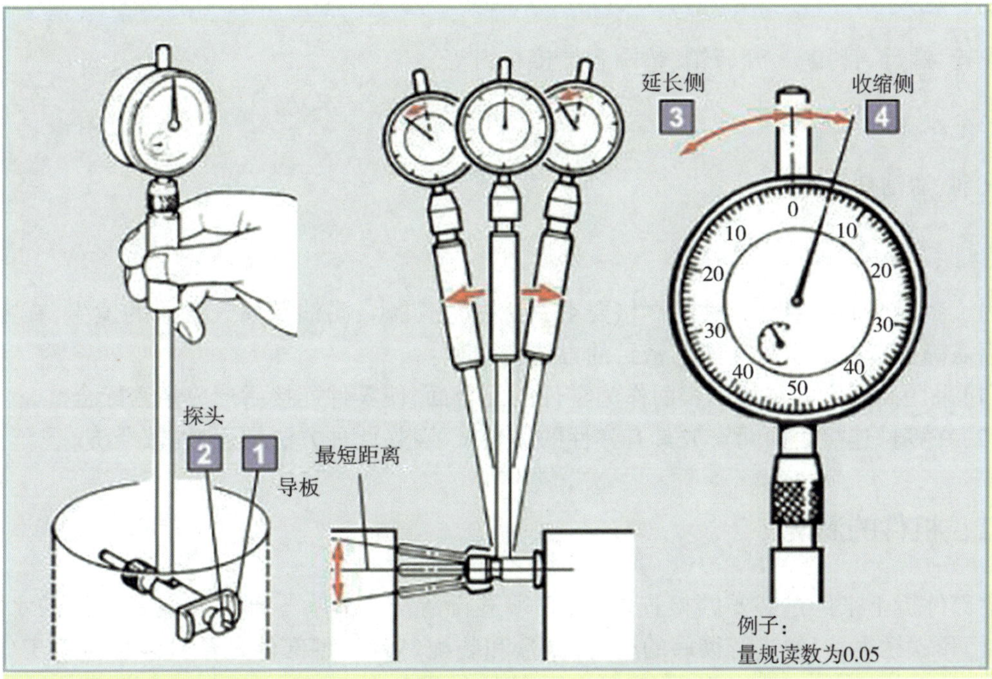

图 1-16　量缸表的使用和读数方法

第三节　拆装过程使用的物料和机件的清洗

一、物料

检修工作需要使用多种材质的物料以确保修理后的装配工作能够满足柴油机对密封性、坚固性和可靠性的严格要求。常用的检修物料包括：

1.金属材料

碳钢和合金钢的板材、管材等；紫铜、黄铜和青铜；铝合金等。

2.金属制品

螺栓、螺母、管接头、开口销、垫圈和焊接材料等。

3.化学品

试剂、清洁剂、药品等。

4.垫料和填料

为了满足柴油机对密封性的严格要求，有效防止漏水、漏油及漏气现象的发生，在零件连接表面需确保良好的密封性能。密封的方法有两种：

(1)采用高精度的精加工表面作为零件的配合面，使零件连接后形成精密配合。

(2)在零件连接表面间安放具有弹性的垫料或填料，此种方法常用，也较经济。

二、机件的清洗

零部件拆下来经过必要的检查之后，必须进行清洗。清除零部件表面及孔洞的水垢、积碳、油污和铁锈等，以便进行彻底的检查、测量和装配。清洗零部件是轮机维护保养工作中的一项重要内容。

1.机械零部件清洁的方法

(1)清除水垢

对于柴油机等需要冷却的设备运行较长时间后，冷却水腔将会有水垢附着于传热面上，也会有泥沙之类的杂质沉积，堵塞冷却水道，影响传热效果，为此要定期清洗。清洗时，可打开冷却水腔盖板，用软刮刀或钢丝刷伸进冷却水腔中掏搅，然后用压缩空气吹扫或者用清水冲洗但当水垢厚度太厚以致机械法清除困难时，应采用化学清洗法。

化学清洗法即利用化学清洗剂与水垢产生化学反应将水垢除去。常用的清洗剂有两种：

一种是 20%盐酸水溶液加少量福尔马林抑制剂(以防止盐酸对金属的腐蚀);另一种是 0.3%~0.5%磷酸钠水溶液。清洗方法是将配好的清洗剂灌入冷却水腔,使之与水垢接触一段时间。一般用盐酸水溶液需 24 h,用磷酸钠水溶液需 12 h,具体时间应视水垢厚度确定,然后放掉清洗剂并用清水冲洗干净。

对于中小型闭式循环冷却的柴油机,还可采用整机冷却水空间清洗法:将配好的清洗剂灌入冷却水腔,使其代替冷却水在系统内循环,最后拆掉下部管路放掉沉淀物。

(2)清除积碳

①机械清除法

用刮刀或断锯条刮除非光滑配合面上的积碳或用钢丝刷刷掉积碳;对光滑的配合面上的积碳,可用铜制或铝制的软刮刀刮除。

②清洗法

清除零件表面难以刮除的积碳可使用除碳清洁剂(CARBON REMOVER)进行浸洗。可使用德鲁(DREW)公司提供的“奥妙能除碳清洁剂”(AMEROID CARBON REMOVER)进行浸洗或擦洗来清除积碳,然后用清水洗干净。对清除柴油机的活塞、活塞环、气缸头和阀件上的积碳,只要在常温下将部件浸泡在除碳清洁剂中 4~8 h 即可获得较满意的清洁效果。

(3)清除油污

零件表面的油污和锈迹一般可用轻柴油或煤油清洗,也可用化学清洗剂清洗,如德鲁(DREW)公司提供的油及油脂清除剂——DREW OIL AND GREASE REMOVER。清洗时要用毛刷、铜丝刷或泡沫塑料来刷洗,切不可用钢丝刷、刮刀等尖锐器具刷洗,以免损伤零部件表面。清洗后,用干净布擦干,并用压缩空气将零部件的孔道处吹净。

此外,钢制零件、铁制零件和铜零件上的油污及铁锈也可采用不同碱性溶液,并加热到 60~80 ℃进行清洗。

对柴油机滑油冷却器油腔的清洗,还可用四氯化碳或三氯乙醇溶液清洗。但清洗时必须注意,此类化学物质含有毒性,应在空气流通或有通风设备的地方进行。

2.机械零件清洁的三大原则

(1)先易后难,即先清除零部件表面的泥土,再清洁内部;先清洁脏污程度轻的零件,然后清洁脏污严重的零件。

(2)针对不同的材质选用不同的清洗液。

(3)根据不同的污物性质(如油污、水垢或铁锈等),采取不同的清洁方法。

3.机械零件清洁的基本要求

(1)将零部件表面彻底清洁干净,同时要保护零部件不受损伤,特别是加工面应保持原有精度。

(2)清洁加工面时,应使用干净的棉布、泡沫塑料、丝绸或其他软质刮具,不得使用刮刀、纱布等容易损坏加工面的材料清洁加工面。

(3)运动部件的运动面上涂有防锈层时,在未清洁前,不得使其运动。

(4)清洗后的零部件若不立即装配,应涂上润滑油并用洁净的防潮纸包盖好,防止灰尘落入。

(5)防止有机溶剂滴在零件油漆表面。

(6)用易燃溶剂清洗时,应采用防火措施并保持通风良好。

第二章

柴油机和增压器的拆装与检修

第一节　概述

（本节内容适用于：750 kW 以上船舶大管轮、未满 750 kW 船舶大管轮、750 kW 以上船舶二/三管轮、未满 750 kW 船舶二/三管轮、750 kW 以上船舶值班机工以及未满 750 kW 船舶值班机工 。）

船舶柴油机拆装是指对船舶主机和发电柴油机进行拆卸和重新组装的过程，通常包括拆卸、检查、修理或更换部件、清洁、重新组装和测试等步骤。在拆装过程中，涉及的主要部件包括气缸盖、活塞连杆组件、十字头组件、主轴承、喷油泵和喷油器等。船舶柴油机拆装通常在定期维护、故障修理或事故性修理时进行。定期维护有助于确保柴油机的长期可靠运行，而故障修理则是在柴油机出现性能下降或故障时进行。事故性修理则是在发生严重损坏或事故后进行。下文以筒形活塞式柴油机为例，介绍柴油机拆装的一般要求和程序。

一、柴油机拆装的一般规则

柴油机拆装必须按照一定的要求和顺序进行，遵守安全规则和技术规则。现摘其要点叙述如下：

1.拆装原则

（1）拆卸时应为后面的检修和装配做准备，注意机件之间的配合关系和相对位置，必要时在零件上做记号。注意观察各种损坏的迹象，必要时应保护现场以利于进行故障分析，为检修提供依据，为顺利装配打下基础。

（2）根据确定的检修范围进行拆卸，不要随意扩大拆卸范围。

2.拆卸程序

(1) 先拆易损组件和附属组件,后拆主要部件。
(2) 先拆外部、上部组件,后拆内部、下部组件。

3.在装配过程中应遵守的主要技术规则

(1) 对于形状相同且有位置和顺序要求的零件如活塞、活塞环、连杆螺栓、连杆大端轴承等,应按原来的位置和顺序装配,不可任意调整。

(2) 对有记号和安装方向要求的零部件,均应按原来的要求装配,不得装错或装反。

(3) 防止漏装,一旦发现漏装,哪怕是一个螺丝钉也应及时查找漏装的部位。

(4) 在装配过程中要随时检查零件间的灵活性和密封性,避免重装返工。

(5) 配合中的工作表面不许有伤痕,装配时保持清洁并涂上滑油。

(6) 在装配中,除完好的金属垫片可继续使用或经处理继续使用外,对纸质、软木等垫片和橡胶密封圈原则上应换新。

(7) 重要的螺栓不准有损伤,上紧时应按规定的次序和预紧力进行。

(8) 防松零件如开口销、锁片、弹簧垫圈等均应按规定的尺寸、规格装妥,严禁使用不同规格的零件代替。

二、柴油机拆装的安全规则

1.正确使用工具

(1) 应首选专用工具,再选通用工具。
(2) 拆装螺母时,应首选梅花扳手、套筒扳手,尽量少用开口扳手和活络扳手。
(3) 不允许随意加长扳手的长度,以防力臂过大伤人和力矩过大将螺栓扭断。
(4) 使用扳手时不许用锤子锤击扳手,尤其是活络扳手。

2.起重设备安全规则

(1) 禁止超重起吊。
(2) 起吊重量应小于起重绳索允许荷重的20%~40%。
(3) 吊钩与绳索的悬挂中心应与机件的重心一致。

三、拆装前的准备工作

柴油机在拆卸前一定要熟悉全部有关图纸和相关技术文件。还要了解柴油机的用途、构造、工作原理,各零部件的作用、相互关系,连接方法及相关的技术要求等;了解准备拆卸时所用的物料、填料工具、夹具、量具等。并在拆卸前对电气件和易氧化、易腐蚀的零件进行保护,在拆卸后对零件进行检验、清洗和润滑。具体来说,可分为以下几点。

1. 要仔细检查起吊工具是否完好正常。若有损伤,禁止使用。

2. 准备好拆装工作使用的工、量具及专用工具，对机器的易损件（活塞环、轴瓦等）在船上存有的数量（即备件数量）及存放地点要心中有数。

3. 清理现场。拆卸用的放置零部件所需的支架、木垫、木盖、木楔等要提前做好准备。

4. 关闭空气瓶截止阀。切断柴油机燃油、起动空气、冷却水和润滑油的供给。

5. 在拆装检修的全过程中要在配电板和操纵台处悬挂“正在检修”的告示牌。

6. 如果一台多缸机只拆一个缸时，其他缸的示功阀应全部打开。这样在盘车时省力，同时也安全。

四、柴油机的拆卸的一般程序

1. 放掉柴油机机体内冷却水和机座内滑油，拆下与缸盖或机体相连接的所有传感器的导线。

2. 拆下摇臂罩壳。拆下摇臂罩壳螺钉并取下罩壳，注意罩壳里面滑油的黏着情况。

3. 拆除与缸头及缸头附件相连接的所有管子。拆除高压油泵与喷油器的连接管，与缸头连接的进气管、排气管，缸体与缸头间的冷却水连接管，起动空气总管与气缸起动阀的连接管等。

4. 拆下气缸盖。拆除气缸盖螺丝，吊起气缸盖。进一步拆卸气缸盖上的附件，如摇臂机构、进气阀、排气阀、喷油器、气缸起动阀、示功阀和安全阀等。

5. 吊出活塞连杆组件，拆除曲轴箱道门固定螺丝，取下曲轴箱道门。拆除曲轴箱内连杆大端轴承的连杆螺栓，取下连杆大端瓦，由气缸上部吊出活塞连杆组件。

6. 拆气缸套。如有滑油导管应旋出，用缸套专用装配工具吊出气缸套。

7. 按顺序放好所有拆卸的零部件，以备清洗、检查和测量。

五、柴油机的装配的一般程序

1. 装配前应进行清洗，检查所有零件有无缺陷，水压试验找漏更换密封件。

2. 严格按要求装配，保证各处间隙。

3. 装配后做好各项调整工作，可按如下次序进行：

活塞销安装 → 活塞连杆组件安装 ← 活塞环安装

↓

连杆大端安装 ← 曲柄销内部清洁

↓

曲轴箱道门安装

↓

气阀研磨安装 → 气缸盖安装 ← 安全阀和示功阀安装

↑　　　　↓

气阀摇臂机构安装　　缸盖附件安装

六、装复时的注意事项

1. 所有拆下的紫铜垫片应在装复前进行退火,使其恢复塑性。损坏的垫片必须换新,以免失去密封性。

2. 将装活塞专用的锥形导套放置在气缸上,并在活塞和活塞环及锥形导套内壁抹上清洁润滑油。将活塞环的搭口上下错开。在慢慢降落活塞连杆组件的过程中,要特别注意连杆大端不要刮碰到缸套和曲轴,以及大端轴承不要掉入曲轴箱。

3. 连杆螺栓的上紧是关键步骤,必须按照说明书要求提前检查连杆螺栓以及连杆大端结合面、螺栓孔,不允许有任何的杂质或污垢,对于接近更换或超期的连杆螺栓必须换新(通常2万小时左右)。上紧连杆螺栓时,首先要用手上紧,如有卡阻现象必须重新检查,然后按照说明书的要求分阶段均匀上紧。

4. 在装复气缸盖之前,查看活塞顶部是否有异物落入和遗留下工具,然后装上气缸盖并按照装配气缸盖的工艺要求上紧螺母。

5. 全部装复后,应把在吊缸过程中开闭过的阀门全部恢复原位,然后冷却系统充水驱气并对高压油泵和喷油器进行泵油驱气。检查各处有无漏水、漏油等现象。

6. 吊缸后进行试车时,空转几分钟后打开曲轴箱道门重新检查连杆螺栓的上紧状态。由于更换了活塞环,柴油机在初期运转阶段必须按要求进行磨合。

七、本书拆装用柴油机介绍

1.YANMAR 6EY26 型柴油机

本书后续主要以 YANMAR 6EY26 型柴油机为例介绍拆装步骤,该机型是日本洋马公司开发的符合 IMO(国际海事组织)Tier Ⅱ全球排放标准的新型中速柴油机,其具有高效率、高可靠性和高耐久性的特点,其旨在为商业船舶提供安全且经济的运营体验。该柴油机在实船上一般用作发电柴油机,属于四冲程单作用直接喷射式船用增压柴油机,以可靠性和耐久性为开发理念,旨在实现船舶长期和低成本运营,并减少空气中 SO_x 和 CO_2 等污染物的排放。其通过优化燃烧室形状、气缸套周围和气缸盖的冷却结构来降低燃烧室壁温,这样可有效抑制燃烧残渣的形成和堆积。同时在喷油嘴前端设计了燃料槽,通过优化零件容积,在改善喷射终止的同时抑制了燃料喷射后的燃料滴落量。此外,通过显著提高启阀压力,提高燃油雾化质量,从而改善了劣质燃油在低负荷运行工况下的排气烟色。为便于船上维修,该柴油机各主要螺栓采用液压紧固的方式,并通过优化各设备布置,增大了维修空间。该柴油机的空气冷却器和润滑油系统部件采用单元式结构,使其更加紧凑,同时减少了各部分零件的数量,使整个柴油机成为便于维护、检查、拆卸和组装的结构。该柴油机将增压器、空气冷却器、冷却水泵、润滑油泵等置于其前侧,润滑油系统和空气起动器置于发动机非操纵侧。其主要参数如表 2-1 所示:

表 2-1　YANMAR 6EY26 型柴油机的主要参数

柴油机型号	6EY26	形式	直列,水冷四冲程柴油机
起动系统	空气马达起动	燃烧方式	直接喷射
缸数	6	缸径	260 mm
行程	385 mm	总排量	122.64 L
压缩比	14.0	额定功率	1800 kW
额定转速	750 r/min	曲轴转向	顺时针(从飞轮端看)
操作侧	左侧(从飞轮端看)	发火顺序	1—2—4—6—5—3—1
增压系统	废气涡轮增压(带空气冷却器)	冷却系统	淡水及海水双系统冷却
润滑系统	机带泵强制润滑	润滑油槽系统	干式油底壳

该柴油机外观、总体结构及各主要零部件的相对位置,如图 2-1、2-2、2-3 和 2-4 所示。

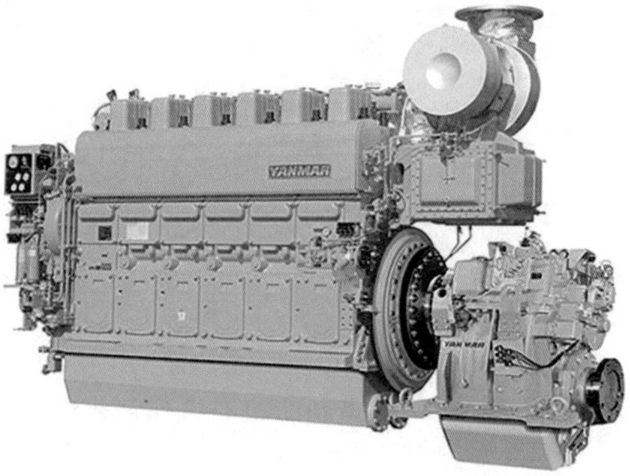

图 2-1　6EY26 型柴油机整体外观

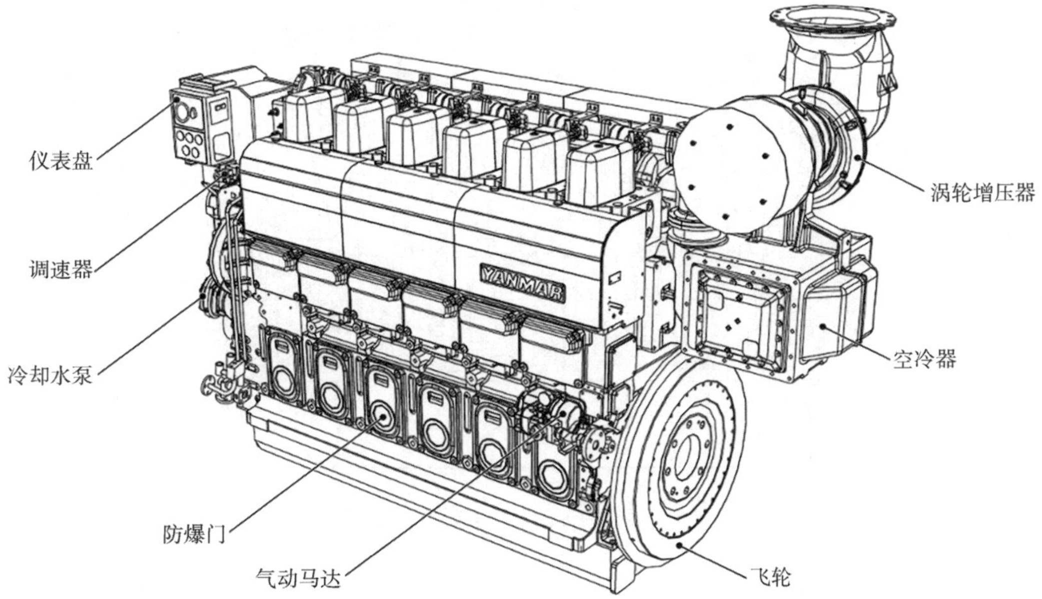

图 2-2　6EY26 型柴油机操作侧视图

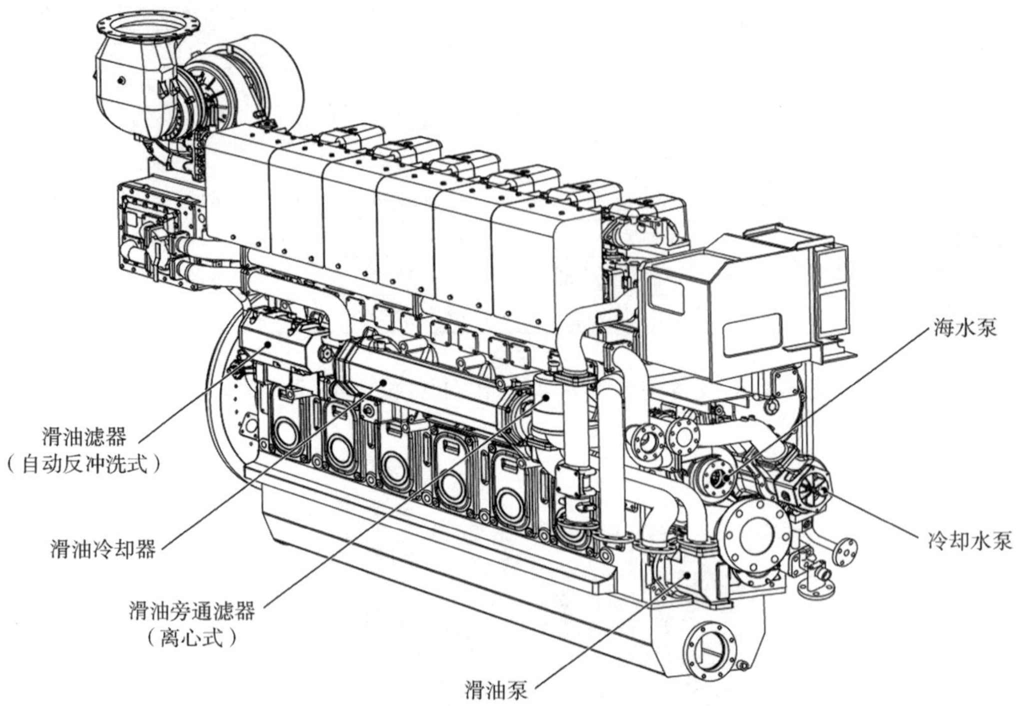

图 2-3　6EY26 型柴油机非操作侧视图

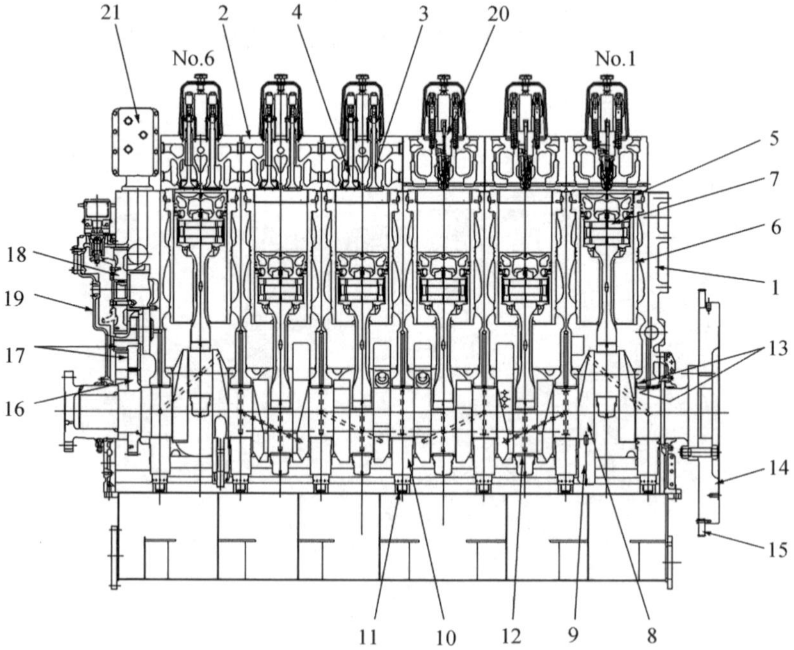

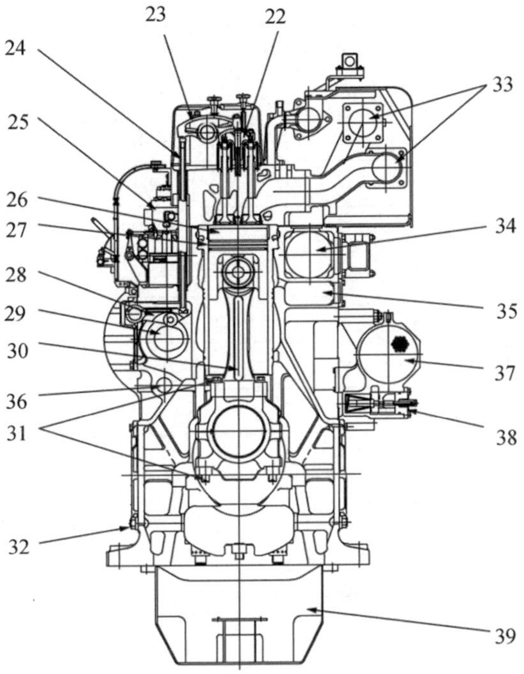

图 2-4　6EY26 型柴油机剖面图

1—气缸体;2—气缸盖;3—进气阀;4—排气阀;5—保护环;6—气缸套;7—活塞销;8—曲柄轴;9—配重;10—主轴承帽;11—主轴承螺栓;12—主轴承;13—推力轴承;14—飞轮;15—环形齿轮;16—曲轴齿轮;17—中间齿轮;18—凸轮装置;19—齿轮箱;20—燃油喷射阀;21—冷却水自动温控阀;22—阀桥;23—摇臂;24—压阀杆;25—燃油喷射泵;26—活塞;27—活塞环;28—顶杆驱动臂;29—凸轮轴;30—连杆;31—连杆螺栓;32—侧面螺栓;33—排气总管;34—进气室;35—冷却水管道;36—润滑油管道;37—润滑油冷却器;38—润滑油自动温控阀;39—油底壳

2.淄柴 6210 型柴油机

淄博柴油机总公司生产的 6210 系列柴油机产品是在消化吸收国内外同类先进技术的基础上,进行优化改进研发的经济环保型柴油机,该系列柴油机广泛应用于渔轮及近海、内河航运、客货轮、拖轮主机以及大型船用副机及陆用发电机组,同时也是国内 330~1103 kW 功率范围中速柴油机的升级换代产品。6210ZLC 型柴油机是一种船用增压的四冲程柴油机,其主要技术参数如表 2-2 所示。

表 2-2　6210ZLC 型柴油机主要技术规格

序号	名称	单位	技术规格	
1	型号		6210ZLC-1	6210ZLC-3
2	型式		直列、四冲程、涡轮增压、中冷、不可逆转	
3	气缸数		6	
4	气缸直径	mm	210	
5	活塞行程	mm	290	
6	总排量	L	60.27	

续表

序号	名称	单位	技术规格	
7	持续转速	r/min	600	750
8	持续功率	kW	440	551
9	一小时功率	kW	484	605
10	最低稳定工作转速	r/min	240	300
11	活塞平均速度	m/s	5.8	7.25
12	压缩比		约 13.0	
13	平均有效压力	MPa	1.46	1.46
14	最高爆发压力	MPa	≤12.0	
15	增压压力(绝对压力)	MPa	0.21±0.01	0.23±0.01
16	气缸排气温度	℃	≤450	
17	涡轮前排气温度	℃	<550	
18	燃油消耗率	g/(kW·h)	202	
19	机油消耗率	g/(kW·h)	≤0.9	
20	旋转方向		自飞轮端向自由端视:右机顺时针旋转,左机逆时针旋转	
21	发火顺序		右转机:1-3-5-6-4-2 左转机:1-2-4-6-5-3	
22	起动方式		压缩空气马达起动	
23	起动空气压力	MPa	空气瓶压力 3.0,减压阀后 0.8	
24	供油正时(曲轴转角)	(°)	13±2(视机型不同会有所变化)	
25	配气正时(曲轴转角)	(°)	进气阀开:上止点前 50±2 进气阀关:下止点后 40±2 排气阀开:下止点前 65±2 排气阀关:上止点后 50±2	
26	平均噪声级	dB(A)	<105	
27	曲轴以上吊缸高度	mm	1785	
28	整机质量	kg	<9100	
29	外形尺寸(长×宽×高)	mm	右机:3315×1145×2452 左机:3495×1145×2452	

6210ZLC 型柴油机总体结构及各主要零部件的相对位置如图 2-5 所示,其主要由机体、气缸盖组件、活塞连杆组件、凸轮轴和曲轴等部件组成。柴油机的机体和油底壳构成柴油机的主体,其他各种零部件均安装在上面。油底壳为焊接结构,容量为 300 kg。机体用高强度铸铁整体铸成,它集进气总管、气缸冷却水腔、凸轮轴箱、曲轴箱以及冷却水总管和润滑油总管于一体,并合理布置了加强筋而构成极为紧固的整体式箱形结构。两侧分别设有较大的检视孔,用来检查和拆装主轴承和主轴瓦、连杆大端和连杆瓦。检视孔门盖用 4 只螺栓并利用 O 形密封圈压紧并密封。机体操纵侧上部的检视窗用来检查和调整凸轮、滚轮等。

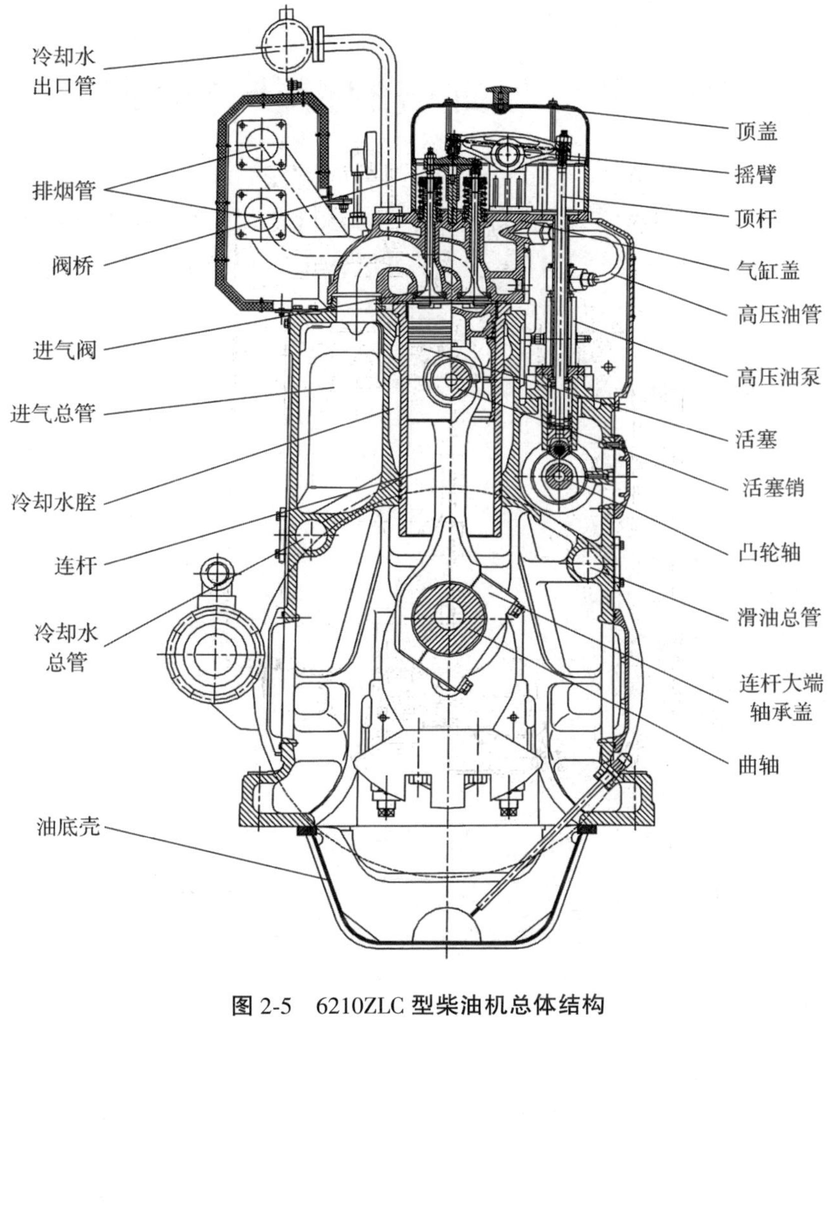

图 2-5　6210ZLC 型柴油机总体结构

第二节　气缸盖的拆装与检查

（本节内容适用于：750 kW 以上船舶大管轮、未满 750 kW 船舶大管轮、750 kW 以上船舶二/三管轮、未满 750 kW 船舶二/三管轮、750 kW 以上船舶值班机工以及未满 750 kW 船舶值班机工 。）

一、实操内容与要求

1.实操内容

（1）拆卸前的准备工作。
（2）气缸盖的拆卸。
（3）气缸盖底面烧蚀检查。
（4）液压试验法检查缸盖裂纹。
（5）气缸盖的安装。

2.实操要求

（1）正确完成拆卸前的准备工作。
（2）正确使用吊具、通用工具、专用工具。
（3）掌握正确的气缸盖拆装步骤和操作方法。
（4）掌握正确的气缸盖相关的检查方法。

二、拆装设备介绍

1.YANMAR 6EY26 型柴油机

YANMAR 6EY26 型柴油机气缸盖为单体式铸铁材质，内部具有冷却水腔。整体外观及剖面结构如图 2-6 所示，详细零件图如图 2-7 所示，摇臂剖面图如图 2-8 所示。每个气缸盖上设有 2 个进气阀和 2 个排气阀，进排气阀是两对提升阀，气阀机构通过 T 型阀桥同时驱动进气阀或排气阀，在对气阀进行检查时需要调整气阀间隙，这样可以避免阀桥产生故障。进气阀由耐热钢制成，排气阀由超耐热和抗腐蚀的镍铬钛合金制成。进气阀和排气阀各自成对布置，摇臂顶杆位于排烟管侧，喷油器位于气缸盖中央位置，这种布置便于轮机员在高压油泵侧对气阀进行检查、维护和保养。气缸盖与柴油机机体通过 4 根缸头螺栓连接，拆卸或者安装时需使用液压拉伸工具。

柴油机运行较长时间后容易在气缸盖触火面产生积碳，这些积碳与燃烧气体接触时，可能会妨碍燃烧。柴油机运行过程中产生的不均匀热负荷，可能使气缸盖触火面产生裂纹。此外，气缸盖冷却水腔内沉积的水垢，可能会影响冷却效果。因此，气缸盖需要定期进行维护保养，与气缸盖相连的附件也需要进行拆卸检查。

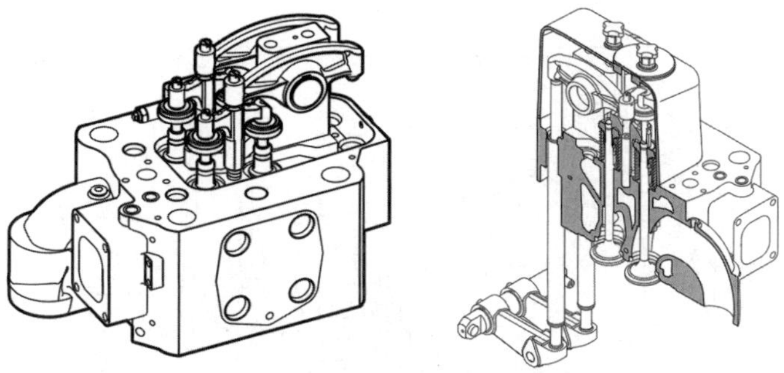

图 2-6　气缸盖整体外观及剖面图

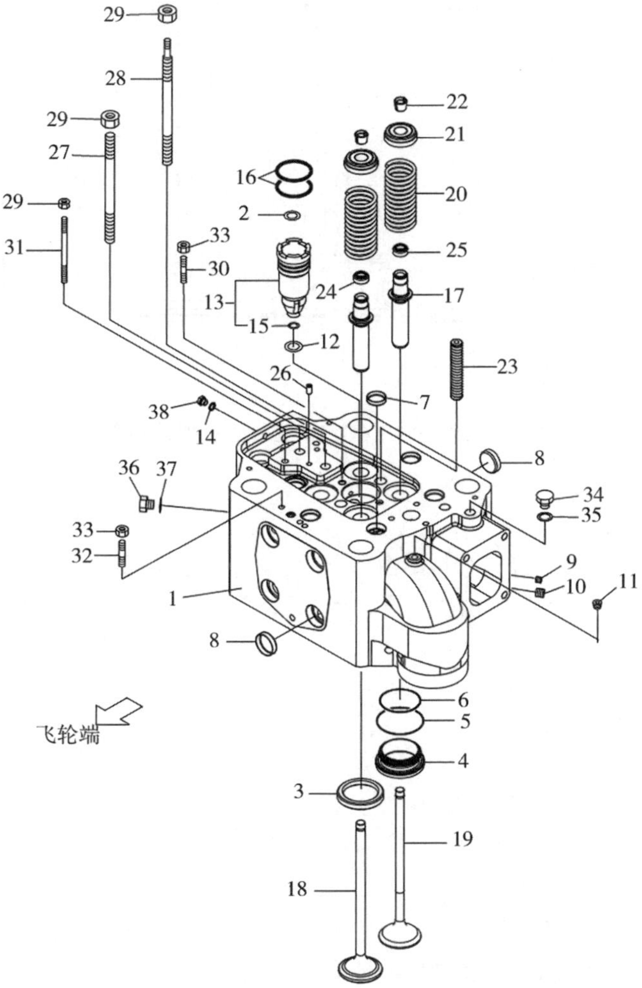

图 2-7　YANMAR 6EY26 型柴油机气缸盖零件图

1—气缸盖总成；2—阀填料；3—进气阀座；4—排气阀座；5—排气阀座下部 O 形密封圈；6—排气阀座上部 O 形圈；7—堵头；8—堵头；9—螺纹塞；10—螺纹塞；11—螺纹塞；12—填料；13—喷油器总成；14—密封垫圈；15—火焰护罩；16—O 形圈；17—阀门导杆；18—进气阀；19—排气阀；20—气阀弹簧；21—旋阀器；22—气阀导套；23—阀桥；24—阀杆密封；25—阀杆密封；26—连接销；27—双头螺栓；28—双头螺栓；29—螺母；30—双头螺栓；31—双头螺栓；32—双头螺栓；33—螺母；34—六角塞；35—垫片；36—螺栓；37—密封垫圈；38—六角塞

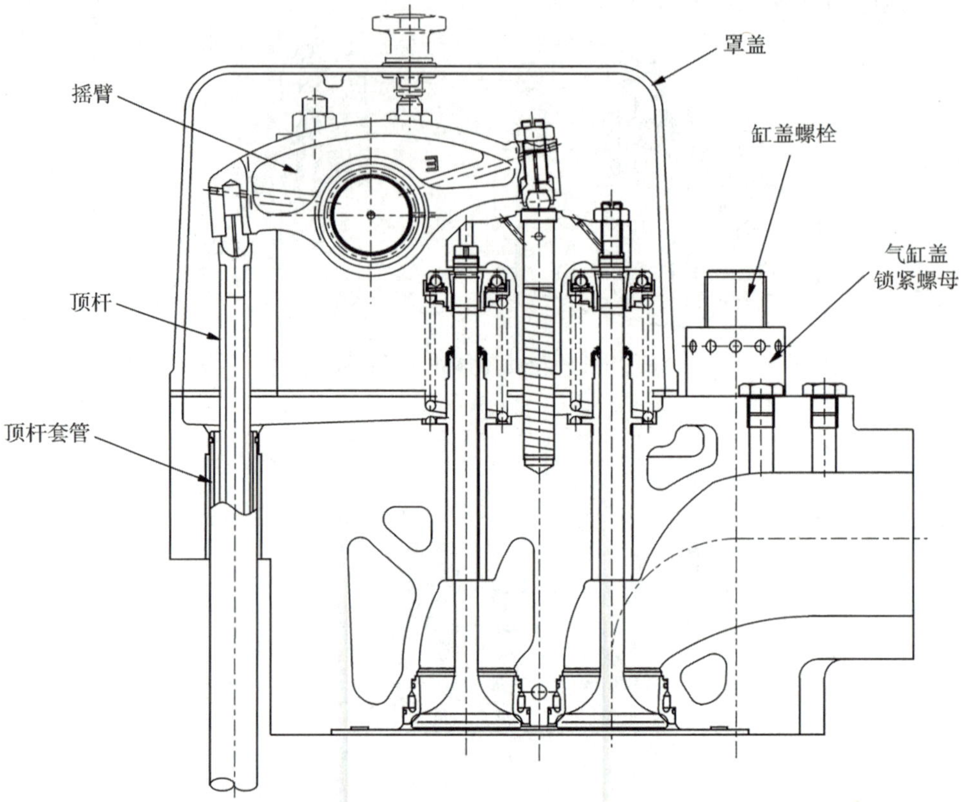

图 2-8 YANMAR 6EY26 型柴油机摇臂剖面图

2.6210ZLC 型柴油机

6210ZLC 型柴油机气缸盖部件主要由气缸盖本体、进排气阀、阀座、气阀导管、气阀弹簧组、旋阀器、阀顶架组件、摇臂机构组件、罩盖和罩座等零部件组成,零件结构如图 2-9 所示。

三、拆卸前的准备工作

1. 穿戴劳保防护服(安全帽、工作鞋等)。

2. 检查吊装工具及起重设备(如手拉葫芦、钢丝绳、吊环、卸扣等)的安全状况,若有问题应及时更换。

3. 准备吊缸工作所使用的常用工具、专用工具及量具,以及需更换的备件物料等。常用工具包括扳手、螺丝刀、起重设备、卸扣、吊环和吊带等,专用工具包括液压拉伸器、气缸盖专用吊具等,量具包括直尺、塞尺等,备件物料一般包括橡胶密封圈、垫片、新的活塞环、木板、抹布等。

4. 清理现场,准备好放置零部件所用的支架、垫木等。

5. 关闭空气瓶的截止阀,切断燃油、冷却水和滑油的供给。

6. 在拆装全程中应在操纵台前悬挂“禁止起动”的警示牌。

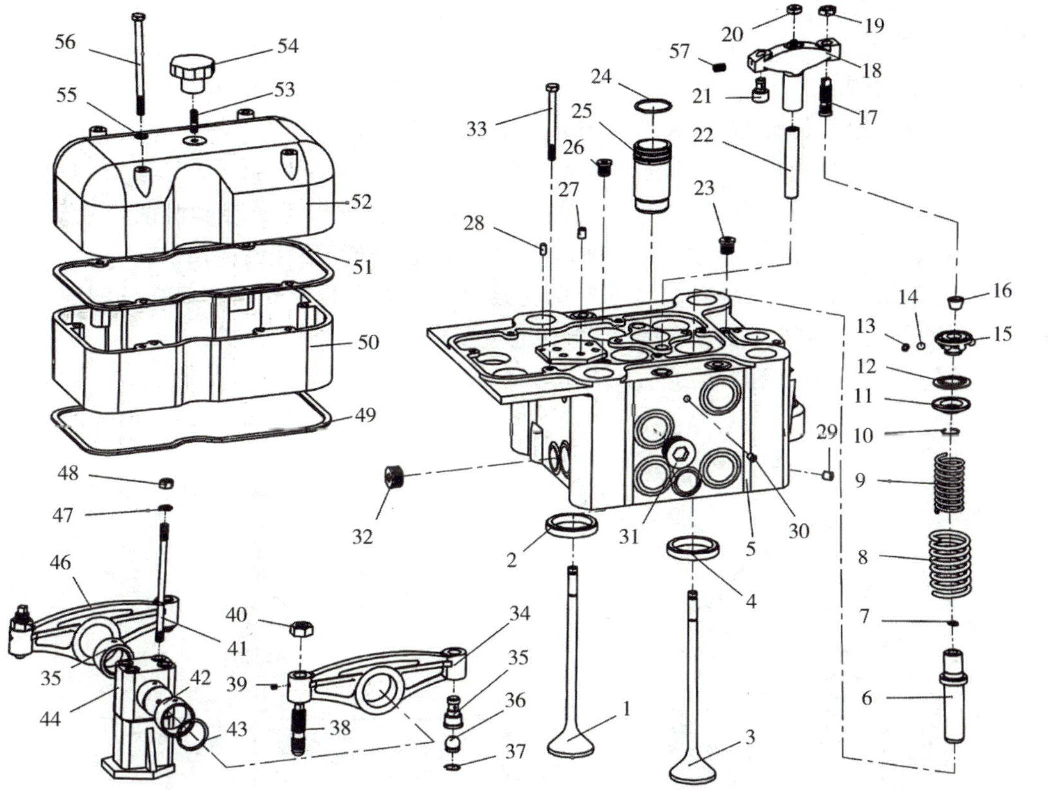

图 2-9　6210ZLC 型柴油机气缸盖零件图

1—进气阀;2—进气阀座;3—排气阀;4—排气阀座;5—气缸盖本体;6—气阀导管;7—挡圈;8—气阀外弹簧;9—气阀内弹簧;10—挡圈;11—弹簧座;12—蝶形弹簧;13—转阀弹簧;14—钢球;15—转阀体;16—开口阀锥块;17—顶架调节螺钉;18—阀顶架;19—顶架调节螺母;20—硬块;21—硬块;22—顶架导杆;23—闷塞;24—O 形密封圈;25—水封套管;26—闷塞;27,28—销;29,30—螺钉;31,32—闷塞;33—螺栓;34—排气摇臂;35—压球座;36—压球;37—孔用钢丝挡圈;38—调节螺钉;39—螺钉;40—调节螺母;41—摇臂座螺柱;42—排气摇臂衬套;43—挡圈;44—摇臂座;45—进气摇臂衬套;46—进气摇臂;47—垫圈;48—螺母;49—密封垫片;50—罩座;51—垫片;52—罩盖;53—双头螺栓;54—手柄;55—垫片;56—螺栓;57—螺钉

四、气缸盖的拆卸

1. 拆除气缸盖罩壳,取下放于木板上。

2. 拆下高压油管泄油管、喷油器泄油管和润滑油管等燃油和润滑油管路,注意不要丢失铜垫圈及其他小部件,做好拆开的管口和螺纹的保护工作。

3. 拆下冷却水出口管紧固螺栓和总管两侧法兰紧固螺栓,取下冷却水出口总管放于木板上,取下冷却水出口总管两侧密封胶圈,然后取下冷却水出口密封胶圈。

4. 拆下高压油管外部接管两端法兰紧固螺栓,取下高压油管。

5. 拆下喷油器紧固螺母,取出喷油器。

6. 拆下摇臂架紧固螺母,取下垫片,连同摇臂一起取下摇臂架放于木板上。

7. 取下进排气阀阀桥,取出顶杆和顶杆外壳放于木板上。

8. 拆下排烟管罩上、下部螺栓，取下排烟管保护罩放于木板上。

9. 拆下排烟管总管、支管螺栓，取下排烟管放于木板上，取下排烟管垫片和排烟总管垫片。

10. 拆卸示功阀。

11. 拆卸排烟温度传感器，拆卸过程中务必小心，避免损坏。

12. 取下气缸盖螺栓螺纹保护帽，安装液压拉伸器、油管和油泵，拆下气缸盖螺母。

13. 安装气缸盖吊板专用工具，在气缸盖吊板上挂吊钩，准备起吊。起吊前检查是否有未拆的部件，先低速绷紧吊索后摇晃吊索，确认牢固和缸头已松动后缓慢起吊。

14. 吊下气缸盖放于两根枕木上（或专用支架上），小心不要损坏气缸盖螺柱的螺纹，取出缸头床垫及冷却水密封圈。摘下吊钩，拆下气缸盖吊板，气缸盖拆卸结束。

气缸盖的起吊方式如图 2-10 所示。

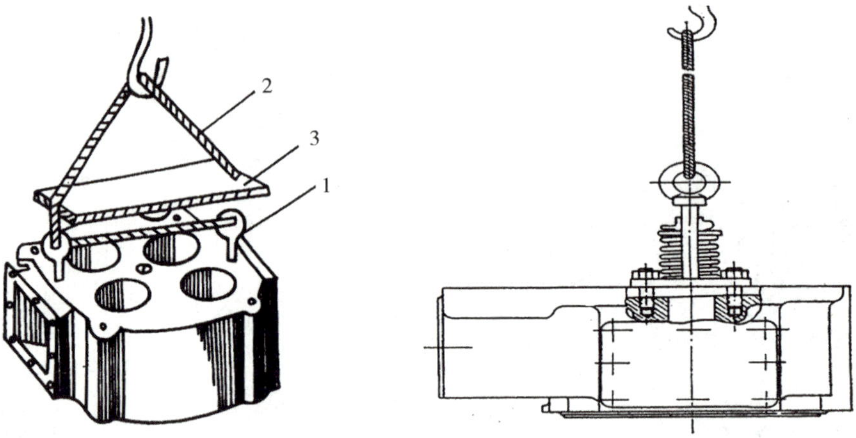

图 2-10　气缸盖的起吊及侧视图

1—起重环；2—钢丝绳；3—撑板

五、气缸盖底面烧蚀检查

1. 将气缸盖倒置放于专用支架上，使用清洗剂和无纺布彻底清洁气缸盖底面，去除积碳和油污。

2. 初步检查：用肉眼和放大镜检查底面是否有明显烧蚀、裂纹、局部熔蚀等。

3. 详细检查烧蚀情况。

（1）平整度检测：将直尺（或专用测量样板）侧立于被检平面上，观察直尺侧边与平面的接触情况，有缝隙说明有烧蚀。将塞尺插入直尺与平面之间，测量该间隙值，即为烧蚀量。

（2）裂纹探伤：采用磁粉探伤或渗透探伤方法，检测是否有微裂纹。

（3）局部烧蚀检测：重点检查气缸套接触面、燃烧室周围是否存在局部熔化、凹坑、开裂、烧焦等现象，若存在，则说明气缸盖存在烧蚀问题。

4. 缸盖底面烧蚀严重，需进厂修理；对于轻微的烧蚀，只需用砂布打磨光滑后可继续使用。

六、液压试验法检查缸盖裂纹

液压试验法直观、操作简单，能够有效发现缸盖的裂纹和渗漏缺陷，是柴油机维修和保养中常用的检测方法之一。具体步骤如下：

1.准备工作

拆卸与清洁：将缸盖从柴油机上拆卸下来，彻底清洁缸盖表面和内部冷却水道，去除油污、锈蚀和杂质，确保试验过程中不会因污垢影响检测结果。

检查堵塞：检查缸盖的冷却水道，确认没有堵塞或沉积物，以保证试验液体能均匀分布。

2.封闭水道与安装设备

密封接口：用适配的盲板、塞子或密封垫片封堵缸盖的各个进出水口，只留一个加压口和排气口。

安装压力装置：连接液压泵和压力表，确保设备完好无泄漏，能够提供所需的压力。

3.注入液体

液体选择：通常使用清水或混有防锈剂的清水作为试验介质，有时也使用染色液（如荧光液）以提高裂纹检出率。

充液排气：缓慢注入液体，打开排气口，有效地排除水腔中的空气，直至液体从排气口无气泡流出，确保缸盖内部充满液体。

4.加压试验

施加压力：使用液压泵缓慢升压至规定压力（通常为冷却水系统正常工作压力的 1.5 倍），一般在 0.7 MPa 左右。

稳压观察：保持压力 10 min，其间观察压力表是否有压降。

检查渗漏：仔细检查缸盖表面，尤其是薄弱部位（如气门座、冷却水腔周围）是否有液体渗出或出现水珠。

5.结果判定

合格标准：无渗漏、无压力下降为合格。

不合格处理：若发现渗漏或压力下降，须记录渗漏位置，判断裂纹程度，决定是否进行修复（焊接、补焊）或更换缸盖。

6.试验后处理

泄压与排液：缓慢泄压，彻底排尽缸盖内部液体。

干燥与防锈：用压缩空气吹干水道和表面，必要时涂防锈油，防止生锈。

恢复安装：检查无误后，重新安装缸盖至柴油机上。

7.注意事项

加压过程要缓慢，避免瞬间升压导致缸盖损伤。
试验压力不得超过缸盖材料的安全承受范围。
操作人员须佩戴防护装备，防止高压液体喷溅伤人。

七、气缸盖的安装

1. 安装气缸盖吊板，挂上吊钩，装复进气口密封胶圈，吊起气缸盖放于气缸套顶部，然后摘下吊钩，拆下气缸盖吊板。
2. 安装液压拉伸工具，装回气缸盖螺栓，安装气缸盖螺栓螺纹保护帽。
3. 装回喷油器紧固螺母，拧上气缸盖罩壳固定螺杆，插回顶杆。
4. 将进排气阀阀桥装复，连同摇臂一起安装摇臂架，安装紧固螺母垫片，拧紧摇臂架紧固螺母，盖回气缸盖罩壳。
5. 装复高压油管，拧紧外部法兰紧固螺栓。
6. 装复示功阀安装垫片，安装示功阀，装复示功阀紧固螺母。
7. 将冷却水出口密封胶圈装复，然后依次放回冷却水出口总管两侧密封胶圈和发动机后侧的冷却水出口总管，装复冷却水出口总管两侧法兰紧固螺栓和出口管紧固螺栓。
8. 装复高压油泵润滑油管空心螺栓，装复喷油器和高压油管泄油管空心螺栓。
9. 装复上面板，然后安装上面板螺栓。
10. 将燃油侧罩板装复，装回燃油侧罩板固定螺栓，然后装复排温表。
11. 将排烟总管垫片、排烟管垫片、排烟管依次装复，装复排烟管支管螺栓和总管螺栓。
12. 将排烟管罩装复，安装排烟管罩下部和上部螺栓。

第三节 气阀机构的拆装与检修

（本节内容适用于：750 kW 以上船舶大管轮、未满 750 kW 船舶大管轮、750 kW 以上船舶二/三管轮、未满 750 kW 船舶二/三管轮、750 kW 以上船舶值班机工以及未满 750 kW 船舶值班机工 。）

一、实操内容与要求

1.实操内容

(1)拆卸前的准备工作。
(2)气阀机构的拆卸与装配。
(3)气阀研磨及密封性检验。
(4)气阀间隙检查和调整。
(5)气阀定时的检查与调整。

2.实操要求

(1)正确完成拆卸前的准备工作。
(2)正确使用通用工具和专用工具。
(3)掌握正确的气阀机构的拆装步骤和操作方法。
(4)掌握正确的气阀机构相关的检查方法。

二、拆装设备介绍

1.YANMAR 6EY26 型柴油机

YANMAR 6EY26 型柴油机的气阀机构外观如图 2-11 所示。其进排气阀是 2 对提升阀，气阀机构可以通过 T 型阀桥同时操纵 2 个进气阀或排气阀。在同一操纵侧的进气或排气阀成对布置，以便于轮机员从凸轮轴和燃油喷射泵侧对气阀进行维修和检查。进气阀由耐热合金钢制成，而排气阀由超耐热和耐腐蚀的镍铬钛合金制成。为了能够顺畅地同时驱动 2 个进气阀或排气阀，避免阀桥损坏，轮机员应定期对气阀间隙进行调整。

2.6210ZLC 型柴油机气阀机构

6210ZLC 型柴油机每对同名气阀结构如图 2-12 所示（以第六缸为例），由一个凸轮通过滚轮(14)、滚轮衬套(13)、滚轮销(15)、气阀滚轮导筒(16)、顶头(12)、推杆(4)和推杆顶块(1)等推动摇臂机构来控制它们的启闭运动。推杆导筒(3)作为防护和回油通道。平键(11)作为气阀滚轮导筒(16)和油泵滚轮导筒(9)的导向,保证其上下运动时滚轮和凸轮的相对位置不致偏斜。

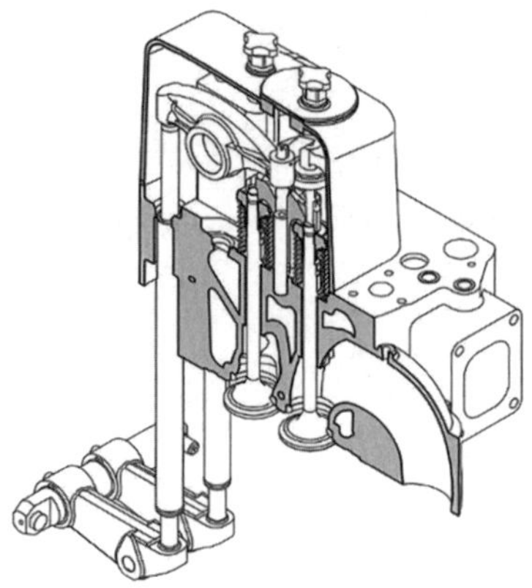

图 2-11　YANMAR 6EY26 型柴油机气阀机构示意图

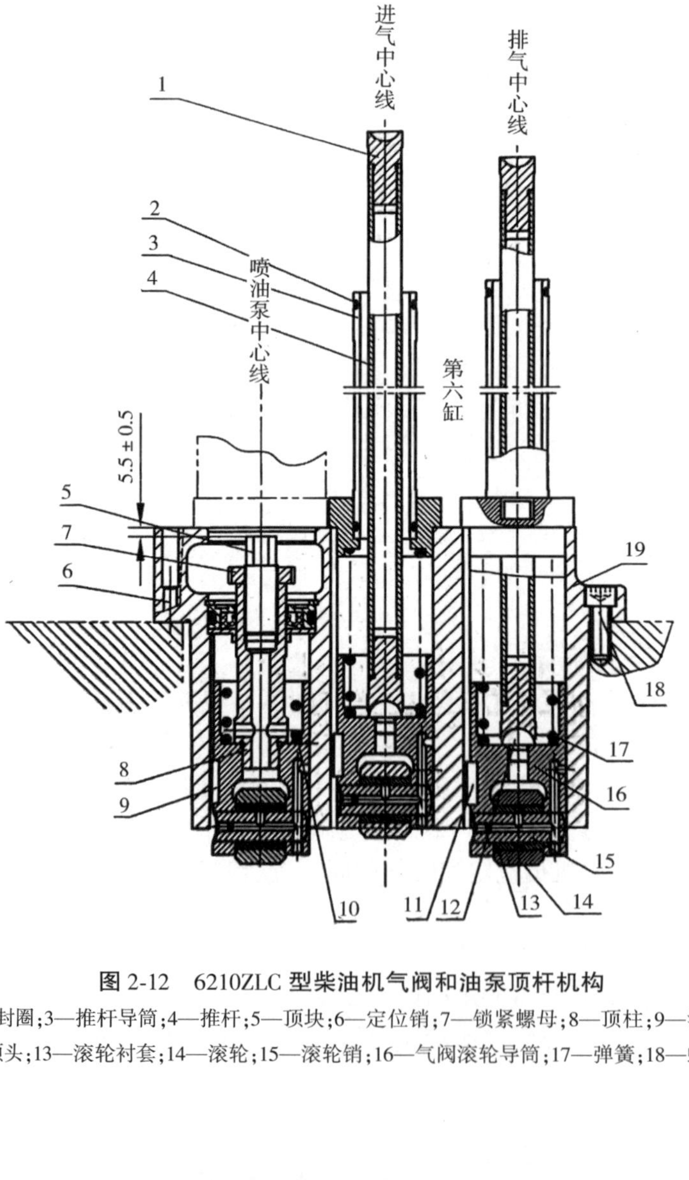

图 2-12　6210ZLC 型柴油机气阀和油泵顶杆机构

1—推杆顶块;2—密封圈;3—推杆导筒;4—推杆;5—顶块;6—定位销;7—锁紧螺母;8—顶柱;9—油泵滚轮导筒;10—弹簧;11—平键;12—顶头;13—滚轮衬套;14—滚轮;15—滚轮销;16—气阀滚轮导筒;17—弹簧;18—螺栓;19—滚轮座

油泵顶杆机构由滚轮、滚轮衬套、滚轮销、油泵滚轮导筒(9)、顶柱(8)、顶块(5)、锁紧螺母(7)等组成。气阀顶杆和油泵顶杆装于一个共同的滚轮座(19)中,用8只螺栓(18)紧固于机体的凸轮箱平台上,并用两只定位销(6)定位。滚轮、导筒等运动零件工作时,用来自滚轮座(19)上部进油管,并从滚轮座内的钻孔分流来的压力油进行良好的润滑和冷却。

三、拆卸前的准备工作

1. 检查气阀机构拆装工作所使用的专用工具、顶丝、压板、螺丝刀、尖嘴钳等工具。
2. 检查气阀研磨所使用的专用研阀工具。
3. 检查气阀机构调节所使用的量具如塞尺等。
4. 清理现场,准备好放置零部件所用的支架、垫木等,穿戴劳保防护服(安全帽、工作鞋等)。

四、气阀机构的拆卸与装配

1. 将气缸盖正置,气阀阀盘底面垫牢。
2. 做好气阀与阀座的对应标记。
3. 将气阀拆装工具安装于气阀弹簧盘上平表面,旋紧顶丝,压下压板,压下气阀弹簧,露出阀杆上端的锁紧块,用螺丝刀将锁紧块取出。
4. 将顶丝旋出,放松压板,慢慢抬起并拆下气阀拆装专用工具。
5. 依次取下旋阀机构(若有)、弹簧盘及内外弹簧,侧置缸盖,取出气阀。
6. 清洁气阀机构各零部件,在阀杆上涂抹滑油。
7. 按拆卸的相反顺序进行装配。

如图2-13所示为YANMAR 6EY26型柴油机的气阀机构拆装示意图。

五、气阀的研磨及密封性检查

1.气阀的研磨

气阀阀面与阀座的磨损,会使密封阀线变宽,气阀在气缸盖上会沉陷,柴油机说明书对气阀沉陷值都有明确规定,当超过规定值时,要视情况更换阀座或气阀。

当气阀密封锥面出现严重磨损或烧蚀时,可采用气阀研磨机或在车床上对阀面进行光车处理,以消除缺陷。修复后可将气阀与阀座进行研磨,以确保良好的密封配合。当气阀密封锥面磨损不大,可将气阀与气阀座直接进行研磨,使其恢复正常配合。具体研磨步骤如下:

(1)研磨前将气缸盖、气道、气阀导管、阀座等处清洁干净,阀杆及其导管内部要清洁并涂抹滑油。

(2)在阀孔内放入一个合适的弹簧,插入阀孔,在气阀阀头上安装研阀工具,研磨时,先在气阀密封锥面上部涂一层薄薄的研磨砂,用研磨专用工具,以拍打与转动相结合的方式进行研磨,如图2-14所示。

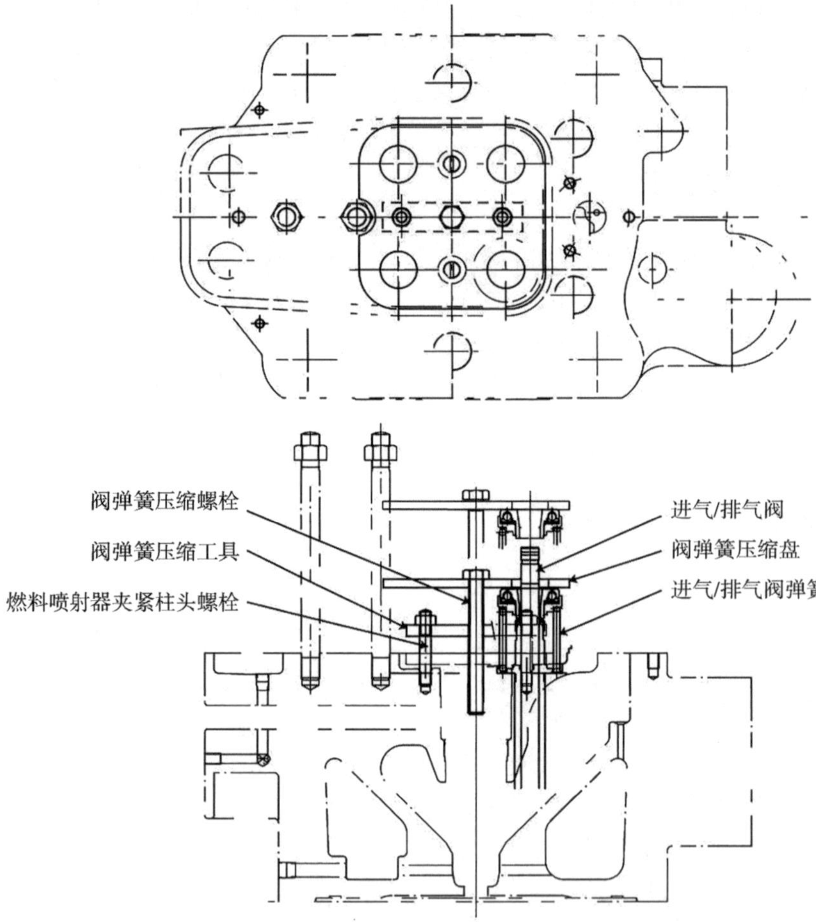

图 2-13　YANMAR 6EY26 型柴油机进/排气阀拆装示意图

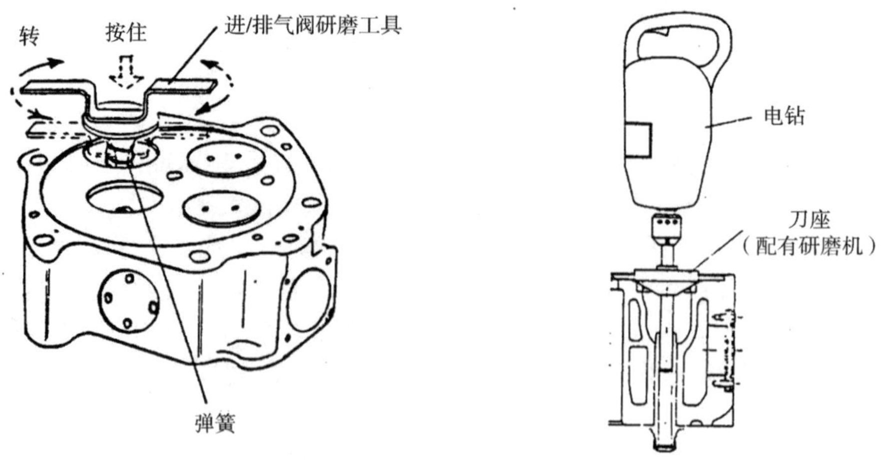

图 2-14　气阀的研磨

(3)在研磨气阀时,建议先用粗砂研磨,并且要定期更换研磨砂,每次更换研磨砂时要将气阀杆和气阀导套彻底清洁干净,以免造成阀杆和导套表面拉毛或正常间隙受损。随后,对气阀与气阀座的缺陷进行研磨,再用细的研磨砂进行细研,研磨后的气阀和气阀座接触面应有一条均匀而连续的光亮接触带,宽度为 2~2.5 mm。经研磨的气阀的密封性,应用煤油或柴油做渗漏试验。研磨气阀和气阀座时应防止研磨膏落入气阀导管内。最后在气阀上涂上一层机油,继续研磨数分钟,使气阀与气阀座之间更好地配合。为保证燃烧室的气密性,为防止气阀和阀座的烧损,所有气阀和阀座必须仔细地研磨。

(4)研磨时应注意不要用力过大,以免气阀与气阀座由于过度撞击使密封锥面宽度磨宽或磨成凹形。当经长期使用后的气阀密封锥面发现严重烧蚀或接触带变得很宽,依靠研磨膏不能修整时,必须用专门的磨头进行修磨更换气阀和气阀座。

(5)研磨后的密封带宽度:进气阀应在 1.5~2.0 mm 内,排气阀应在 2~3 mm 内。密封带过宽则密封性不好,过窄则影响工作寿命。

(6)检查阀杆及其导管间隙,一般超过 0.2 mm 气阀导管换新。

2.密封性检查

(1)铅笔划线法:在气阀密封锥面上沿圆周方向均匀地划出 8~12 条铅笔线痕(如图 2-15 左图),将气阀在其阀座上轻轻拍打几次(气阀不要转动),如果铅笔线均在环带部分中断,则表明气阀密封性良好。

(2)着色法:在气阀锥面上抹一层薄红铅油,将气阀装在气阀座上轻轻转动 1/4 圈,取出后,若此时气阀座的环带上全部沾上红铅油,且分布整齐、均匀,则可判定气阀密封性良好。

(3)煤油渗漏法:将气阀及气阀弹簧等装复,然后在进气道和排气道内注入煤油或轻柴油,如图 2-15 右图所示。如保持 5 分钟无渗漏,则表示密封性良好。

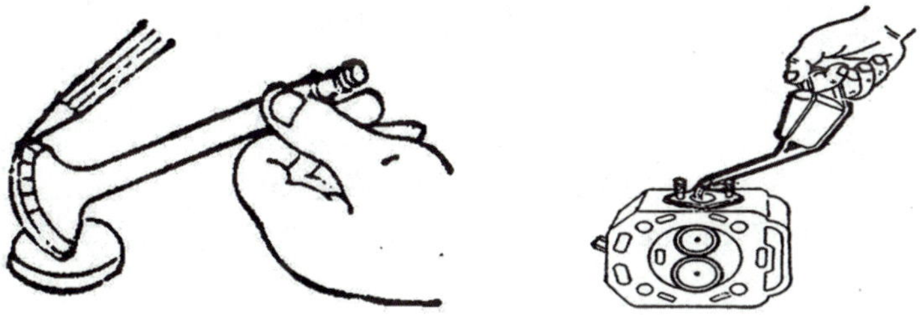

图 2-15　气阀的密封性检查

六、气阀间隙检查与调节

气阀间隙应定期检查,不正确的间隙会影响配气正时的正确性和气阀的气密性,甚至会引起配气机构的损坏。如图 2-16 所示,YANMAR 6EY26 型柴油机气阀间隙的调整方法如下:

1. 插入盘车棘轮扳手,盘车使调整间隙的气缸活塞上升到压缩行程的上止点位置,取下盘车棘轮扳手。

2. 松开锁紧螺母 2 和 4,然后松开摇臂调整螺丝 1 和阀桥调整螺丝 3。

3. 从阀桥上方压下，使得间隙 A 变为零。逐渐旋紧阀桥调整螺丝 3，直到间隙 B 变为零。调整后，锁紧调整螺丝 3，使其不能旋转，然后紧固锁紧螺母 4。

4. 将说明书中规定厚度的塞尺放入摇臂调整螺丝 1 与阀桥之间的间隙 C 中，逐渐旋紧摇臂调整螺丝 1，直到间隙足够小，到仅允许塞尺插入。然后锁紧调整螺丝 1，并紧固锁紧螺母 2。

5. 在确保锁紧螺母 2 紧固后，确认塞尺仍能顺利插入和取出。

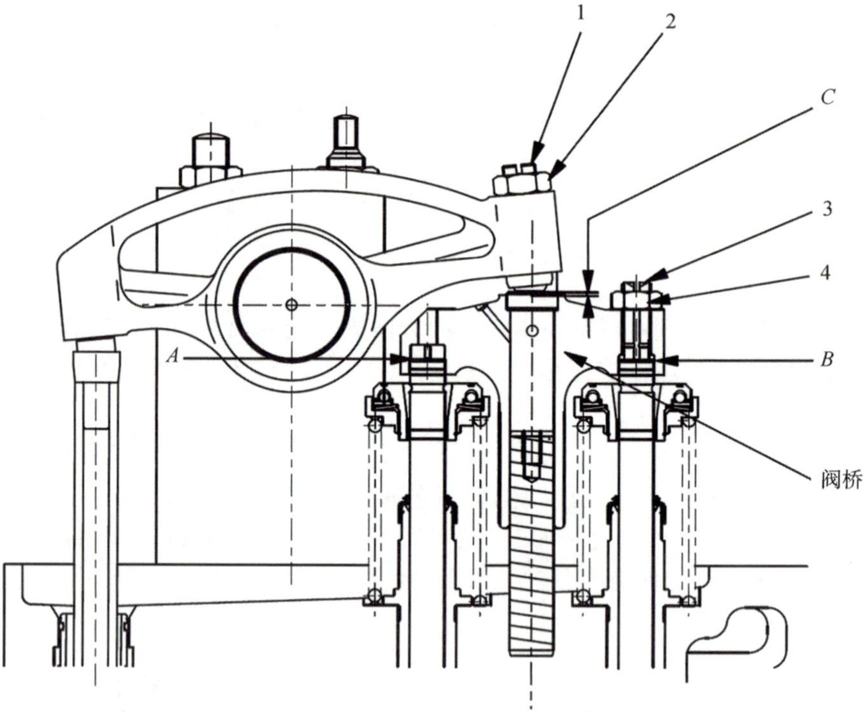

图 2-16　气阀间隙测量步骤

1—摇臂调整螺丝；2—锁紧螺母；3—阀桥调整螺丝；4—锁紧螺母

七、气阀定时的检查与调整

1. 在调整好气阀间隙的前提下，进行气阀定时的检查与调整。

2. 如图 2-17 所示，在气阀弹簧盘的平面上安装千分表，调整千分表表盘，小表针在 1～2 mm 之间，锁紧，大表针调零。

3. 按曲轴工作转向缓慢盘车，观察千分表，当千分表指针刚刚移动，飞轮上相应的刻度就是该气阀开启时刻。

4. 继续缓慢盘车，千分表指针刚回到原位时停止盘车，飞轮上相应的刻度是该气阀的关闭时刻。

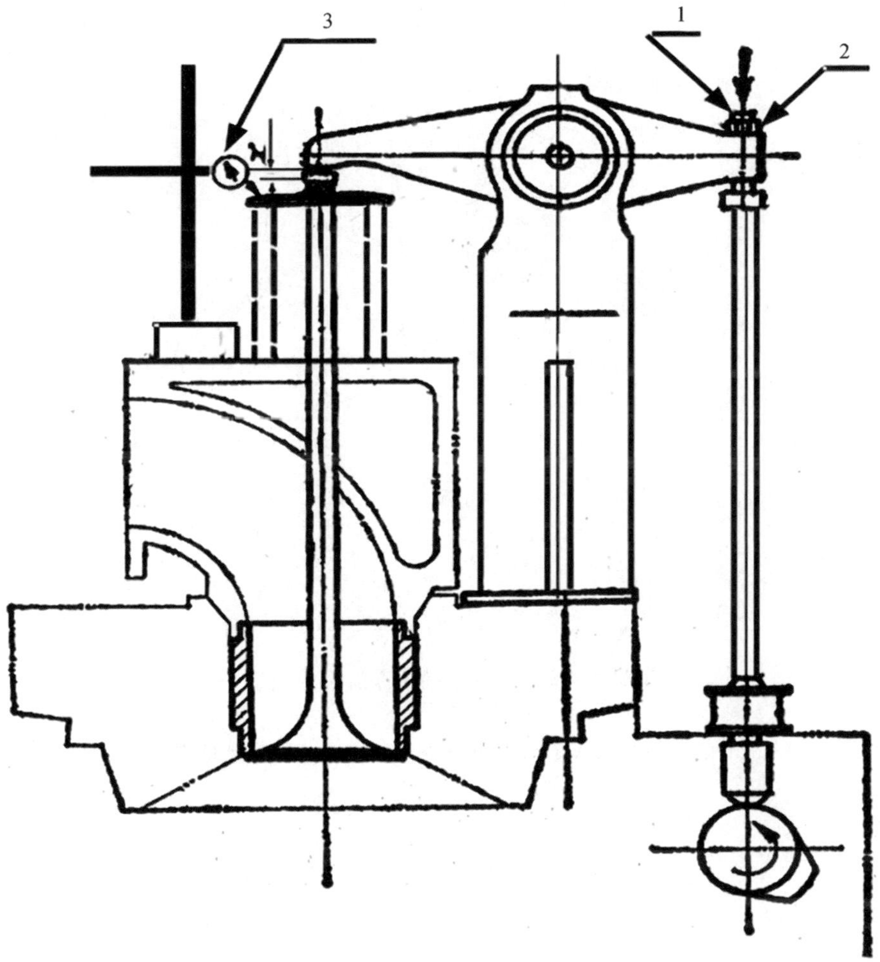

图 2-17　气阀定时的检查与调整

1—调节螺钉;2—锁紧螺母;3—千分表

5. 若气阀定时有偏差,根据不同的柴油机,使用正确的方法调节气阀定时至合格为止。以 YANMAR 6EY26 柴油机为例,若需调节气阀定时,需重新定位凸轮轴,具体而言,应按照发火顺序,逐缸盘车到对应缸的压缩上止点,检查凸轮轴正时齿轮上的对准标志是否与中间齿轮 B 匹配、中间齿轮 A 上的对准标志是否与曲轴齿轮匹配,必要时应拆下正时齿轮罩确认,如图 2-18 所示,如果错位,需要拆卸凸轮轴齿轮重新校正。

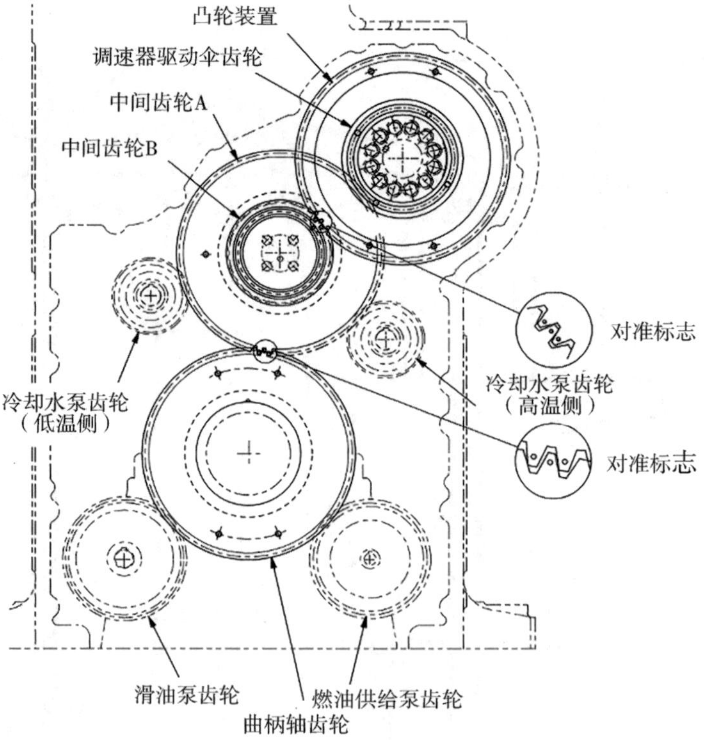

图 2-18　YANMAR 6EY26 柴油机定时齿轮安装标志

第四节　气缸套的拆装与测量

（本节内容适用于：750 kW 以上船舶大管轮、未满 750 kW 船舶大管轮、750 kW 以上船舶二/三管轮和未满 750 kW 船舶二/三管轮。）

一、实操内容与要求

1.实操内容

（1）拆卸前的准备工作。
（2）气缸套的拆卸。
（3）气缸套密封件的预处理和安装。
（4）气缸套的安装。
（5）测量气缸套磨损量及圆度、圆柱度误差的计算。

2.实操要求

（1）正确完成拆卸前的准备工作。
（2）正确使用通用工具和专用工具。
（3）掌握正确的气缸套的拆装步骤和操作方法。
（4）掌握正确的缸套磨损测量及圆度、圆柱度误差的计算方法。

二、拆装设备介绍

YANMAR 6EY26 型柴油机的气缸套结构如图 2-19 所示。该气缸套为湿式气缸套，采用具有优异耐磨特性的特殊铸铁材料制造，具有超耐磨性，在气缸套裙部安装有三个 O 形密封环，以确保其良好的密封性能。气缸套边缘采用高强度厚壁设计，能够承受该发动机燃烧时所产生的高压。气缸套裙部也采用厚壁设计，以承受活塞的侧推力和磨损。气缸套的内表面进行珩磨加工。气缸套边缘采用强制冷却方式，气缸套周围的水套通过旋转水流均匀冷却，这样可以最佳控制燃烧室内壁的温度。为防止机械抛光磨损的危险，气缸套内部装有防磨环，其安装在缸套的上部末端，此防磨环可以刮掉活塞顶岸的积碳，从而防止气缸套的磨损。

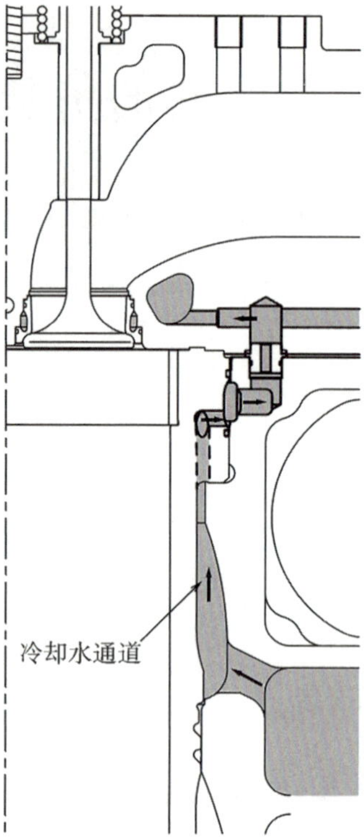

图 2-19　YANMAR 6EY26 型柴油机的气缸套结构

三、拆卸前的准备工作

1. 检查起吊工具(如手拉葫芦、钢丝绳、吊环、吊钩卸扣等)是否完好,若有问题应及时更换。

2. 准备吊缸工作所使用的通用工具、专用工具、量具及需更换的备件物料等,气缸套拆卸过程中需准备的专用工具及示意图如图 2-20 所示。

3. 清理现场,准备好放置零部件所用的支架、垫木等。

4. 在曲柄销上部盖上帆布以免杂物污染油底壳,清洁缸套顶部。

5. 穿戴劳保防护服(安全帽、工作鞋等)。

四、气缸套的拆卸

1. 提前做好定位标记,按照图 2-20 中编号的安装气缸套拆卸专用工具。

2. 调节螺栓 4,使气缸套下部拆卸装置 7 的底端突出约 45 mm。用锁紧螺母 9 拧紧螺栓 4。

3. 在支撑气缸套的同时,防止它与气缸接触,紧固螺母 6。

4. 然后拧紧螺母 6 直到缸套上部冷却水密封 O 形环离开为止。

5. 将气缸套放置在上下部拆卸装置(2 和 7)的平行销(3 和 8)上,固定拆卸工具。

6. 用钢丝绳连接到吊环 11,提起气缸套,将缸套逐渐拉出,待缸套下部密封胶圈越过配合面后缸套即处于自由状态;

7. 将缸套吊出放在两根枕木上(或专用支架上),使用专用工具固定缸套并摆正。

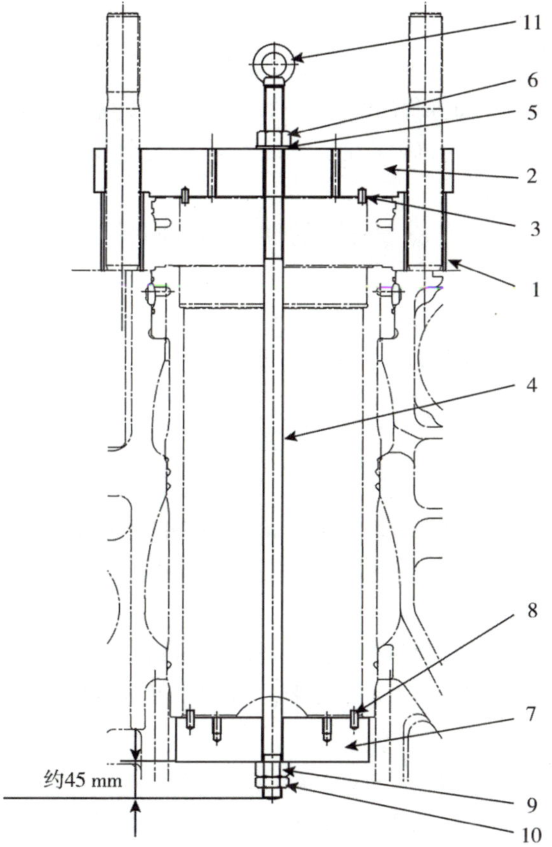

图 2-20　气缸套拆卸示意图及专用工具

1—垫片;2—气缸套上部拆卸装置;3—平行销;4—螺栓;5—垫圈;6—锁紧螺母;7—气缸套下部拆卸装置;8—平行销;9—锁紧螺母;10—锁紧螺母;11—吊环

五、气缸套密封件的预处理和安装

在气缸套密封件的预处理和安装过程中,对缸套和缸盖之间的垫片以及缸套和机体之间的胶圈的处理,对保证气缸套的密封性能至关重要。以下是具体的预处理和安装步骤。

1. 垫片的预处理和安装

垫片退火处理:垫片材料通常采用金属或复合材料,这些材料可能会由于制造过程中的硬化或变形而影响密封性能。通过退火处理,可以有效消除材料内部的应力,提升其密封性能。退火处理后,垫片表面应光滑平整,以减少接触面的摩擦。

表面涂格兰粉:格兰粉的使用有助于确保密封件更均匀地与配合面接触,减少泄漏风险,同时避免垫片粘在气缸套上，使得下次拆卸时很难拆下。

安装注意事项：垫片应根据设备的规格和形状进行精确安装。安装时应避免垫片弯曲或扭曲，以防止密封效果降低。安装过程中，应检查所有接触面是否干净，避免污物或杂质影响密封效果。

2.胶圈检验

胶圈表面检验：胶圈应无任何可见缺陷，例如裂纹、气泡、划痕或任何可能影响密封性能的瑕疵。表面应光滑，截面直径均匀，确保在压缩时能够均匀分布压力。

弹性检查方法：

(1)拉伸法：通过适当的拉伸，检查胶圈的伸长率和回弹性，确保其能够在工作过程中恢复原状，保持长期的密封性。

(2)自由长度法：用该方法测量胶圈在未受压时的自然长度，确保胶圈的自由长度比环槽的周长小10%，以提供适当的预紧力。过长的胶圈可能在工作中无法形成足够的压缩，从而导致泄漏。

3.胶圈安装

安装胶圈时，需要涂抹润滑剂，例如凡士林油、润滑油或硅油。在胶圈上涂抹少许凡士林油不仅可以减少安装过程中的摩擦，还可以避免胶圈干裂。在某些情况下，凡士林油还可以作为密封剂，增强胶圈的密封性能。

正确的安装方法：胶圈安装时要确保它正确地进入槽内。安装时，避免胶圈发生绞缠或变形，因为这会影响密封效果，甚至导致密封失败。确保胶圈安装在正确的槽位中，并且整个胶圈均匀受压。

高度要求：胶圈应略高于槽面(0.5~1.0 mm)，这样可以确保在压力作用下，胶圈能够有效地压入槽内，从而提供更好的密封效果。如果胶圈安装太低，则可能无法有效压缩，导致密封不严。

避免过度拉伸：在安装过程中，避免过度拉伸胶圈。过度拉伸可能会导致胶圈在使用过程中发生永久性变形，从而影响其密封性能。

六、气缸套的安装

1. 在安装气缸套之前，必须对气缸体的冷却腔进行彻底检查。确保清洁无异物，特别是气缸套橡皮圈的安装区域，必须检查是否有毛刺或杂质。若发现毛刺，应使用砂纸或磨具仔细打磨至平滑，以防止安装时损坏橡皮圈，影响密封效果。

2. 将气缸套的O形圈全部换新，拉伸以检查是否因温度或湿度变化而在存储过程中出现裂纹。在新的O形圈上涂抹润滑油或硅油，然后安装，注意安装时O形圈不得发生扭转。

3. 在安装气缸套之前，在气缸体上涂抹硅基液体密封剂，同时在气缸套和气缸体的配合面上涂抹润滑油，如图2-21所示。

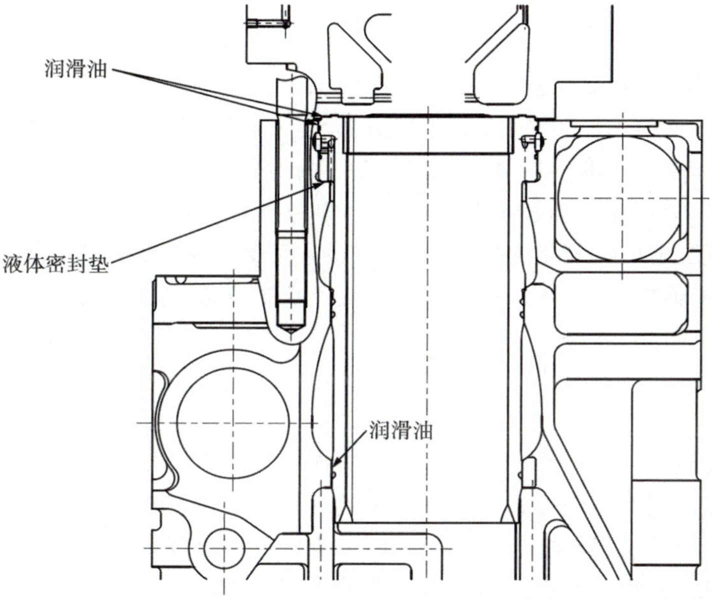

图 2-21　涂抹液体密封剂和润滑油的位置

4. 按照图 2-20 将专用工具 2 至 11 安装在气缸套上。然后，将气缸套上的零标记与气缸体上的冲压标记对齐。使用起重设备将气缸套缓慢吊入机体。在吊装过程中，应保持缸套稳定，避免碰撞机体或其他组件。将气缸套安装到气缸体中（注意安装气缸套时请勿使用垫片1），当气缸套与机体接触并产生一定紧度后，应使用专用工具或配合气缸盖，通过均匀的力将气缸套压入机体，直至完全到位。这要求工具应均匀地分布力量，以避免倾斜或损害气缸套。

5. 气缸套安装到位后，应立即进行冷却水注入试验，检查气缸套及其接口处是否有渗漏现象。通过气缸套和冷却系统的相关管道注入冷却水，观察是否有水分泄漏。为确保气缸套及密封性能符合要求，可进行水压试验。测试时，水压应调至 0.7 MPa，并保持一定时间，观察是否有渗水或压力下降现象。

七、气缸套的检查

气缸套是柴油机重要而又易于损坏的零件。气缸套上部内表面是燃烧室的组成部分，直接受到燃气的高温、高压和腐蚀作用；与活塞组件的相对运动使其承受侧推力和强烈的摩擦，并且在上、下止点运动速度为零。恶劣的工作条件和低运动速度使其难以达到理想的润滑状态。气缸套外圆表面与气缸体内壁组成冷却水腔，受到穴蚀和电化学腐蚀的作用。

常见的气缸套损坏形式有：内圆表面的磨损、腐蚀、裂纹和拉缸；外圆表面的穴蚀和裂纹。根据中国船级社 CCS 对营运船舶保持船级的特别检查的要求，对船舶主、副柴油机气缸套进行拆解检验；柴油机说明维修保养大纲要求每 8 000 到 10 000 运行小时，对气缸套进行检修一次。此外，每当吊缸时，均应检查和测量气缸套的磨损情况。

1.气缸套磨损

气缸套的正常磨损特点是最大磨损部位在活塞上止点第一道气环位置附近，并沿缸壁向下磨损量逐渐减小。气缸套工作表面清洁光滑，无明显划痕、擦伤等磨损痕迹。气缸套正常磨损的参数为圆度误差、圆柱度误差、内径增量（缸径最大增量）小于说明书或有关标准的规定值。缸套正常磨损率：铸铁缸套小于 0.1 mm/kh，镀铬缸套为 0.01~0.03 mm/kh。

若活塞环和气缸套发生异常磨损，在检查时会发现磨损率很高，大大超过正常磨损率。气缸套表面脏污，有明显的划伤、擦伤和撕裂等拉缸或咬缸现象，缸壁有发蓝等明显的烧灼现象；磨损产物颗粒较大，达到 25~30 μm。

2.气缸套裂纹

柴油机气缸套裂纹损坏虽然比气缸套过度磨损的数量少，但在大缸径、强载的中低速柴油机的气缸套中是最常见的损伤模式。气缸套裂纹多为热疲劳和机械疲劳破坏所致，其产生原因与气缸套的结构设计、材料性能、毛坯缺陷以及维护管理等因素密切相关。在船上的工作条件下，维护保养不良、管理不当往往是产生裂纹的直接原因。一般气缸套裂纹总是发生在结构设计不合理、强度较差和有应力集中的部位。常见的气缸套裂纹部位主要有气缸套冷却侧裂纹和内表面裂纹。

3.气缸套的穴蚀

气缸套穴蚀是船用中、高速柴油机普遍存在的严重问题。随着柴油机高速化、轻量化以及功率的增加和强载度的提高，气缸套穴蚀破坏成为妨碍柴油机正常运转的首要问题，严重影响柴油机的工作可靠性和气缸套的使用寿命。

气缸套穴蚀一般发生在湿式气缸套外圆表面上，一般集中在柴油机左右侧方向，特别是承受侧推力最大的一侧的偏上方，冷却水出口、水流转向处和水腔狭窄处对应的缸壁上，缸套下部密封圈附近缸壁。穴蚀小孔呈蜂窝状或分散状。缸套冷却水腔除缸套穴蚀外，还应重视因气缸套与气缸体材料差异，以及材料内部存在的电化学不均匀性所引发的各类电化学腐蚀现象。这两种腐蚀同时存在或交替进行均会加重缸套的腐蚀。此外，冷却水的水质、含气量、流速等均对穴蚀有影响。

4.拉缸

拉缸是柴油机活塞组件与缸套配合工作面相互剧烈作用（干摩擦），在工作表面上产生过度磨损、拉毛、划痕、擦伤、裂纹或咬死的现象。吊缸检查可发现气缸套和活塞环、活塞工作表面呈蓝色或暗红色，有纵向拉痕；气缸套、活塞环，甚至活塞裙异常磨损，磨损量和磨损率很高，远超正常值。

拉缸事故通常发生在两个阶段：一是在柴油机运转初期的磨合阶段，二是在长期运行后的磨损积累阶段。前者多因润滑不良、配合间隙不当或初期装配问题引起，后者则多由润滑油劣化、冷却效果下降或材料疲劳导致。

（1）柴油机运转初期的磨合拉缸

发生在新造或修理后的柴油机磨合阶段，损伤部位在气缸套和活塞环工作表面，严重时波及活塞裙外表面。

(2)柴油机运转中的拉缸

多发生在柴油机稳定运转较长时间(数千小时)以后,拉缸使活塞裙外表面烧伤、磨损和气缸套内上止点附近壁面严重磨损。铸铁气缸套与铝合金活塞发生拉缸时,可使活塞材料熔化并与气缸套表面焊接。

(3)产生拉缸事故的工艺原因

柴油机拉缸事故的根本原因是气缸套与活塞环工作表面间的油膜变薄或遭到破坏所致。当油膜变薄或局部破坏失去油膜时,气缸套和活塞环配合表面的金属直接接触,发生黏着磨损,进一步发展和恶化即形成严重的拉缸事故。除滑油品质不佳、供油不足或中断、气缸套冷却不良使缸壁过热、超负荷等因素外,柴油机制造与安装精度和使用中的精度降低也是不容忽视的重要原因。工艺上分析:

①气缸套与活塞环工作表面粗糙度不合适可能导致运转初期出现磨合拉缸。新造或经修理的气缸套内表面粗糙度应符合:高速柴油机平均粗糙度(Ra)不超过 0.8 μm;中速柴油机 Ra 不超过 1.6 μm;低速柴油机 Ra 不超过 3.2 μm。

②活塞运动装置对中不良引起拉缸。新造柴油机活塞运动装置与气缸套对中性差,即安装精度低,或者由于长期运转使导板、滑块、轴承等磨损,破坏了活塞运动在气缸套中的正确位置。

(4)防止拉缸的工艺措施

①保证活塞运动装置良好的对中性。

②气缸套内圆表面采用波纹加工或珩磨加工。

③气缸套内圆表面强化处理。

④活塞环外表面强化处理。

八、气缸套的测量

1.气缸套的磨损规律

在气缸套的纵截面呈锥形,上部磨损比下部大,并且最大磨损位置,在活塞处于上止点时第一道活塞环附近,沿气缸套向下磨损逐渐变小;在气缸套的横截面上的磨损呈椭圆形,并且椭圆的长轴垂直于曲轴中心线的方向(左右方向),即横截面左右方向的磨损大于首尾方向的磨损,这是由于活塞运动时侧推力作用的结果。

2.气缸套的测量位置,如图 2-22 所示:

(1)第一道压缩环在上止点位置。

(2)第一道压缩环在行程中间位置。

(3)最末道刮油环在行程中间的位置。

(4)最末道刮油环在下止点的位置。

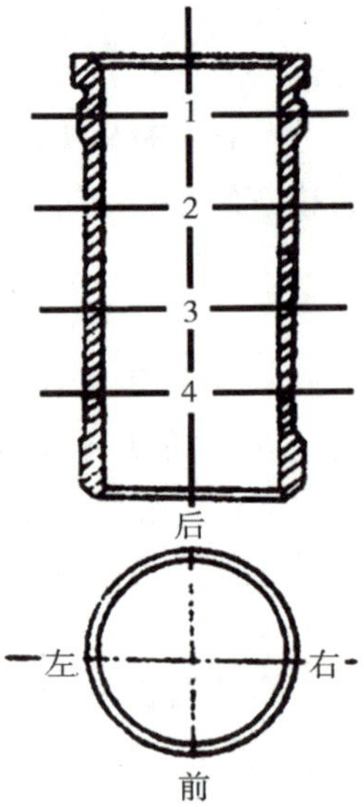

图 2-22　气缸套测量部位

3.测量步骤

(1)外径千分尺校零

在开始测量之前,首先需要确保测量工具的准确性。使用外径千分尺进行测量前,应先进行校零操作。将千分尺调至零点,检查其读数是否准确对齐,确保在测量过程中提供可靠的基准。

(2)内径量表的组装和检查

组装内径量表前,检查所有部件是否完好无损,并确保装配正确。组装完成后,应对内径量表进行功能检查,以确保其指示灵敏且无明显误差。

(3)设置和校准测量工具

将外径千分尺调至气缸套的公称直径,并锁紧设定。这一步骤关键在于确保千分尺设定的直径与气缸套的设计直径一致。将内径量表放入已校准的外径千分尺之间,调整量表的测量杆长度,直至量表的小表针指示在合理范围内。锁紧测量杆后,调整量表的表盘,使大表针指向零位,记录下小表针的读数。

(4)在测量之前,必须清洁气缸套的内表面,移除任何可能影响测量准确性的油污或杂质。确定测量点,测量时通常使用测量样板,以确保每次测量时测量点位置不变。

(5)使用内径量表测量气缸套内径时,应遵循标准操作程序:平稳地将量表放进测量位置,确保量表稳定后读取数值,然后缓慢退出量表。这一过程中要确保量表的测量杆垂直于测量表面,测量过程如图 2-23 所示。

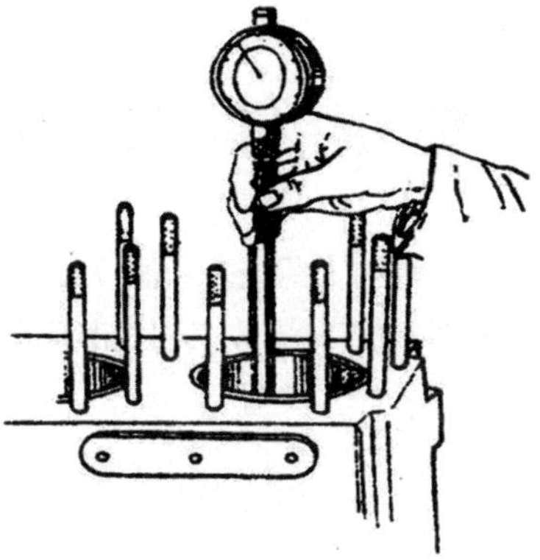

图 2-23　用量缸表测量气缸套内径

(6)记录各测量部位的读数,这些数据将用于计算气缸套的实际内径。从各个测量点获得的数据可以揭示内径的一致性及其偏差。

(7)根据测量得到的内径数据,计算气缸套的圆度和圆柱度误差。计算圆度误差时,应在1个截面上(一般选择上下中3个截面),沿圆周方向进行不少于6次的等角度测量,记录内径数值,每一测量截面气缸直径最大值和最小值差值的一半即为该截面的圆度。测量所有截面的内径数值,测得气缸直径的最大值和最小值的差值的一半即为该气缸的圆柱度。

(8)在记录数据时,应保留至小数点后三位,最后一位为估计读数。这种精确的记录方法有助于在之后的分析中减少误差,确保数据的可靠性。

第五节　活塞组件的拆装与测量

（本节内容适用于：750 kW 以上船舶大管轮、未满 750 kW 船舶大管轮、750 kW 以上船舶二/三管轮、未满 750 kW 船舶二/三管轮、750 kW 以上船舶值班机工以及未满 750 kW 船舶值班机工 。）

一、实操内容与要求

1.实操内容

（1）拆卸前的准备工作。
（2）活塞连杆组件的拆卸。
（3）活塞连杆组件的解体。
（4）活塞连杆的组装。
（5）活塞销磨损测量。
（6）活塞连杆组件的装复。

2.实操要求

（1）正确完成拆卸前的准备工作。
（2）正确使用通用工具、专用工具和量具。
（3）掌握正确的活塞组件的拆装步骤和操作方法。
（4）掌握正确的活塞销磨损测量方法。

二、拆装设备介绍

YANMAR 6EY26 型柴油机的活塞组件结构如图 2-24 所示，该活塞是由球墨铸铁制成的薄实心体。活塞槽采用激光硬化/淬火处理。冷却系统用于冷却活塞上部部件，整个活塞由通过连杆孔供应的润滑油冷却。活塞上的一组活塞环由 3 道活塞环组成，包括 2 道压缩环和 1 道刮油环，每个环的滑动表面均作镀铬处理。

YANMAR 6EY26 型柴油机的连杆由锻造碳钢制成，其大端为船用大端结构，通过拆除大端的螺栓，即可吊出活塞连杆，无须拆卸连杆大端及轴承。连杆大端轴承采用两半式薄壁轴瓦，瓦壳采用低碳钢，瓦衬采用铝基合金轴承材料。连杆小端轴承采用整体衬套式轴瓦，瓦壳采用低碳钢，瓦衬采用铅青铜。

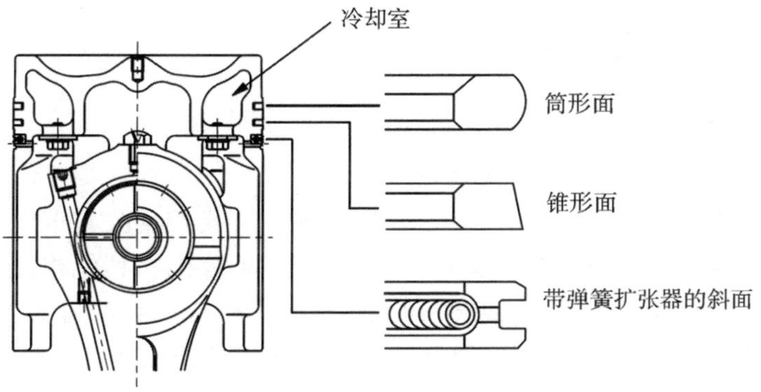

图 2-24　YANMAR 6EY26 型柴油机活塞及活塞环结构

此外,船舶柴油机中另一种较为常见的活塞连杆为斜切口大端形活塞连杆,以 6210 型柴油机为例,活塞连杆整体结构如图 2-25 所示,主要包括活塞体、活塞环、活塞销、连杆体、连杆轴承盖和连杆螺栓等部件。其连杆杆身和大端盖通常采用锻钢制成。连杆杆身为圆形,中间钻有通油孔。连杆体和大端盖间用锯齿形齿定位结合,斜面与杆身用两只螺栓紧固(定位螺栓一般安装在左上角的位置)。连杆螺栓用高强度合金钢制成。连杆小端为阶梯状,连杆小头衬套(1)用温差法装入连杆小头孔中。连杆大端轴瓦和主轴瓦一样,用凸舌定位。

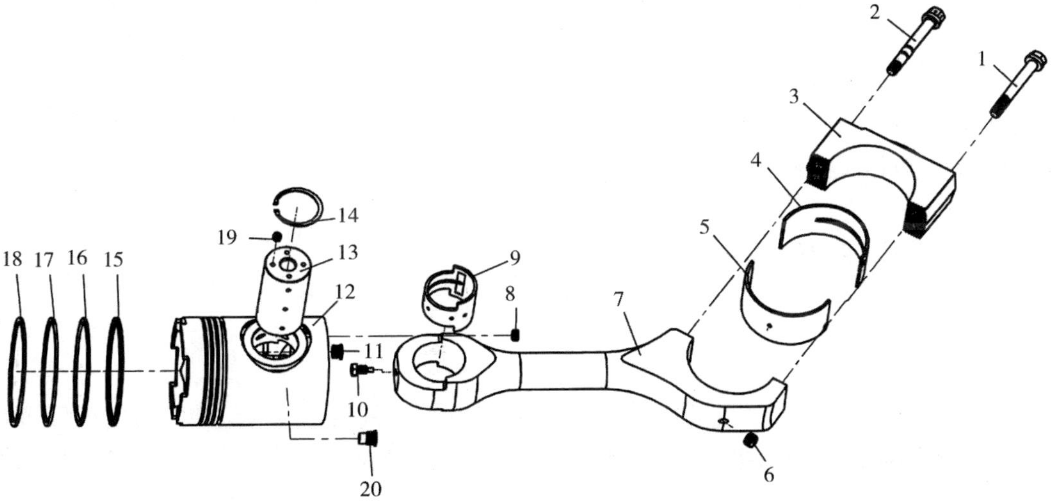

图 2-25　6210 型柴油机斜切口型活塞连杆组件

1,2—连杆螺栓;3—连杆轴承盖;4—下轴瓦;5—上轴瓦;6—螺钉;7—连杆体;8—旋塞;9—小端衬套;10,11—旋塞;12—活塞体;13—活塞销;14—弹性挡圈;15—组合油环;16—活塞环(第三道);17—活塞环(第二道);18—活塞环(第一道);19—旋塞;20—回油管

三、拆装前的准备工作

1.吊装工具及起重设备安全检查

在开始活塞组件的拆装工作之前,首先需要对所有吊装工具及起重设备进行彻底的安全检查。这项检查包括但不限于检查钢丝绳、吊钩、滑轮、起重机和其他相关配件的完整性和功能性。确保所有设备没有磨损、裂纹或腐蚀的迹象,操作机构应灵活可靠,安全锁和限位装置功能正常。此外,检查设备的载荷标签以确认其承载能力符合预期使用需求。

2.专用工具、常用工具及备件物料的准备

(1)根据拆装活塞组件的具体需求,准备相应的专用工具。这可能包括活塞环压缩器、活塞环拆装钳、活塞杆安装工具等。针对 YANMAR 6EY26 型柴油机活塞的拆卸,需要准备的专用工具有:①防磨环提取板;②缸套固定装置;③垫片;④上衬套提取装置;⑤吊环螺栓提起活塞。

(2)准备一般的手动工具,如扳手、螺丝刀、锤子、冲子等,这些工具用于拆卸和安装各种螺栓和紧固件。

(3)根据维修或更换的具体需求,提前准备必要的备件,如新的活塞环、活塞杆、轴承及密封件等。同时,确保所有备件均为符合制造商规格的正品,以保证机器的性能和安全。

3.穿戴劳保防护装备

进行活塞组件的拆装工作时,工作人员必须穿戴适当的劳保防护装备,以确保安全。劳保防护装备主要包括安全帽、工作鞋和工作手套等。

四、活塞连杆组件的吊出

1.直切口型大端活塞连杆组件的吊出

YANMAR 6EY26 型柴油机的连杆大端属于直切口型,其活塞连杆组件的吊出步骤如下:

(1)在拆卸前,应先清洁活塞顶及缸套上部,磨去缸套上部的磨损凸台,使之成为光滑的过渡面。

(2)拆卸防磨环。将活塞位置调至上止点前约 60°至 70°的位置。如图 2-26 所示,将防磨环提取板 1 放在活塞顶部,将板放置得使其外部锥形部分朝向活塞,但不要使其与缸套接触。然后安装缸套固定装置 2 和垫片 3,并用气缸盖紧固螺母将其锁定。转动飞轮,拆下防磨环,然后拆下工具,清除缸套上部的积碳。

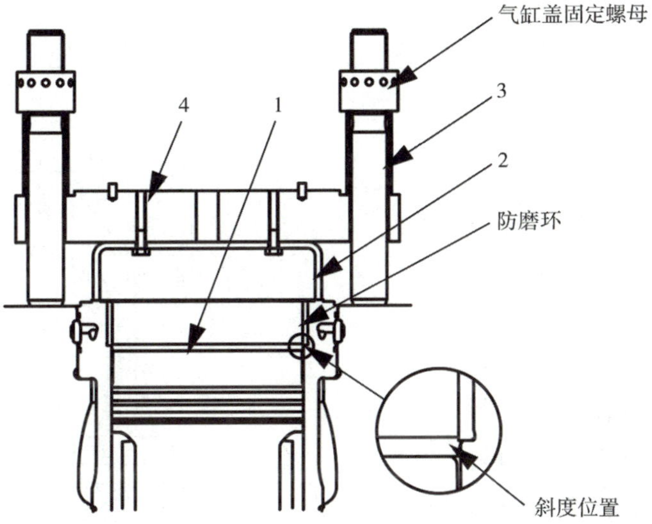

图 2-26　防磨环拆卸示意图

1—防磨环提取板；2—缸套固定装置；3—垫片；4—上部缸套提取装置

（3）从操作侧和非操作侧拆下正在操作的气缸侧盖。

（4）盘车转动飞轮，直到曲轴位于下止点位置，这样就可以拆下上连杆螺栓，注意在拆装过程中选择套筒扳手不会接触到气缸体。

（5）检查连杆大端螺栓上的对准标记，松开并拆下连杆大端螺栓，拆下轴承盖、下轴瓦。拆下轴承盖和下轴瓦时，要小心翼翼地操作，防止损坏这些重要部件，拆卸时要注意标记每个部件的位置，以便在重新组装时能正确复原。

（6）将吊环螺栓拧入活塞中部，以便能够将其吊出，然后在吊环上连接起吊工具。

（7）将活塞和连杆组件连接稳固后，缓缓起吊活塞连杆组件。吊起时要注意保持平衡，避免任何剧烈晃动或碰撞。要特别防止连杆大端与缸套发生碰撞，要确保大端上轴瓦不会因吊起过程中的震动或力矩变化而脱落。整个吊装过程中要密切观察，确保所有部件的稳定性，从而有效避免损坏。

（8）当连杆与直销完全分离后，继续提升活塞将其从气缸中取出。活塞连杆组件吊出后，应小心将其置于专用的活塞支架上，避免直接接触地面，从而防止造成部件的损坏或污染，大端轴承、连杆螺栓和螺母应立即按原位装配至连杆上。此时，要注意避免活塞表面或活塞环被刮伤。存放时，应确保部件不会与其他物体发生碰撞，尤其是活塞环和缸套的接触面。

直切口型大端连杆螺栓的拆卸及活塞连杆组件的整体吊出如图 2-27 所示。

2. 斜切口型大端活塞连杆组件的吊出

斜切口型大端活塞连杆组件的吊出按照以下程序进行：

（1）盘车将活塞移至燃烧室下部，清除气缸内壁上的积碳，以避免起吊时，由于积碳的卡阻而松动缸套。为了避免缸套因起吊活塞被带起或松动，应当用专用压铁压紧缸套。

（2）转动曲轴，使曲柄臂在上止点前、后 90°位置，如图 2-28 所示。

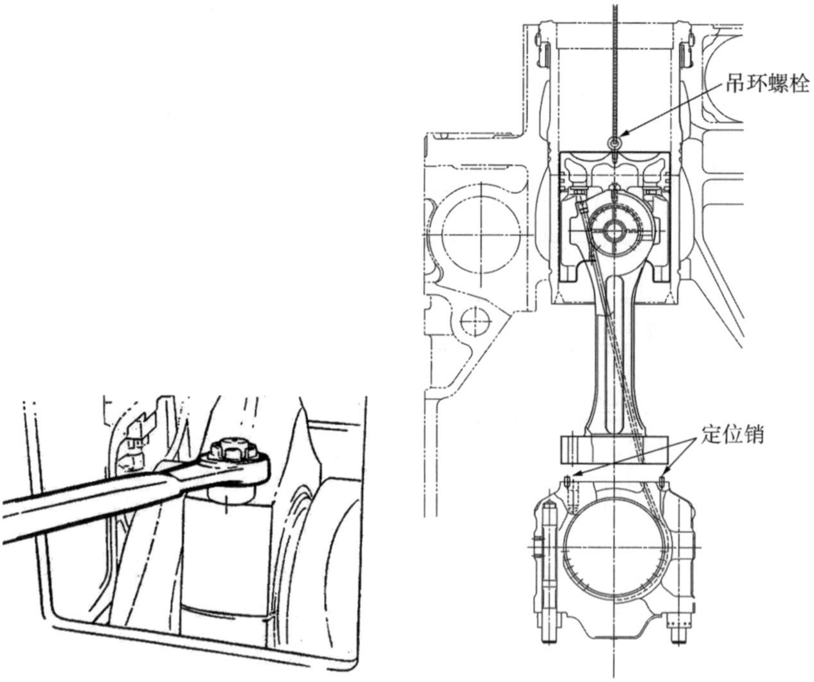

图 2-27　直切口型大端连杆螺栓的拆卸及活塞连杆吊出示意图

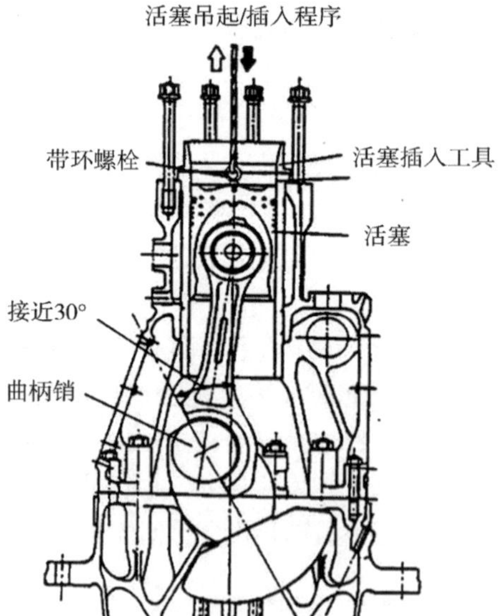

图 2-28　斜切口连杆组件的起吊位置

(3)牢记连杆大端轴承上下盖之间的记号,认准连杆螺栓螺帽上紧的记号,以备重新安装对准记号。

(4)使用扭矩扳手拧松并取下连杆螺栓,注意拆掉连杆螺栓时要握好大端盖,防止盖和轴瓦掉落而造成损伤,将连杆大端轴承盖从道门取出。连杆杆身脱离曲柄销时应防止轴瓦脱离掉下而碰坏。

(5)活塞顶上安装专用提升工具,用手动葫芦或电动葫芦拉起活塞连杆组件,如图 2-29 所示。

(6)活塞连杆组件起吊时,应该注意避免连杆组件摆动,擦伤缸套内壁及碰伤活塞裙部。

(7)拆出的活塞连杆组件,应放在支架上,连杆轴承、连杆螺栓应装于连杆上,保护好连杆轴瓦。

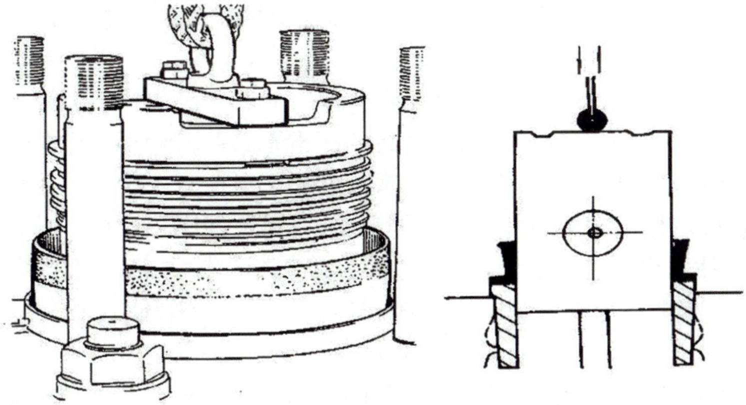

图 2-29　活塞连杆组件的吊出

五、活塞连杆组件的解体

1. 取下活塞销座孔两端的挡盖。首先,需要拆卸活塞销座孔两端的挡盖。这些挡盖通常是用来固定活塞销的,因此在拆卸前要特别小心。拆卸时应使用合适的工具,以避免对挡盖或周围部件造成损坏。在拆卸的过程中,要检查并确认活塞销与座孔的装配标记,以确保在重新组装时能够准确复原。同时,还要留意活塞与连杆的相对装配位置,确保其相对位置不发生变化,以便后续检查和组装时能够正确匹配。

2. 使用卡簧钳小心取下活塞销座孔内的卡簧。卡簧的作用是固定活塞销,因此拆卸时需要特别小心,以防止卡簧弹出或损坏。在取下卡簧后,立即清洁活塞销孔,清除内部的油污、灰尘和其他杂质。还要仔细检查座孔内是否有影响拆卸活塞销的毛刺、突起等缺陷,若有则使用细致的工具(如小刮刀或砂纸)修刮去表面不平整部分,以确保拆卸过程的顺利进行。

3. 将活塞组件倒置于木板上,用铜棒轻轻敲出活塞销。将活塞组件轻轻倒置在一个干净、平整的木板上,确保活塞组件的底部稳定,不会滑动或倾斜。在这一过程中,需要使用铜棒和适当的锤子轻轻敲打,慢慢地将活塞销敲出。铜棒的使用可以避免对活塞销或周围零件造成损伤。敲打时要均匀施力,避免过大或不均的冲击力,这样才能顺利地将活塞销移除而不损坏零件。

4. 连杆与活塞、活塞销等零件分别整齐地摆放在木垫板上。拆卸完毕后，要将连杆、活塞、活塞销等零件分别摆放在一个干净的木垫板上。摆放时需要按照零件的类别和顺序整齐地排列，避免混乱或丢失零件。每个部件应单独摆放，以便于后续检查和维修操作。可以使用标记标签或纸质记录来标注零件的位置和状态，特别是活塞销和连杆的配合情况，确保后续组装时可以正确配合。

六、活塞连杆的组装

1. 在安装活塞销之前，首先需要准备好活塞销的卡簧。首先将一边的卡簧正确地装进活塞销座孔的卡簧槽内。安装时需要确保卡簧完全嵌入槽内，且没有任何偏差，避免卡簧在使用过程中松动或脱落。可以使用卡簧钳或专用工具来帮助安装卡簧，确保操作过程的安全和准确。

2. 为了确保活塞销安装顺利，并减少安装过程中的摩擦和磨损，应在活塞销的表面均匀涂抹适量的滑油。涂抹滑油时要注意选择合适的润滑剂，以免使用不当的润滑油造成零件的腐蚀或影响正常运转。涂抹滑油可以确保活塞销能够平滑地滑入活塞销孔和连杆小端衬套孔内。涂抹滑油后，可以用干净的布擦拭多余的油脂，以避免油脂积聚在不必要的地方。

3. 接下来，将活塞组件置于工作台上，垫上一块清洁的木块，以避免直接敲击活塞或连杆造成损坏。选用适当的工具，如小锤子和铜棒，轻轻敲击活塞销，使其顺利滑入活塞销孔和连杆的小端衬套孔内。此时应施加均匀的压力，避免剧烈敲击，以免损坏零件或引起不必要的变形。活塞销完全安装到位后，检查其是否稳固，确保活塞销能够自由转动。然后，安装另外一个卡簧，并将两端的挡盖重新安装到活塞销座孔的两端，确保卡簧和挡盖完全嵌合，有效防止活塞销出现松动现象。

4. 在安装活塞销时，必须特别注意活塞与连杆的相对安装方向。柴油机中，活塞和连杆的安装方向关系到发动机的正常运转，因此安装时要遵循原始设计的安装标准。通常，活塞上会标有指示方向的标记，如箭头或其他标识，这些标记应与连杆的标记方向相对齐。此外，要确保活塞销的方向正确，以免影响活塞的运动或导致连杆的磨损不均匀。如果安装方向错误，可能会导致活塞工作不稳定，增加摩擦，甚至导致发动机损坏。因此，在安装过程中需要仔细检查，并根据设计要求安装。

七、活塞销磨损的测量

1. 在开始测量之前，首先需要对外径千分尺进行校零。使用标准尺寸的量块或已知精度的标准物体校正千分尺，确保其准确性。如果千分尺存在任何不准确的情况，可能导致测量结果的偏差，从而影响到零件的准确测量。校零完成后，应再次检查千分尺的精度，确保其工作状态正常，才能进行正式测量。

2. 测量活塞销时，应选择其两端和中间的 3 个位置，每个位置应分别测量水平方向和垂直方向的尺寸。这是因为活塞销在使用过程中可能因加工偏差、摩擦等原因，导致各个部位的尺寸不均匀，因此需要在多个位置进行测量，以全面评估活塞销的尺寸精度。每个测量部位的方向（水平或垂直）都有助于更好地判断活塞销的圆度误差和圆柱度误差。

3. 在测量时,使用外径千分尺准确测量上述 6 个部位的尺寸。首先测量每个部位的外径,记录下来。然后,通过测量的结果计算出活塞销的圆度误差和圆柱度误差。同一测量截面直径最大值和最小值差值的一半即为该截面的圆度误差。所有测量截面直径的最大值和最小值的差值的一半即为该气缸的圆柱度误差。通过这些误差,可以评估活塞销的磨损程度。

4. 对于连杆小端轴承的测量,需要使用内径量规(内径量缸表)来测量其内径。在测量时,首先将内径量规放入连杆小端轴承内孔,确保量规完全贴合轴承的内壁,然后读取内径的值。接下来,通过比较法计算活塞销与连杆小端轴承及座孔的配合间隙(或过盈量)。具体而言,配合间隙是指活塞销与连杆小端内孔之间的空间,过盈量是指活塞销与内孔之间的紧密配合程度。

5. 在进行每次测量时,需要特别注意读数的准确性。读取千分尺或内径量规时,应保留 3 位小数,确保读数精确。第 3 位小数通常是估计读数,即在千分尺和量规的刻度之间的微小偏差。此外,若测量时出现困难,可以重复多次测量以确保数据的可靠性。在记录测量结果时,要确保格式统一,避免因记录错误导致后续分析或计算时出现偏差。

八、活塞连杆组件的装复

YANMAR 6EY26 型柴油机活塞连杆组件的装复步骤按照拆卸的相反顺序进行,如图 2-30 所示,具体步骤如下:

1. 在非操作侧安装带孔活塞冷却室盖。在拧入螺栓之前,在螺栓上涂抹适当的螺丝锁紧剂。

2. 依次安装刮油环和 2 道压缩环,标记面朝上,刮油环搭口位置与相邻活塞环搭口错开 180°,2 道相邻的压缩环搭口错开 120°,图中 1RN、2R 和 R 是活塞环上的区分不同位置活塞环的标记符号。

3. 盘车将曲柄销调整到下止点位置。此时,曲轴应处于稳定的状态,以避免不必要的震动或误操作。

4. 在安装活塞连杆组件之前,首先在气缸壁表面、活塞、活塞环以及曲柄销颈上均匀涂抹适量的润滑油。这样可以减少安装过程中的摩擦和损伤,确保活塞组件顺利安装并能够顺畅运行。同时,检查活塞环的搭口情况,确保活塞环搭口错开,避免活塞环在运行过程中发生卡滞或断裂。然后,将活塞安装引导环工具安装到气缸的顶面,确保其位置正确并与气缸表面平齐,为后续的安装步骤做准备。

5. 将活塞连杆组件小心地垂直装入气缸内,在装入过程中,要特别注意避免连杆大端碰伤气缸壁或造成不必要的磨损。为了确保每个活塞环能够依次顺利进入引导环,可以逐一对其进行轻微地推入,避免活塞环被挤压或受到过大力气影响导致断裂。安装过程中要确保活塞组件均匀且稳定地进入气缸,并随时观察各个活塞环的状态,防止发生任何卡滞或损坏。

6. 活塞连杆组件正确安装到气缸后,安装连杆螺栓。按照柴油机设计要求,使用适当的工具和扭矩值将连杆螺栓逐一上紧。在上紧螺栓时,务必遵循规定的扭矩值,确保每个螺栓都被均匀地拧紧。螺栓紧固后,安装防松装置(如防松垫圈或安全锁紧螺母),以防止螺栓在发动机运转过程中因震动而松动。

7. 安装完成后,对工作场地进行彻底的清理。清理工作不仅是为了保持工作环境的整洁,还要确保没有残留的工具、零件或污物可能影响到设备的正常运行。特别是对于发动机内部的零件,任何细小的异物都可能导致发动机损坏或效率下降。

斜切口型活塞连杆装复步骤与上述步骤基本相同,需要注意,如果大端瓦是斜切口时,则连杆瓦盖一定要装在曲轴旋转方向相同一边,这样可以减轻连杆螺栓工作时的冲击力。

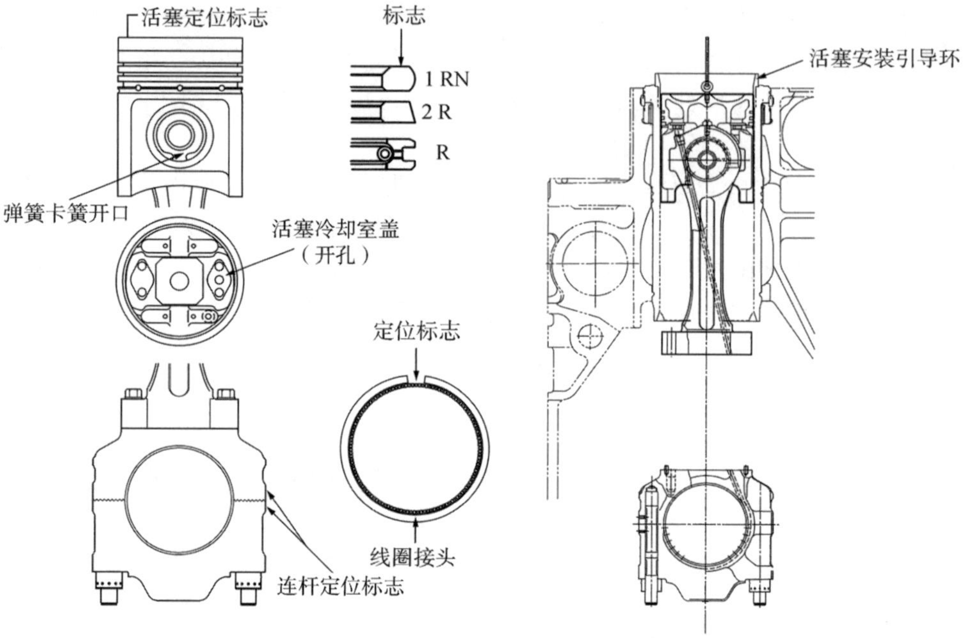

图 2-30　YANMAR 6EY26 型柴油机活塞组装及装复示意图

第六节 活塞环的拆装与测量

（本节内容适用于：750 kW 以上船舶大管轮、未满 750 kW 船舶大管轮、750 kW 以上船舶二/三管轮、未满 750 kW 船舶二/三管轮、750 kW 以上船舶值班机工以及未满 750 kW 船舶值班机工 。）

一、实操内容与要求

1.实操内容

（1）拆卸前的准备工作。
（2）活塞环的拆卸。
（3）活塞环搭口间隙、天地间隙的测量。
（4）活塞环及环槽的检查。
（5）活塞环的装配。

2.实操要求

（1）正确完成活塞环拆卸前的准备工作。
（2）正确使用通用工具、专用工具和量具。
（3）掌握正确的活塞环的拆装步骤。
（4）掌握正确的活塞环的检查和测量方法。

二、拆装设备介绍

活塞环是船舶柴油机活塞组件的重要组成部分，主要用于密封气体、刮油、布油、导热以及支撑活塞运动。活塞环通常由合金铸铁或特殊涂层材料制成，以确保其具有足够的强度、耐磨性和耐高温性能。

船舶柴油机活塞环一般分为压缩环（气环）和刮油环（油环）两大类。压缩环用于密封燃烧室，防止高温高压燃气泄漏至曲轴箱。压缩环通常位于活塞顶部，其外圆表面可采用镀铬、磷化或喷涂特殊涂层来增强耐磨性和抗腐蚀性能。刮油环用于控制润滑油的分布，防止过量机油进入燃烧室，同时确保缸壁保持适当的润滑状态。刮油环通常带有油孔或开口，以利于润滑油的回流。

活塞环依靠自身弹性紧贴气缸壁，在活塞往复运动时保持良好的密封效果。当活塞上行压缩或做功时，压缩环通过高压气体的作用增强密封性，减少气体泄漏；在下行过程中，油环则刮除多余机油，避免燃烧室积碳。活塞环的设计和装配需保证足够的径向和轴向间隙，以适应温度变化引起的膨胀,并减少机械磨损。

YANMAR 6EY26 型柴油机活塞上的一组活塞环由 3 道活塞环组成,包括 2 道压缩环和 1 道刮油环,每个环的滑动表面均做镀铬处理。

三、活塞环拆装前准备工作

1. 在进行船舶柴油机活塞环拆装前,首先需要准备好所需的工具和材料,如活塞环扩张器、刮刀、清洁布、测量工具等,并检查新活塞环的型号和尺寸是否匹配,同时准备好清洁活塞和环槽的溶剂,以确保拆装过程顺利进行。

2. 操作人员须穿戴好安全帽、工作鞋、手套和护目镜等防护装备,并确保工作区域通风良好,防止有害气体积聚。

四、活塞环的拆卸

1. 首先,根据柴油机的型号和大小选择合适的拆卸工具。对于大中型柴油机,通常需要使用专用的活塞环拆卸工具,以确保操作的安全性和效率;而对于中小型柴油机,如果没有专用工具,可以使用麻绳或布条等替代工具进行拆卸,但需注意操作力度,避免损坏活塞环或活塞。

2. 在拆卸前,必须彻底清洁活塞头部,去除积碳和油污,以确保拆卸过程中不会因杂质干扰而影响操作,同时也有助于后续对活塞和环槽的检查。

3. 拆卸时,应按照从上到下的顺序依次拆卸各道活塞环。使用活塞环扩张器或替代工具轻轻扩张活塞环,使其与环槽分离。在扩张过程中,应尽量控制扩张的幅度,避免过度张开导致活塞环变形或断裂,如图 2-31 所示。每拆下一道活塞环后,须按照拆卸的顺序将其依次摆放整齐,并做好标记,以便后续安装时能够准确复位。拆下的活塞环应放置在干净的工作台或专用容器中,避免与其他零件混杂或受到污染。

4. 在整个拆卸过程中,操作人员需保持耐心和细致,确保每一步操作都符合技术要求。拆卸完成后,还需对活塞环、活塞及环槽进行详细检查,记录磨损情况,为后续的维修和安装提供依据。

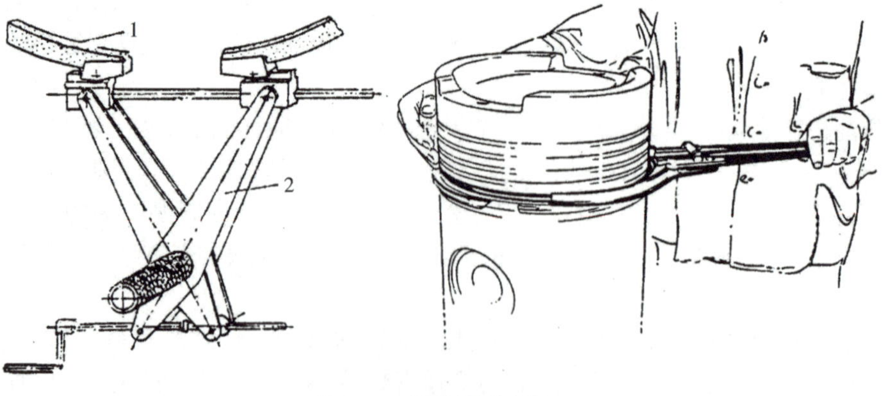

图 2-31　活塞环的拆卸

1—活塞环;2—活塞环扩张器

五、活塞环的测量

1. 在测量前，首先需要彻底清除气缸套内表面的积碳和油污。这些残留物可能会影响活塞环与气缸壁的贴合，影响搭口间隙的测量结果。可以使用刮刀、清洁布和适当的溶剂进行清理，确保气缸内壁光滑洁净。

2. 清理完成后，将活塞环放入气缸内进行初步检查。为了获得准确的测量结果，建议将活塞环放入气缸磨损量最小的部位，最好是新缸套内，并将活塞环放平，以确保测量结果准确。

3. 接下来，测量活塞环的搭口间隙。搭口间隙是指活塞环两端搭口之间的间隙，其大小直接影响活塞环的热膨胀和密封性能。使用塞尺测量搭口间隙，如图 2-32 所示，并与柴油机说明书中规定的标准值进行对比。如果测量结果大于规定允许的最大间隙，该环不能再继续使用，必须更换。如果测量结果小于规定间隙，说明活塞环可能因热膨胀而卡死，此时需要使用锉刀对活塞环的搭口进行修锉，直至间隙符合要求。修锉时需注意均匀操作，避免过度修整导致活塞环失效。环外圆紧贴缸壁，环直径为 D，环搭口间隙为 δ。当环外圆磨损后，环直径变为 d，若环仍然紧贴缸壁，则搭口间隙必然增大为 δ′，如图 2-33 所示。

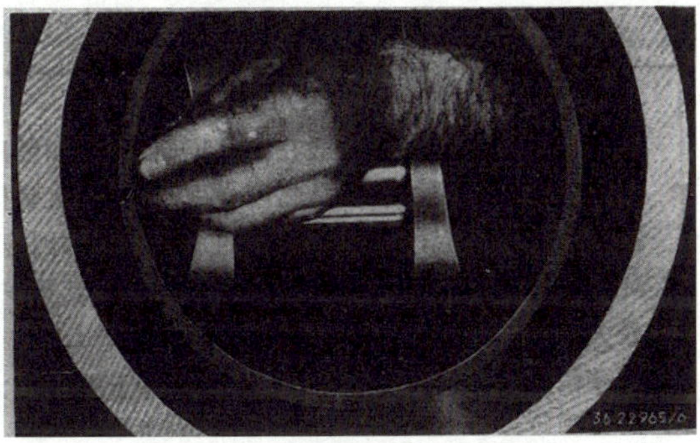

图 2-32　活塞环搭口间隙的测量

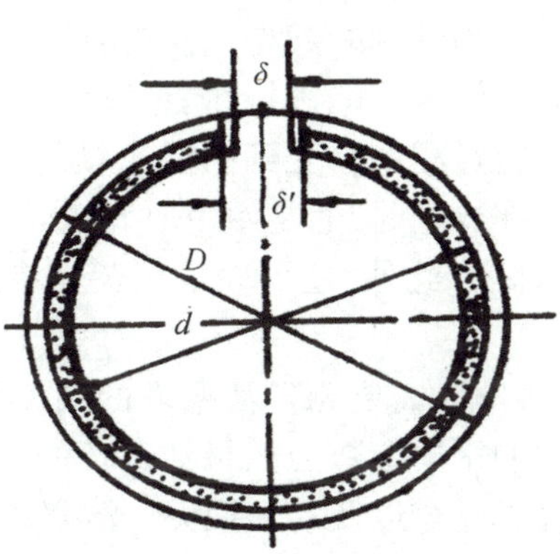

图 2-33　活塞环外圆面磨损与搭口间隙增大

4. 在完成搭口间隙的测量和调整后，须对活塞环槽和活塞环进行彻底清洁，确保无杂质残留。清洁完成后，按照拆卸时的顺序依次将活塞环装入各道环槽中。安装时需小心操作，避免活塞环变形或损坏。

5. 最后，使用塞尺沿活塞环圆周的3~4个位置测量天地间隙（即活塞环上部与环槽之间的垂直间隙），如图2-34所示，并取平均值。天地间隙的测量结果应与说明书中的数值进行对比，确保其在允许范围内。如果间隙过大或过小，需进一步检查活塞环或环槽的磨损情况，必要时更换相关部件。

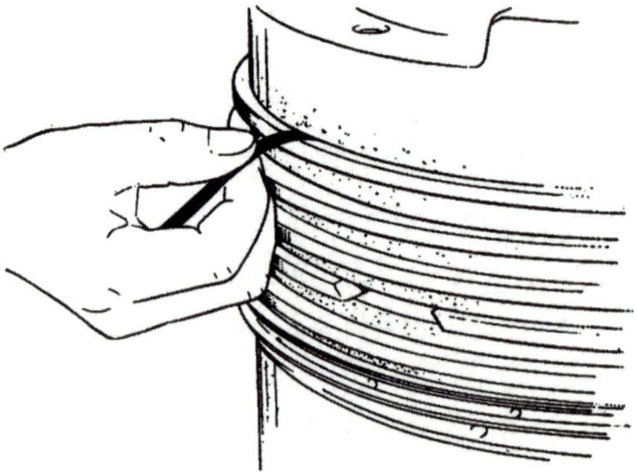

图2-34　活塞环天地间隙测量

六、活塞环的检查

①表面缺陷检查，测量环径向厚度，检查磨损情况。

②弹性检查：自由开口法、新旧环对比法或永久变形法。

③密封性检查：漏光度和平面挠曲度的检查。

1. 表面缺陷检查

活塞环的表面缺陷检查主要是为了判断其是否存在裂纹、剥落、拉伤、点蚀、磨损异常或热损伤等问题。这些缺陷可能会影响活塞环的密封性能、耐磨性和使用寿命，因此需要进行详细的目视检查及测量。活塞环在运行过程中会受到高温、高压及摩擦力的作用，容易产生裂纹、崩边、拉伤、腐蚀和积碳等现象。在检查时，通常使用放大镜或磁粉探伤仪进行观察，以确保无肉眼不可见的细微裂纹或表面缺陷。此外，还可以采用荧光渗透检测技术（PT），检查微小裂纹的存在。

为进一步检查活塞环的表面缺陷，需要测量活塞环的高度和径向厚度。活塞环的高度和径向厚度是决定其贴合缸壁能力的重要参数。如果活塞环的径向厚度磨损过大，可能会导致气密性下降、机油消耗增加、燃烧不完全以及动力损失。活塞环的高度和径向厚度可采用外径千分尺、游标卡尺测量，测量部位一般在环的开口两侧和开口对面，如图2-35中A、B、C处，测量结果需与制造标准或服务手册提供的公差范围进行对比。如果磨损超标，则需要更换活塞环。

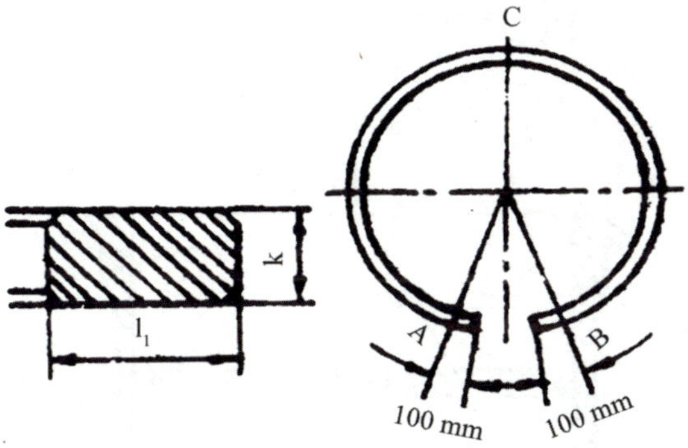

图 2-35　测量活塞环的高度和径向厚度

2.弹性检查

活塞环的弹性是确保其与气缸壁紧密接触的重要因素。如果弹性不足,会导致气密性下降,影响发动机的燃烧效率和功率输出。因此,需要采用不同的方法检查活塞环的弹性,包括自由开口法、新旧环对比法和永久变形法。

(1)自由开口法

自由开口法是检查活塞环弹性最常用的方法。首先,将活塞环从活塞上拆下,并放置在平坦的台面上,测量其自由状态下的开口间隙。一般新环在自由状态下开口尺寸为(0.10~0.13)×D mm,D 为气缸直径。如果自由状态下开口间隙过大或过小,则说明活塞环的弹性可能不足或过大,需要进一步评估是否需要更换。

(2)新旧环对比法

新旧环对比法主要是通过比较新旧活塞环的自由开口角度或环口闭合后的张力变化,判断旧活塞环的弹性是否下降。具体做法是将活塞环从活塞上取下后,将被检验的旧环和新环上下叠起侧立在一起,用手在环上施加力,如果旧环的开口相碰,而新环的开口还有相当的间隙,表示旧环弹力下降。

(3)永久变形法

永久变形法用于检测活塞环在长期工作后是否发生不可恢复的变形。测试方法是将活塞环从气缸中取出并清洁后,把活塞环搭口人为合拢,再放开,然后扩大活塞环搭口开度至原自由开口的一倍。如此反复几次,测量其变形后的自由开口值,若永久变形量大于自由开口值的10%,表明活塞环的弹性过小影响其密封性能,需要更换。

3.密封性检查

密封性是活塞环最重要的性能之一,直接影响发动机的燃烧效率、机油消耗和排放。活塞环的密封性检查通常包括漏光度测试和平面挠曲度测试。

(1)漏光度检查

漏光度检查是通过观察活塞环与气缸壁的接触情况来评估其密封性。检查方法是将活塞环放入标准气缸套内,中间用纸板盖住,并在暗室或低光环境下使用强光源照射气缸内部。环与缸壁的贴合要求是:一处漏光不超过 30°,漏光的最大间隙不超过 0.03 mm,各处漏光总和不超过 90°。而且活塞环搭口附近 30°范围内不准漏光。如果在活塞环与气缸壁接触的地方有明显的光线透过,则说明活塞环的密封性较差,可能存在磨损、变形或安装不良的问题。检查方法如图 2-36 所示。

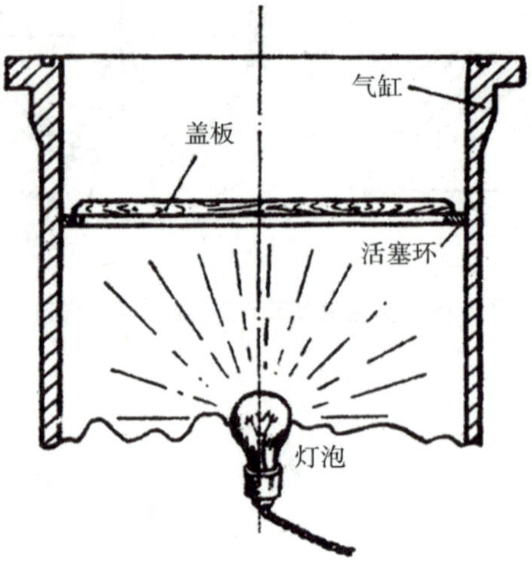

图 2-36 漏光度检查方法

(2)平面挠曲度检查

平面挠曲度检查是用来测量活塞环是否因受力不均而发生变形。方法是将活塞环放置在精密平面平台上,并使用塞尺测量环口与平台的间隙。如果间隙超出允许范围,则说明活塞环已发生挠曲变形,可能会影响密封效果。此外,也可以使用专用的测量仪器(如投影仪或三坐标测量机)进行更精确的测量。

七、活塞环槽的检查

1. 活塞环槽的高度直接影响活塞环的装配精度和密封性能,因此需要使用游标卡尺或千分尺进行精确测量。测量前应先清洁环槽,去除积碳、油污和金属碎屑,以确保测量结果准确。测量时,应沿活塞环槽的圆周方向选择 3~4 个均匀分布的位置,分别测量环槽的高度,并与标准值进行比较。如果测量值明显大于标准高度,说明环槽已发生磨损,可能导致活塞环与气缸壁接触不良,影响密封效果;如果测量值小于标准高度,则可能是制造公差问题或环槽内存在残留积碳,应进一步检查并清理环槽。一般来说,环槽的磨损极限不应超过标准高度的 5%~10%,超出范围时应考虑更换活塞或修复环槽,以确保活塞环在运行过程中能够保持良好的密封性和稳定性。

2. 活塞环的天地间隙是影响活塞环自由运动和密封性能的重要参数,因此在更换新环或检修旧环时,需要使用塞尺测量其天地间隙。测量前,应先清洁活塞环槽,确保没有积碳或杂质影响测量精度。然后,将符合标准尺寸的新活塞环装入环槽,并在多个均匀分布的位置(如 0°、90°、180°、270°)使用塞尺测量天地间隙。标准天地间隙通常在 0.03~0.10 mm 范围内,如果测量值过大,可能是环槽过度磨损或活塞环尺寸不匹配,容易导致漏气、燃烧效率下降和机油消耗增加;如果天地间隙过小,则可能导致热膨胀后活塞环卡滞,影响发动机正常工作。对于超标的天地间隙，可以通过更换合适尺寸的活塞环进行调整，而对于间隙过小的情况，则可以适当修磨活塞环端面，但必须确保修磨后的尺寸仍在允许公差范围内，以避免影响柴油机的可靠性和使用寿命。

八、活塞环的装配

1. 在安装活塞环时，使用合适的工具可以有效防止活塞环变形或损坏，从而确保安装质量和发动机的密封性能。对于大中型柴油机，由于活塞环尺寸较大、弹力较强，通常需要使用专用的活塞环扩张器或活塞环安装钳，以均匀扩张活塞环，防止其受力不均而断裂。而对于中小型柴油机，活塞环的尺寸较小，弹力相对较弱，可以使用麻绳、布条等辅助工具，将活塞环套入活塞环槽。这种方法可以减少对活塞环的直接挤压，避免因过度拉伸导致永久变形或断裂。在整个安装过程中，应确保工具的干净无损，避免划伤活塞环表面，以保证其正常工作寿命。

2. 活塞环的安装顺序必须严格按照说明书的规定进行，以确保发动机的正常运作。通常，活塞环的安装顺序是从下至上，即先安装油环，然后是二道压缩环，最后安装第一道压缩环。在安装时，需要特别注意活塞环的扩张幅度，避免过度拉伸，否则会导致环体塑性变形，影响其密封性能。正确的方法是使用活塞环安装钳或专用工具，使活塞环均匀扩张至略大于活塞直径的程度，并缓慢滑入活塞环槽中。如果没有合适的工具，应尽量避免徒手掰开活塞环，以防用力不均造成局部应力集中，导致活塞环折断或失去弹性。此外，在安装过程中，活塞环必须完全进入环槽，确保其能够自由转动而不会卡滞，以保证发动机正常运转时活塞环能够自适应调整与缸壁的贴合状态。

3. 部分活塞环在制造时会刻有标记或方向指示，如“TOP”或其他符号，以确保安装方向正确。安装时，应确保所有带有标记的活塞环均朝上，以符合设计要求，保证活塞环的密封和润滑性能。对于倒角环（即具有倒角结构的活塞环），倒角的一侧通常应朝向下方，这是因为倒角设计有助于减少环槽磨损，并优化气体流动路径，提高密封效果。因此，在安装时，应仔细核对活塞环的方向，遵循制造商提供的技术手册或发动机装配规范，确保每个环都处于正确的位置。

4. 活塞环搭口的位置直接影响发动机的气密性，因此在装配时，应确保各道活塞环的搭口错开，以减少漏气现象。一般情况下，相邻活塞环的搭口应相互错开 180°，这样可以最大程度减少气体从活塞环间隙泄漏，提高燃烧室的密封性和燃油效率。此外，如果柴油机采用多道活塞环（如 3 道或 4 道活塞环设计），应根据制造商的要求均匀分布搭口角度，以确保发动机的良好运行。如果活塞环的搭口位置未正确错开，可能会导致气体泄漏、燃烧效率下降、机油上窜以及发动机功率降低等问题。因此，在安装完毕后，应再次检查搭口位置，确保其符合技术要求，并在发动机运行一段时间后进行复查，以避免搭口错位影响发动机性能。

5. 在完成活塞环的安装后，必须对工作现场进行彻底清理，以确保发动机在起动和运行过程中不会受到外部杂质的影响。清理工作包括去除活塞环安装过程中遗留的金属屑、包装材料、工具及其他异物，并对活塞环槽及活塞表面进行再次检查，以确保没有杂质残留。此外，还需要确认所有工具已归位，并检查安装过程中是否有活塞环损坏或遗漏安装的情况。如果有任何问题，应及时进行更换或调整，以确保发动机的装配质量。在清理过程中，还可以涂抹适量的润滑油于活塞环和环槽之间，以减少初次起动时的摩擦损伤，提高活塞环的使用寿命。清理完毕后，应进行最终检查，并记录安装过程中的关键参数，以备后续维护参考。

第七节　连杆及其附件的拆装与测量

（本节内容适用于：750 kW 以上船舶大管轮、未满 750 kW 船舶大管轮、750 kW 以上船舶二/三管轮、未满 750 kW 船舶二/三管轮、750 kW 以上船舶值班机工以及未满 750 kW 船舶值班机工 。）

一、实操内容与要求

1.实操内容

(1)拆卸前的准备工作。
(2)连杆大端轴承盖的拆卸。
(3)连杆螺栓的检验。
(4)曲柄销测量及轴颈圆度、圆柱度误差的计算。
(5)连杆大端轴承间隙测量。
(6)连杆大端轴承盖的装配。

2.实操要求

(1)正确完成拆卸前的准备工作。
(2)正确使用通用工具、专用工具和量具。
(3)掌握正确的连杆大端轴承盖的拆装步骤。
(4)能够对连杆大端检查和判断,曲柄销测量及轴颈圆度、圆柱度计算。

二、拆装设备介绍

连杆是四冲程船用柴油机的核心部件之一,其主要作用是将活塞的往复直线运动转化为曲轴的旋转运动,实现能量的传递。由于连杆在工作过程中承受高温、高压及剧烈的交变载荷,因此其设计和制造需具备高强度、高刚性及良好的耐久性。连杆通常由连杆体、小端、大端和连杆螺栓组成,其中连杆体采用工字形或 H 形截面,以减轻重量并提高结构刚性;小端通过衬套与活塞销连接,大端与曲轴曲柄销配合并安装轴瓦,以减少摩擦损耗,而连杆螺栓用于固定连杆轴承盖,确保大端部分的可靠连接。6EY26 型柴油机的连杆组件如图 2-37 所示。

在连杆大端的设计中,切口形式的选择对连杆的装配精度和运行稳定性具有显著影响。常见的连杆大端切口形式主要包括直切口和斜切口两种。直切口结构简单,制造工艺较为方便,但装配时对加工精度要求较高,主要用于中小功率柴油机。斜切口能增大接触面积,提高连杆盖的定位精度和连接刚性,常见于高功率柴油机,特别是在承受较大冲击载荷的工况下表现优异。在实际应用中，切口形式的选择需要综合考虑柴油机的功率、载荷特性及制造成本，以确保连杆的可靠性和耐久性。6EY26 型柴油机的连杆大端切口为直切口。

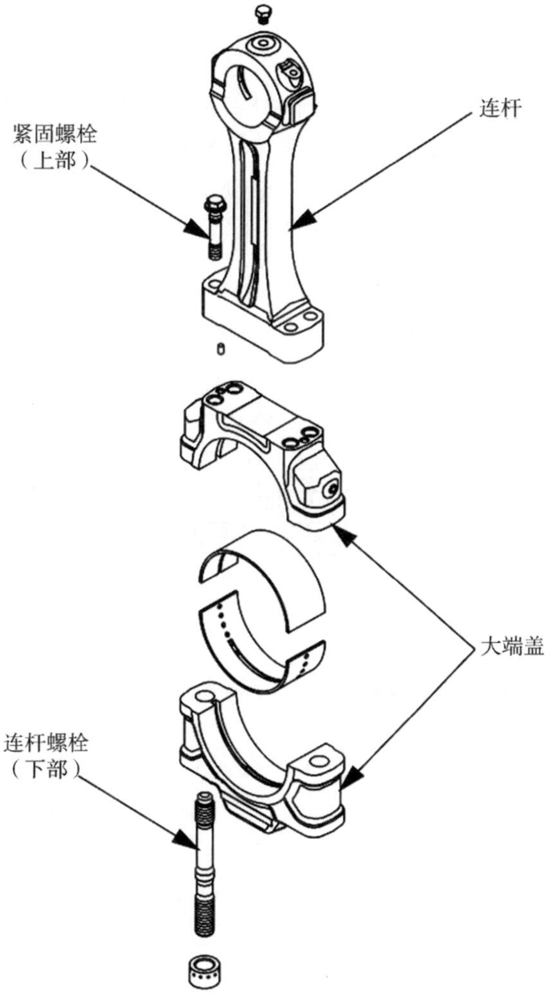

图 2-37　6EY26 型柴油机连杆组件示意图

为了满足船用柴油机严苛的工作环境，连杆材料通常选用高强度合金钢，如 40Cr、42CrMo 等，并经过锻造、调质处理及精密加工，以提升其机械性能。制造过程中，对连杆的尺寸精度、配合公差及表面光洁度有严格要求，以确保其在高负荷运行时仍能保持稳定性。此外，连杆的润滑系统至关重要，一般采用强制润滑或溅油润滑方式，使小端衬套和大端轴瓦始终保持良好的润滑状态，从而减少摩擦和磨损，提高使用寿命。

在长期运行过程中，连杆可能会受到多种因素的影响而出现故障，其中较为常见的包括连杆弯曲或扭曲变形、轴瓦异常磨损以及连杆螺栓疲劳断裂。这些故障往往源于过载运行、润滑不良或装配误差，因此在日常维护中应定期检查连杆的磨损情况，测量其直线度、配合间隙以及螺栓紧固力矩，以确保其处于良好的工作状态。特别是对于大功率柴油机而言，连杆的维护保养直接关系到整机的运行可靠性，必须按照规范要求进行检修和更换。

三、拆卸前的准备工作

1. 首先，需要准备专用工具、常用工具及需更换的备件物料。专用工具包括连杆螺栓扭矩扳手、大端轴瓦拉拔器、液压拉伸器等。常用工具如内六角扳手、套筒扳手、敲击木槌、撬棒等，也需准备齐全，以便顺利完成拆卸。备件物料包括新轴瓦、螺栓、螺母及润滑油脂等，确保在更换过程中能够及时补充损坏或磨损的零件。6EY26 型柴油机连杆拆卸时需准备的专用工具如图 2-38 所示，包括工具 A、工具 B、工具 C、螺栓、吊环螺栓和液压工具。

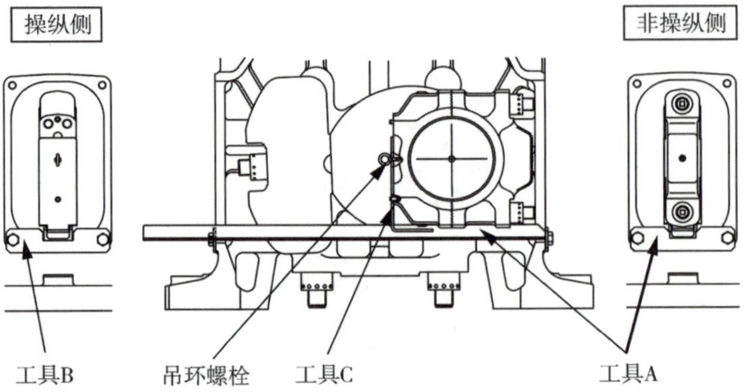

图 2-38　6EY26 型柴油机连杆拆卸所需专用工具及其安装

2. 其次，必须严格遵守安全操作规范，穿戴劳保防护服，包括安全帽、工作鞋、防护手套、防尘口罩等，确保操作人员的人身安全。此外，作业现场应保持整洁，避免杂物进入柴油机内部，以防影响后续装配和柴油机运行。

3. 做好技术准备，包括查阅柴油机制造商的维修手册，熟悉连杆大端的拆卸步骤及螺栓拧紧力矩要求，并提前记录相关技术参数，如轴瓦间隙、螺栓规格等，确保拆装后能够恢复到设计标准。

四、连杆大端轴承盖的拆卸

(1) 打开气缸两侧端盖，通过盘车装置将曲轴缓慢转动，使活塞位于上止点或维修手册要求的角度，以便于后续拆卸连杆大端轴承盖。盘车时应平稳操作，避免曲轴因惯性作用产生较大冲击，同时确保其他气缸不受影响。

(2) 在拆卸之前，检查连杆及轴承盖上的装配标记，确保所有部件能够按照原有位置复位，避免装配错误导致柴油机运行异常。连杆和轴承盖通常有配对编号，若无明显标记，应使用记号笔或冲击标在不影响零件性能的位置做出标志。同时，对连杆螺栓进行编号，以便在安装时对应原有位置，确保螺栓的受力均匀。

(3) 安装拆卸所需的专用工具，针对 6EY26 柴油机，需按照如图 2-38 在操纵侧开口处安装工具 B，在非操纵侧开口处安装工具 A 并向操纵侧推，拧紧安装螺栓以固定工具 A，在大端盖上安装工具 C 和吊环螺栓，旋转曲柄轴使得大端盖落在工具 A 上。

（4）拆开连杆螺栓的锁紧装置，如锁片、止动垫圈或防松螺母等。通常使用专用扳手或液压拉伸器，按照对角交替的方式，逐步拧松螺栓，避免因应力不均导致螺栓损坏或轴承盖变形。6EY26 型柴油机采用液压拉伸器（如图 2-39）拆卸螺栓，首先确认连杆螺栓上没有瑕疵或污垢，如图 2-40 所示，安装液压拉伸工具时，在连杆螺栓外侧插入隔离体，将液压工具套在螺栓上并旋紧，直到隔离体与连杆大端和液压工具均接触为止，然后将液压千斤顶从接触点位置逆时针旋转约 180°。

（5）用胶皮管连接每个液压工具与液压泵，此时需确认液压管已充分插入接头，以及液压工具的活塞与液压工具主体面平齐。然后操作液压泵，将液压压力提升至规定压力 51 MPa，此时需确保液压活塞的表面高出主体 1～1.5 mm。然后将旋转手柄通过垫片上的孔插入螺母上的孔中，逆时针旋转螺母。

（6）慢慢打开液压泵的泄压阀，将液压降至 0 MPa。确认液压活塞的表面与液压千斤顶主体端面齐平。拆卸液压工具上的胶皮管，取出液压工具和隔离体，拧松并取下连杆螺栓螺母。

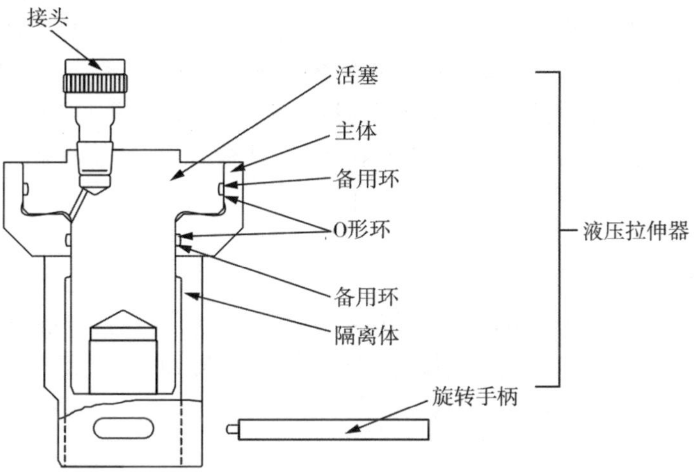

图 2-39　6EY26 型柴油机拆卸连杆螺栓的液压拉伸工具

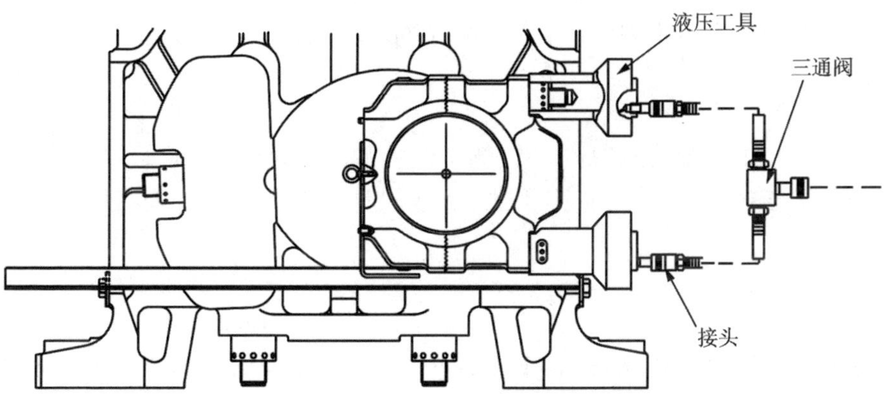

图 2-40　液压拉伸工具的安装

(7)在螺栓完全拆卸后,使用方木或专用撬棒轻轻撬动轴承盖,使其与连杆大端缓慢分离,切勿使用金属工具敲击,以免损坏接触面。若轴承盖较重,可使用吊具或专用工具辅助支撑,使其平稳落下。拆卸时应注意保持轴承盖的方向与原装配位置一致,避免后续安装时方向错误。取下轴承盖后,检查大端轴瓦的状态,确认是否需要更换或调整。

斜切口型连杆大端轴承盖的拆卸详见本章第五节第四部分:活塞连杆组件的吊出。

五、连杆螺栓的检验

连杆螺栓是连接连杆大端轴承座与轴承盖,并使之成为一体的重要螺栓,装配时连杆螺栓受到预紧力的作用,四冲程柴油机运转时连杆螺栓还受到往复惯性力的作用。连杆螺栓的直径较小,因其受到曲柄销直径和连杆大端外廓尺寸的限制。

连杆螺栓虽小但特别重要,因为连杆螺栓一旦断裂将会引起柴油机的破坏性事故,此类事故通常会导致气缸盖、气缸套、活塞和连杆的损坏,甚至机体被打破。连杆螺栓因锁紧零件失效而脱落,如开口销损坏或脱落也会造成上述事故。因此,连杆螺栓无论制造、装配及使用均要求极其严格。连杆螺栓的常见的损坏形式:螺纹的变形与损坏、螺栓拉长或形成颈缩、螺栓弯曲变形、裂纹、螺栓与螺母配合松动等。连杆螺栓或螺母损坏后应成对换新。

在吊缸检修时,连杆螺栓的拆卸和装配均按一定顺序,切勿损伤配合表面,拆卸后应立即与螺母装配在一起。连杆螺栓常见的检查内容有外观检查、裂纹检查和螺栓长度测量。具体检验内容如下:

1.外观检查

采用清洗剂或超声波清洗方法对螺栓进行彻底清洗后,进行目视检查或借助放大镜检查。螺栓表面不得存在机械损伤,如碰伤、拉毛、变形、裂纹、螺纹损坏及配合部位松动等缺陷。如发现上述问题,应根据缺陷的严重程度决定是否继续使用或更换新件。

2.裂纹检验

采用放大镜、着色探伤或磁粉探伤等无损检测方法,重点检查螺栓头部、螺纹根部及螺纹与杆部过渡处是否存在裂纹、疲劳损伤或其他缺陷。裂纹会显著降低螺栓的承载能力,若发现裂纹,应立即更换螺栓,以防止螺栓在运行过程中断裂。

3.长度测量

采用精密量具(如千分尺或游标卡尺)测量螺栓的总长度,并与原始设计尺寸进行对比。对于四冲程柴油机连杆螺栓,当其伸长量超过原始设计长度的2%时,表明螺栓已产生塑性变形,须更换新件。

4.接触贴合检查

在安装过程中,检查螺栓头部或螺母与连杆支撑面的贴合情况。螺栓头部或螺母应均匀紧密贴合支撑面,不得存在倾斜、间隙或局部接触不良等现象。贴合不良会导致受力不均,增加螺栓的疲劳应力,进而影响使用寿命。

5.成套更换要求

由于连杆螺栓在发动机运行过程中承受高频交变载荷,其长期使用后易发生疲劳损伤。为保证连杆螺栓的可靠性,应按厂家说明书定期更换连杆螺栓。当更换旧螺栓时,应成套更换连杆螺栓及相应螺母,以确保连接副的匹配性,避免因新旧螺栓混用而导致预紧力分布不均,影响发动机运行安全性。

六、曲柄销测量及轴颈圆度、圆柱度误差的计算

1.曲柄销直径的测量

将欲测的曲柄销转到上止点或下止点位置。测量每个截面上的水平和垂直方向上的直径。测量部位如图 2-41 所示。

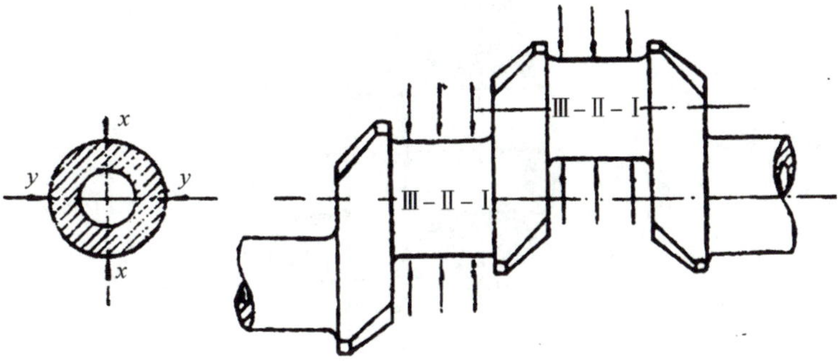

图 2-41　曲柄销的测量部位

2.主轴颈的测量

(1)将被测量的轴颈表面清洁干净,置于合适的测量位置;在轴颈轴线方向取等分其长度的三个正截面,在每个正截面上取垂直和水平两个方向作为轴颈测量部位。

(2)校准外径千分尺,测量上述各部位的数值,读数正确(读数保留小数点后三位,最后一位为估计读数),如图 2-42 所示。

(3)计算轴颈的圆度和圆柱度误差并记录。

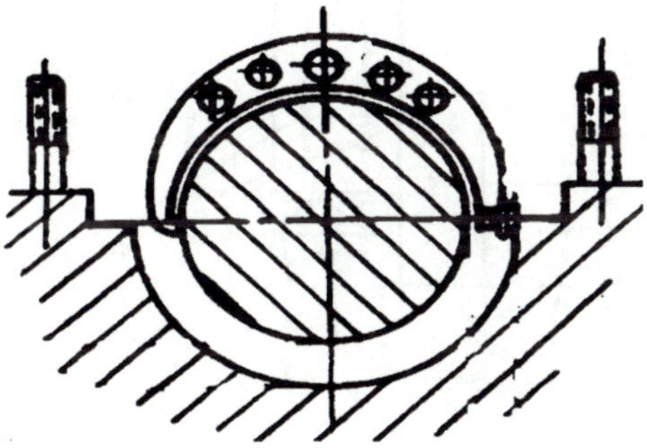

图 2-42　使用外径千分尺测量主轴颈

七、连杆大端轴承间隙测量

柴油机本身工作循环的特点使得轴颈表面受力不均匀，从而导致轴颈在圆周方向上出现不均匀磨损；由轴颈受力产生弯曲变形和活塞运动部件的安装误差等使得轴颈表面纵向受力不均匀，产生轴颈纵向不均匀磨损。另外，轴承磨损后将使轴承间隙增大。间隙过大，不仅影响润滑，而且产生冲击使合金层裂纹和破裂。所以，柴油机说明书和标准对此有明确的规定。

轴承间隙的测量方法：

1.塞尺法

对于能够从轴承端面插入塞尺的轴承，可以用专用塞尺测量轴承间隙。轴承间隙值为实测值加上 0.05 mm 的修正值。此法测量精度不高，如图 2-43 所示。

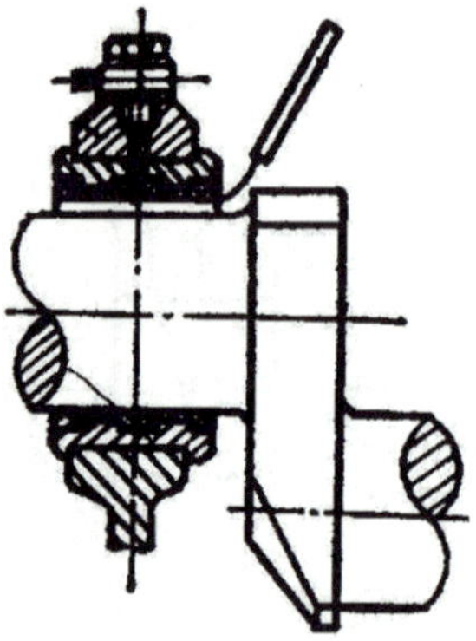

图 2-43　塞尺法测量主轴承间隙

2.压铅法

压铅法是利用铅丝在主轴承和连杆轴承螺栓上紧后被压扁的厚度来确定轴承间隙大小的测量方法，如图 2-44 所示。

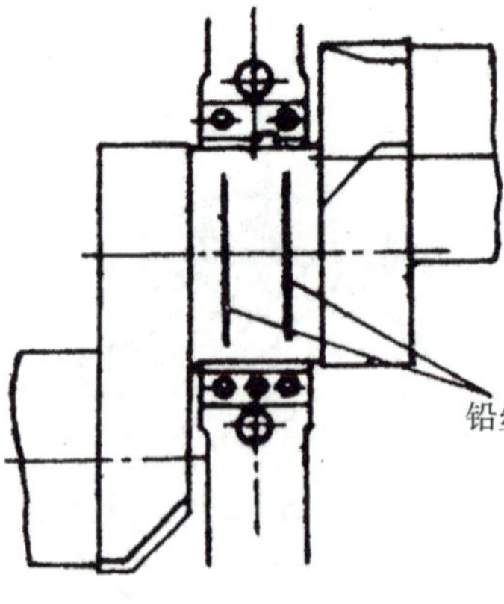

图 2-44　压铅法测量主轴承间隙

测量步骤如下：

(1)移去主轴承上盖。

(2)取直径为(1.5～2.0)×δ(δ为轴承装配间隙)，弧度为120°～150°轴颈弧长的铅丝2～3条，沿轴线向按首、中、尾位置放在轴颈上。

(3)装好轴承上瓦及上盖，按规定上紧螺栓。

(4)打开轴承，取出铅丝进行测量并做好记录。

(5)测量铅丝的两端及中间位置的厚度。中间厚度为轴承径向间隙，两端厚度为轴承两侧间隙，通常小于径向间隙。

测量曲柄销轴承间隙时，可将铅丝放在连杆大端轴承下瓦上，按以上相同的方法进行测量。

3. 差值法

现在的柴油机中，主轴承、曲柄销轴承更多地采用薄壁轴瓦，故不适于用压铅丝测量轴承间隙，通常用内、外千分尺分别测量轴颈与孔径。曲柄销的测量方法如图2-41，连杆大端轴承孔径测量如图2-45所示，测量时在孔径轴向方向上相距20 mm的位置分别测量两段直径(D1、D2)，每段分别沿两个互相垂直的方向测量直径(如A与B1、B2)，以获取孔径的几何尺寸和分布情况，连杆大端轴承孔与曲柄销两直径之差即为轴承径向间隙。

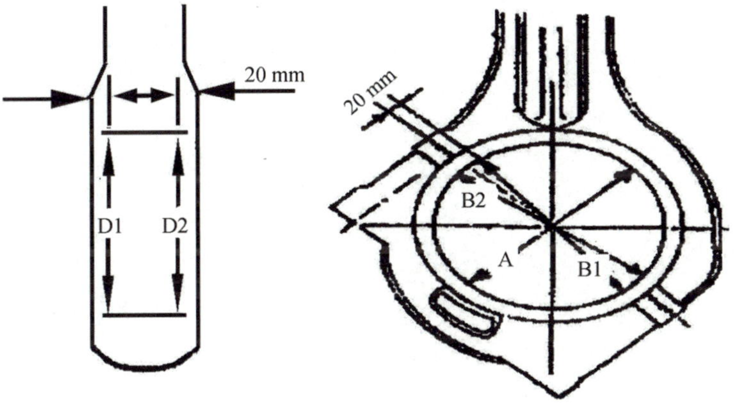

图2-45　差值法连杆大端轴承孔径的测量位置

八、连杆大端轴承盖的装配

安装连杆大端轴承盖的步骤基本按照拆卸过程的相反顺序进行，6EY26型柴油机连杆大端轴承盖的安装步骤如下：

1. 盘车至上止点或说明书要求的角度，清洁轴颈、轴瓦和轴承盖，确保配合面无污染，在配合面上涂上清洁机油。
2. 将轴瓦安装在大端轴承盖中，不要在轴瓦背面涂滑油。
3. 在曲轴轴瓦的滑动面上涂抹干净的油，并将大端轴承盖安装在如图2-38的工具B上。

4. 调整曲轴位置,使其中心与轴承盖中心重合。

5. 将大端轴承盖的上部和下部安装在曲轴上,并将连杆螺母拧到连杆螺栓上。

6. 将液压千斤顶放在连杆螺栓上,并使用与第四节“连杆大端轴承盖的拆卸”中所述的相同步骤连接泵。

7. 操作液压泵,将液压压力提升到规定压力。用旋转手柄顺时针旋转螺母,直到轴承表面接触连杆且螺母旋不动为止(有些机型要求二次上紧)。慢慢打开液压泵的溢流阀,将压力降至 0 MPa。

8. 确认压力为 0 MPa 后,拆下液压千斤顶和软管,拆下如图 2-38 的工具 A 和工具 B。

第八节　主轴承的拆装与测量

（本节内容适用于：750 kW 以上船舶大管轮、未满 750 kW 船舶大管轮、750 kW 以上船舶二/三管轮以及未满 750 kW 船舶二/三管轮。）

一、实操内容与要求

1.实操内容

（1）拆卸前的准备工作。
（2）主轴承的拆卸。
（3）主轴承的检测。
（4）主轴承的安装。
（5）压铅丝法测量主轴承间隙。

2.实操要求

（1）正确完成拆卸前的准备工作。
（2）正确使用通用工具、专用工具和量具。
（3）能够正确对主轴承进行拆装、检查和判断。

二、拆装设备介绍

船舶柴油机的曲轴和主轴承是船舶柴油机中的关键部件，负责将活塞的往复运动转化为旋转运动，从而输出动力。曲轴通常由高强度合金钢制成，具有足够的强度和韧性以承受来自活塞的冲击力和其他工作载荷。曲轴的主要功能是将活塞的直线运动通过连杆传递到曲轴上的偏心部位，进而驱动其他机械系统（如推进装置）。为了减少摩擦和磨损，曲轴的轴颈连接部位配有精密设计的主轴承，以确保运行平稳。

主轴承是支撑曲轴的旋转部分的轴承，其安装在发动机的机座或曲轴箱内，通常采用滑动轴承形式，由上下两半轴瓦组成，轴瓦内表面覆有减磨合金层，以减少摩擦和磨损。主轴承不仅支撑曲轴，还承受由燃烧压力和惯性力产生的巨大载荷，因此其润滑和冷却至关重要。主轴承通常采用高性能合金材料和润滑系统，以降低摩擦和避免过度磨损。润滑油通过曲轴的油道输送到主轴承表面，确保轴承在高温高压下的正常工作。

6EY26 型柴油机的曲轴和轴承如图 2-46 和 2-47 所示，曲轴采用锻造碳钢制造，其曲柄销和主轴颈直径设计较大，经过感应淬火和抛光处理，以提高强度和耐磨性。为控制柴油机振动，在曲轴上安装了平衡重块，并精确布置在最佳位置。主轴承盖通过两个主轴承螺栓和两个侧螺栓牢固固定在气缸体上，主轴承螺栓采用液压工具进行紧固，确保了连接的可靠性。主轴承和曲柄销轴承采用铝合金材料制成，具有良好的减磨性能。推力轴承安装在第 1 号主轴承的前后位置，用于承受轴向力。主轴承盖（1~7 号）均配备侧螺栓，轴承编号标注在主轴承盖、紧固螺母和侧螺栓上，便于安装和维护。曲轴的平衡重块分布在六个位置，进一步优化了柴油机的运转平稳性。这些设计和制造特点确保了曲轴和主轴承在高负荷工况下的可靠性和耐久性。

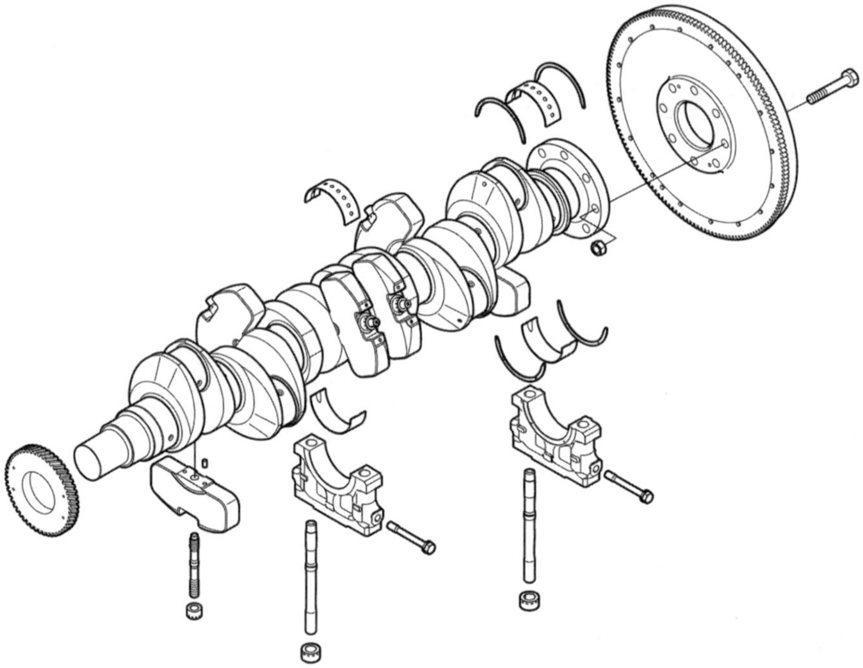

图 2-46　6EY26 型柴油机曲轴及主轴承示意图

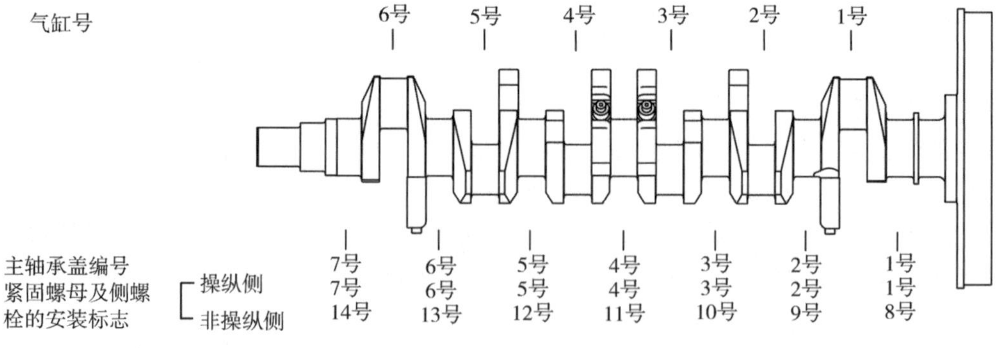

图 2-47　6EY26 型柴油机主轴承编号

三、准备工作

1.工具准备

根据柴油机型号和主轴承的结构特点，准备相应的专用工具，如轴承拆卸工具、安装工具等。这些工具能够有效提高工作效率，并减少对零部件的损伤。6EY26 型柴油机需准备的专用工具包括液压拉伸器、主轴承保护工具和上部轴承安装及拆卸工具，其中主轴承保护工具包括剪刀型千斤顶和夹紧工具，上部轴承安装及拆卸工具包括上部金属附加/拆卸销和上部金属嵌入工具。此外还需准备塞尺、外径千分尺等测量工具。

2.扭力扳手与液压拉伸器的使用

在安装小型柴油机主轴承时，通常使用扭力扳手按照规定的扭矩值进行紧固，以确保螺栓的预紧力符合要求，避免因扭矩过大或过小导致轴承失效。对于大型柴油机主轴承，通常需要使用液压拉伸器进行螺栓的紧固。液压拉伸器能够提供均匀的拉伸力，确保螺栓的预紧力分布均匀，避免因受力不均导致的轴承变形。6EY26 型柴油机主轴承的拆卸需使用液压拉伸器来进行。

3.外径千分尺的使用

在使用外径千分尺前，必须进行校准，确保其测量精度。测量时应保持外径千分尺与轴承外径的垂直，避免因测量角度不当导致的误差。每次测量后，应及时记录测量数据，并与标准值进行对比，确保轴承尺寸符合要求。

4.劳保防护用品的穿戴

在检修过程中，必须佩戴安全帽，以防止头部受到意外撞击。穿戴防滑、防砸的工作鞋，以防止脚部受到伤害。穿戴合适的防护服，以防止油污、灰尘等对皮肤的伤害。根据具体操作需要，佩戴防护手套和护目镜。

5.技术资料准备

在检修前，应仔细查阅柴油机主轴承的技术手册，了解轴承的结构特点、安装要求、间隙标准等技术参数。根据技术手册和实际情况，制订详细的检修计划，包括检修步骤、工具使用、安全措施等，以确保检修工作的有序进行。

四、主轴承的拆卸

6EY26 型柴油机主轴承的拆卸步骤如下：

1. 拆下待拆卸主轴承附近的曲轴箱侧盖和相邻轴承的曲轴箱侧盖，拧下待拆卸和相邻主轴承两侧的侧螺栓，盘车转动曲轴，使曲轴销靠近操作侧，平衡重和连杆处于不影响拆卸工作的位置，确认拆卸标记。

2. 拆卸主轴承螺母:将垫片螺栓逐一连接到每个主轴承帽紧固螺栓上,并安装垫片。随后利用垫片锁紧螺栓将其暂时固定到主轴承帽螺母上。如图 2-48 所示,将液压千斤顶安装到垫片螺栓上,并拧紧液压千斤顶紧固螺母,须确保液压千斤顶活塞与液压千斤顶主体的端面齐平。用橡胶软管将液压泵连接到液压千斤顶,将液压千斤顶紧固螺母松开 1/4 圈,然后拆下垫片锁紧螺栓。关闭液压泵上的泄压阀,用泵操作杆将液压压力提升到规定油压值(61.0±0.5 MPa)。将手柄通过垫片上的孔插入螺母上的孔内,然后松开螺母。完成螺母拆卸后,慢慢打开液压泵泄压阀,直到液压降为零。随后,拧紧液压千斤顶紧固螺母直到与液压千斤顶齐平,并从千斤顶泄油。最后,取掉每个液压千斤顶上的胶管,取出每个液压千斤顶、隔离器和隔离器螺栓。

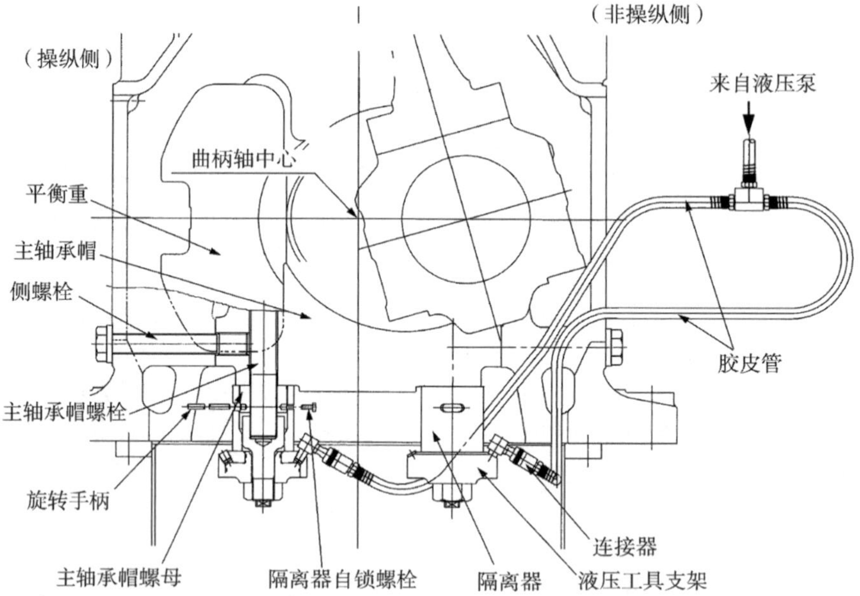

图 2-48 液压千斤顶安装示意图

3. 拆卸主轴承盖:松开主轴承盖紧固螺母 2~3 圈,如图 2-49 所示,安装保护工具(剪刀型千斤顶),用拧紧工具把工具固定在主轴承下油盘里的支架滑道上。取出主轴承盖紧固螺母,把千斤顶调到低于主轴承盖的位置,取出下部主轴承。因为主轴承盖掉下时会伤人,因此须注意不要同时取下 2 个紧固螺母。

4. 取出上部主轴承轴瓦:如图 2-50 所示,将轴承安装/拆卸销从工作侧插入曲轴油孔(使销头沿着曲轴边缘)。然后,慢慢地沿正常旋转方向转动飞轮,并从非操作侧拉出上部轴承轴瓦,注意不要损伤轴颈、轴瓦。

5. 取出推力轴承轴瓦:推力轴承的设置使得参考位置的主轴承盖(1 号主轴承盖)位于两者之间。安装和拆卸 1 号主轴承盖和推力轴承的方式与处理 2 号至 7 号主轴承盖的方式相同。取出推力轴承如图 2-51 所示。

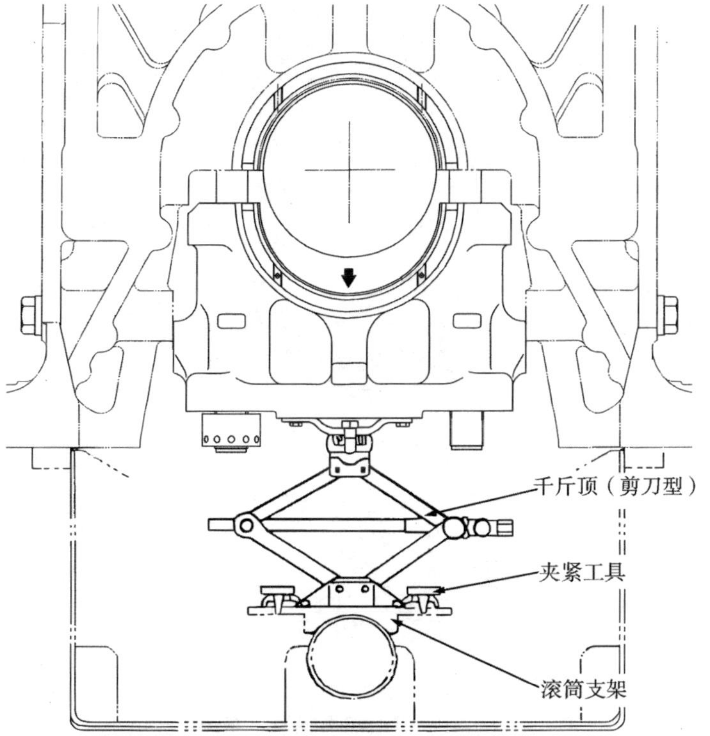

图 2-49　主轴承盖支撑工具安装示意图

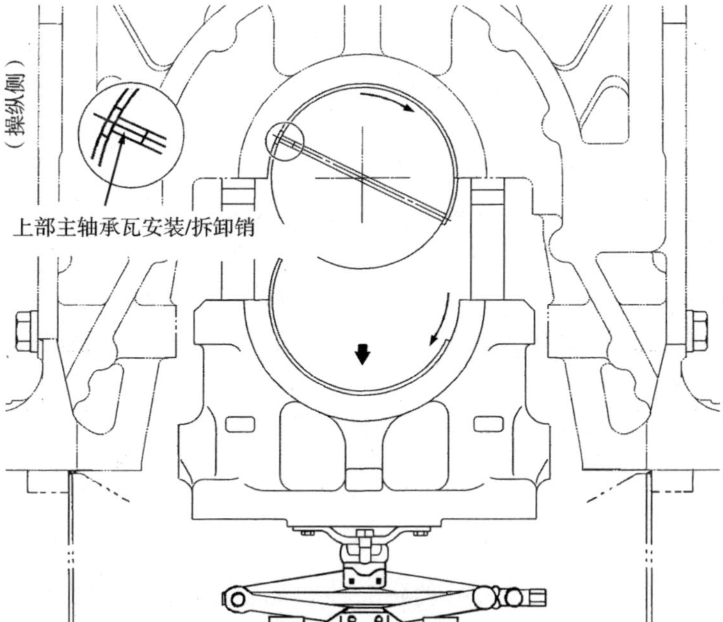

图 2-50　取出上部主轴承轴瓦示意图

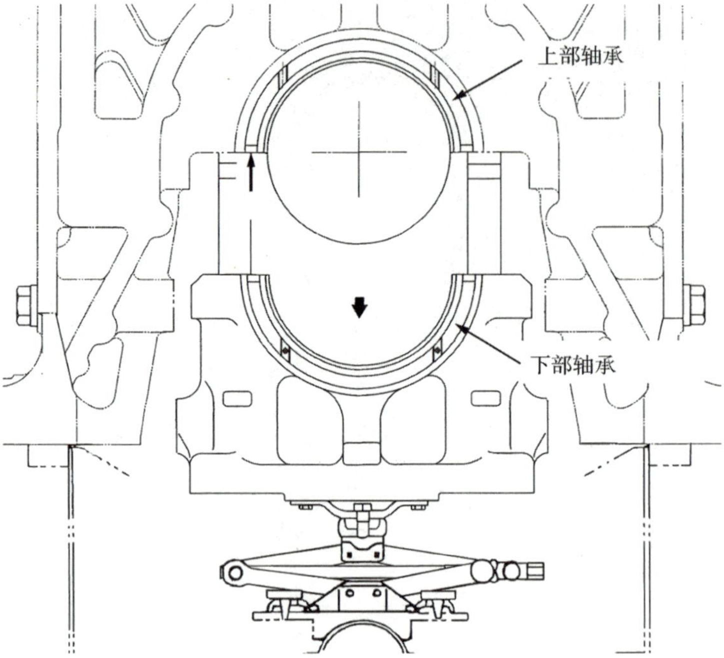

图 2-51 取出推力轴承示意图

五、主轴承的检测

在船舶推进系统中，主轴承轴瓦作为关键零部件，其工作状态直接影响主机的运行安全和寿命。因此，在日常维护和定期检修中，应对轴瓦进行全面检查，确保其处于良好工作状态。

1.轴瓦是否存在过度磨损

轴瓦的磨损程度直接影响轴承的承载能力及润滑效果。应检查以下内容：

(1)轴瓦工作表面是否出现异常的磨损痕迹，例如局部严重磨损、非正常的沟槽或拉伤。

(2)轴瓦的厚度是否显著减薄，是否达到或接近制造商规定的最小厚度标准。

(3)轴瓦与轴颈的配合间隙是否在正常范围内，过大的间隙可能导致润滑油膜破坏，增加磨损风险。

(4)磨损是否均匀，若轴瓦某一侧或局部区域磨损严重，可能表明轴系对中不良或润滑不均。

2.轴承合金是否存在裂纹和剥落

轴承合金(轴瓦工作层)应具备良好的耐磨性和抗疲劳性，若出现裂纹或剥落，可能导致轴承失效。检查内容包括：

(1)轴瓦表面是否存在微裂纹或贯穿裂纹，特别是高负荷区域，如轴瓦的承载区。

(2)是否有金属剥落现象，表现为局部材料脱落，露出基材。

(3)裂纹是否呈现延展趋势,若裂纹扩展至轴瓦基底,则可能影响轴瓦的整体结构稳定性。

(4)剥落是否与轴瓦材料的疲劳极限相关,或因润滑不良、过载等因素导致。

3.轴瓦是否存在腐蚀

轴瓦在运行过程中可能受到润滑油中的化学物质、电场作用等影响,导致腐蚀损伤,主要检查内容包括:

(1)电化学腐蚀:检查轴瓦表面是否存在不均匀的腐蚀斑点、孔洞或局部颜色变化。可能的原因包括润滑油质量问题、水分或酸性物质的混入。

(2)电火花腐蚀:检查轴瓦表面是否存在细小的凹坑或针孔状损伤,这是由于轴系接地不良或轴承电流产生的放电现象。

(3)是否存在严重的表面氧化层或腐蚀产物堆积,影响轴瓦的正常工作性能。

(4)结合润滑油检测,分析油中是否含有酸性成分或水分,以判断是否存在腐蚀风险。

4.轴瓦是否发生烧蚀

轴瓦烧蚀通常是由于润滑失效或局部过热导致的,可能严重影响轴承寿命,应检查以下内容:

(1)轴瓦表面是否出现变色、熔融或烧蚀痕迹,特别是在高负荷区域。

(2)轴瓦是否有局部熔化或黏附金属碎片,这通常是高温导致合金层软化或流动的结果。

(3)是否有因高温引起的材料组织变化,如表面变形、硬化或出现脆裂现象。

(4)确定烧蚀原因,如润滑油供给不足、润滑油变质、轴承过载或冷却系统异常等,并采取相应的预防措施。

对船舶主轴承轴瓦的检查应结合目视检查、测量、润滑油分析以及可能的无损检测方法(如超声、涡流或磁粉检测)。定期维护和科学管理能够有效延长轴瓦的使用寿命,减少船舶主机因轴承故障导致的非计划停机,提高运行的安全性和可靠性。

六、主轴承的安装

6EY26 型柴油机主轴承的安装如图 2-52 所示,具体步骤如下:

1. 旋转飞轮,当从操纵侧能看到曲柄注油孔时停止旋转。暂时拆卸下部轴承,然后将上部轴承嵌入工具放在主轴承盖上。

2. 准备安装主轴承时,擦去外壳和轴承背面的所有污垢或油,确保轴承背面没有油,然后安装,徒手将润滑油涂抹在主轴承金属内表面上。

3. 将上轴承正确定位在前后方向上,使上轴承上的凸起与气缸体上的孔啮合。

4. 将插入工具中的导槽与轴承上的突起对齐,安装上轴承。由于气缸体的孔是在非操作侧加工的,因此如果按照如图 2-52 所示旋转插入上轴承时,上轴承的突起将与气缸体的孔啮合。

5. 将定位销插入操作侧的曲轴油孔。使定位销定位,使销头沿着曲轴的边缘。然后,使用润滑脂将销与边缘紧密接触,以防止其在转动操作期间脱落。

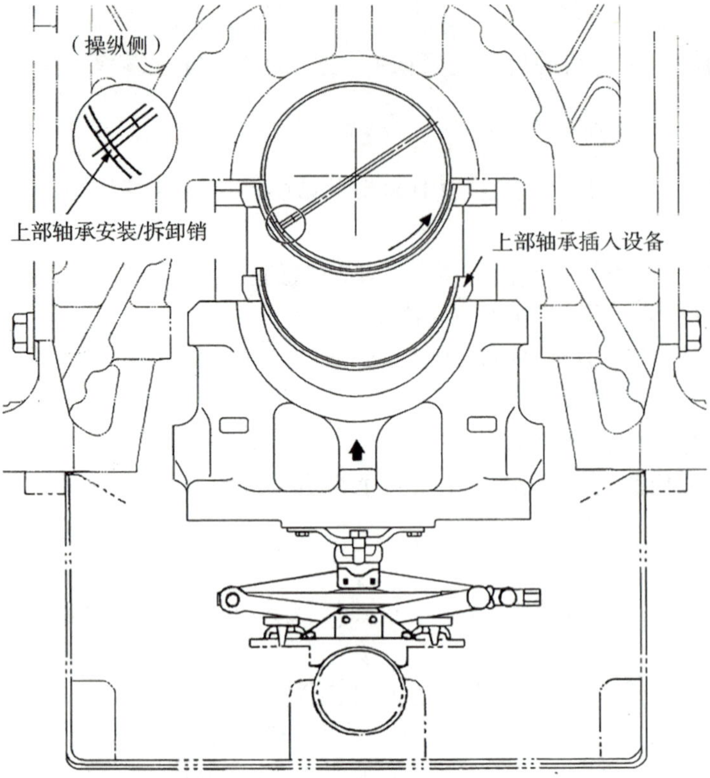

图 2-52　主轴承的安装示意图

6. 操作千斤顶以抬起主轴承盖，直到轴承与曲轴接触。逆时针缓慢转动飞轮，确保轴承上的凸起与气缸体上的孔啮合，继续转动飞轮，直到轴承端面与气缸体端面齐平。

7. 放下主轴承盖，取下定位销和插入工具，然后安装下轴瓦。

8. 抬起主轴承盖，拧紧主轴承盖螺母，直到主轴承盖与气缸体紧密接触。

9. 拆下千斤顶和夹紧工具。

七、压铅法测量主轴承间隙

在船舶柴油机的拆装和检修过程中，准确测量主轴承间隙对于评估轴承的磨损情况、确保发动机正常运行具有重要作用。压铅丝法是一种广泛应用于轴承间隙测量的精确方法，尤其适用于主轴承、连杆轴承等关键部件的检测。其具体操作步骤如下：

1. 选取适当的铅丝进行测量。通常选择直径为主轴承安装间隙 1.5～2 倍的软铅丝，以确保铅丝在受到挤压时能够准确反映轴承间隙的大小。铅丝的长度应取轴颈弧长的 120°～150°，以保证测量覆盖足够的受力区域，并且通常需要取 2～3 根铅丝进行测量，以提高数据的可靠性和准确性。

2. 将铅丝正确放置在轴颈表面。按照轴向方向，在轴颈的首、中、尾三个位置均匀放置铅丝，以确保测量数据能反映整个轴承的实际间隙状态。放置铅丝时，可使用少量牛油（润滑脂）粘住铅丝，以防止其在装配过程中滑动或脱落，确保测量过程的精确性。

3. 安装主轴承上瓦及上盖，并按照柴油机制造商的规定力矩上紧轴承盖螺栓。安装时应确保轴承盖正确复位，螺栓按指定顺序均匀拧紧，以保证测量时的受力状态与发动机实际工作状态一致，从而获得准确的测量结果。

4. 拆卸轴承盖并检查铅丝的受压情况。此时应观察铅丝的压扁程度，并用外径千分尺测量铅丝被挤压后的最厚处厚度。由于铅丝的压缩后厚度即为轴承间隙，因此测量数据的准确性至关重要。一般来说，铅丝的变形应均匀，若局部出现异常变薄或变厚，可能意味着轴承间隙不均或轴颈存在偏磨等问题。

5. 计算轴承间隙的平均值。在每段软铅片上选取 3 个测量点用外径千分尺测量厚度，做好记录。测量完成后，计算各段铅丝的平均厚度，即可得到主轴承的间隙值。

6. 准确记录测量数据，并确保读数精确无误。所有测量数据应保留至小数点后三位，其中最后一位为估读值，以保证测量的精度和可比性。若测得的轴承间隙超出制造商规定的标准范围，则需要进一步检查轴承是否存在过度磨损、轴颈是否存在异常偏磨，或者润滑是否充分，并根据实际情况采取相应的修复或更换措施。

第九节 喷油泵的拆装与检修

（本节内容适用于：750 kW 以上船舶大管轮、未满 750 kW 船舶大管轮、750 kW 以上船舶二/三管轮以及未满 750 kW 船舶二/三管轮。）

一、实操内容与要求

1.实操内容

(1)喷油泵的解体。
(2)出油阀偶件检验。
(3)柱塞偶件检验。
(4)喷油泵组装。
(5)供油正时的检查。

2.实操要求

能够对喷油泵解体、柱塞偶件检查和判断。

二、拆装设备介绍

喷油泵是精密的柴油机部件，拆卸时应细心操作，不得碰坏精密零件，决不能互相调换，特别是柱塞及套筒偶件。另外，需要在虎台上拆卸时，夹紧部位不得在配合面及安装面上。本节以 6300 型船用柴油机高压油泵为例，介绍其拆卸方法。如图 2-53 为该型号喷油泵的零件图。

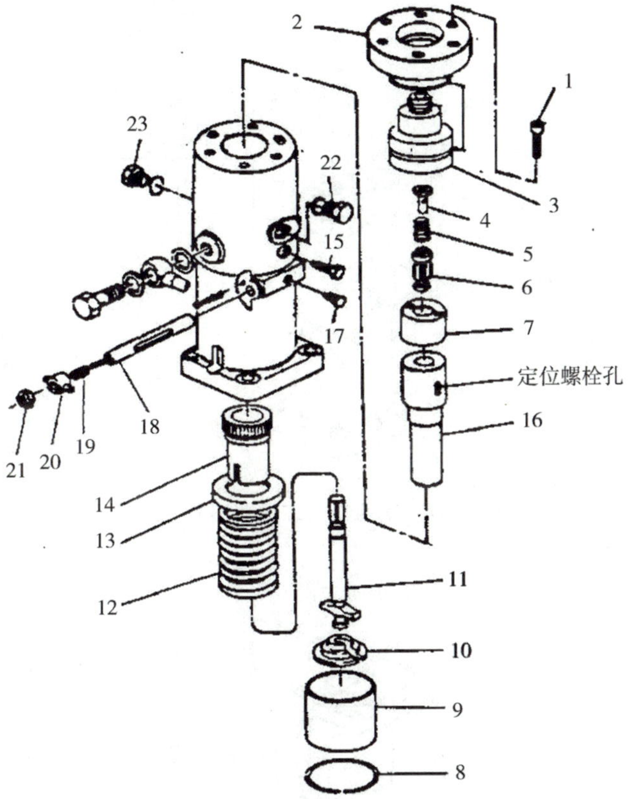

图 2-53　6300 型喷油泵零件图

1—螺栓;2—定位器;3—固定器;4—导程柱;5—弹簧;6—出油阀;7—阀座;8—锁圈;9—导向套;10—弹簧座;11—柱塞;12—弹簧;13—弹簧座;14—齿圈;15—螺栓;16—套筒;17—螺栓;18—齿条拉杆;19—调整轴弹簧;20—接头;21—螺栓;22,23—旋塞

三、喷油泵的解体

1. 首先将喷油泵外部清洁干净,然后再解体。

2. 将泵体下部夹在垫以铜垫片的钳台上,取下高压油管接头,使用专用工具拉出出油阀紧固座,取出出油阀、弹簧、阀座等,如图 2-54。

3. 将喷油泵倒置在平台上,用专用工具将导程筒压下,取出卡簧,慢慢松手使导程筒缓慢上升至顶点,如图 2-55。

4. 取出导程筒、弹簧上下座及弹簧,然后取出柱塞导向套筒、齿条及齿圈,松开齿条限位螺钉,取下齿条,并检查齿圈与齿条的标记。

5. 将油泵正置,拆下定位螺钉,取出套筒,把出油阀放入阀座内、柱塞放入套筒内。

6. 拆卸后的所有零部件如图 2-53 所示,各零部件整齐放在油盘中。

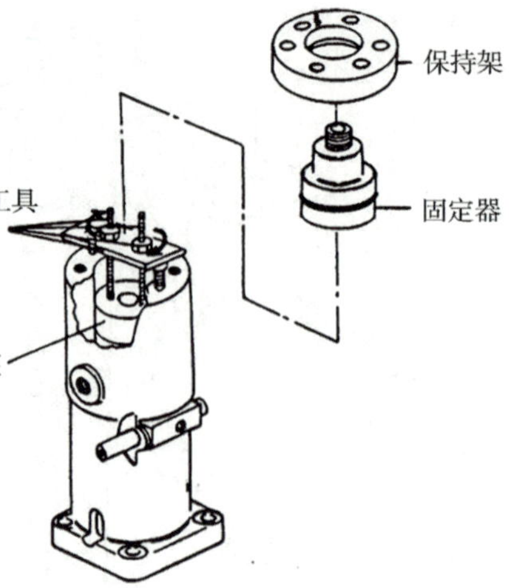

图 2-54 使用专用工具取出紧固座

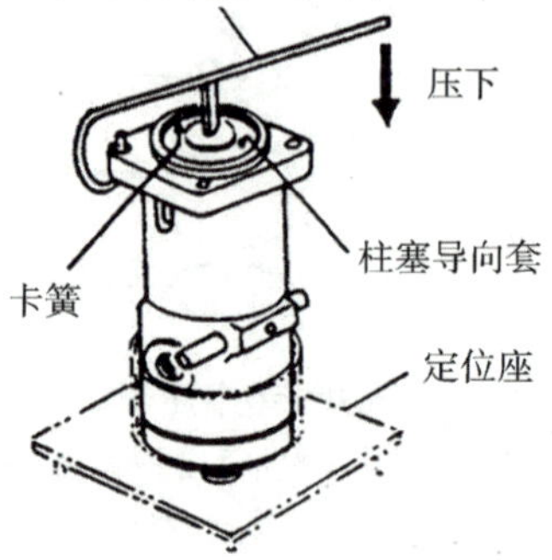

图 2-55 使用专用工具压导程筒

四、出油阀偶件检验

1.出油阀偶件的磨损

出油阀的磨损部位,集中在密封锥面、减压凸缘及导向面 3 个地方,如图 2-56 所示。出油阀密封锥面磨损后会使密封环带宽度增大,甚至出现环带沟槽,使密封性下降。减压凸缘磨损后会产生纵向沟痕,甚至呈锥形。导向面的磨损较小,磨损后会使间隙增大,密封下降。出油阀座主要在阀座面及孔的上部产生磨损。阀座面磨损后常形成纵向沟痕,会使密封性下降。

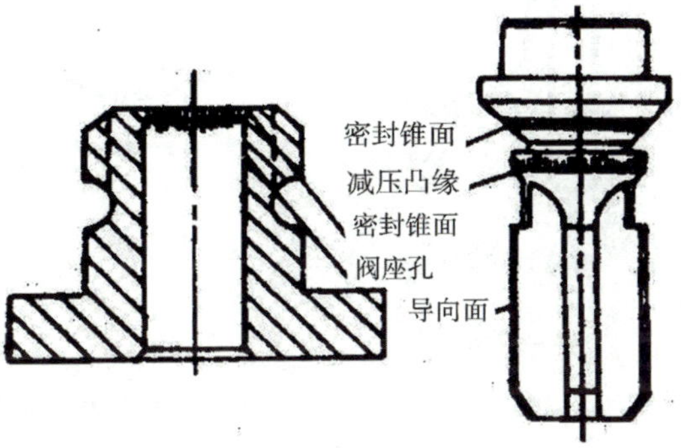

图 2-56 出油阀偶件的磨损部位

2. 出油阀偶件的检修要求

(1) 出油阀座与套筒密合平面不允许有轻微毛刺、油斑、伤痕及裂纹。轻微毛刺或伤痕可将密合平面置于清洁的平板上轻轻拖过的方法检查。如有油斑、伤痕时，可用少量很细的研磨剂(粒度约 300 目)在平面上进行研磨，最后用氧化铬精研，但必须避免磨偏和研磨过度。

(2) 检查出油阀导向面、减压凸缘、密封锥面是否有过度磨损，出油阀偶件是否出现卡阻、咬死或者关闭不严等故障。

(3) 出油阀偶件垂直抽出出油阀 1/2～1/3 长度，在任意角度均能靠自重无阻滞地缓慢落阀。

(4) 对减压凸缘密封性，可采用手抵住出油阀座下孔，将出油阀放入阀座中，当圆柱形减压凸缘进入阀座时，用手轻轻按一下出油阀，若感觉到有空气压缩力，而且松手使出油阀能微微弹起，则说明密封性好。

(5) 安装在高压油泵上，在试验台进行密封性试验。

(6) 如有故障，进行研磨修理。

五、柱塞偶件检验

1. 柱塞偶件的主要损伤部位

(1) 柱塞偶件的磨损

柱塞的磨损部位主要在柱塞头部、螺旋斜槽的边缘及下肩部三个部位，如图 2-57 所示。

柱塞头部正对着油孔处产生纵向划痕，并且呈上宽下窄，深度逐渐减小，这是柱塞在堵住进油孔时，机械杂质卡入间隙中引起的擦伤。柱塞圆柱面下端磨损原因也如此。如图 2-58 所示。

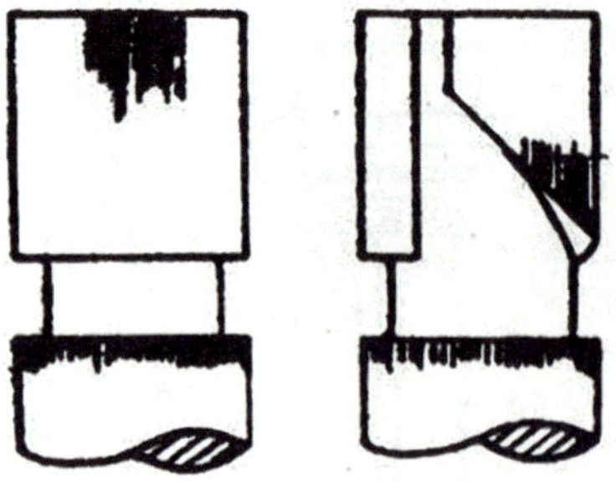

图 2-57 柱塞的磨损部位

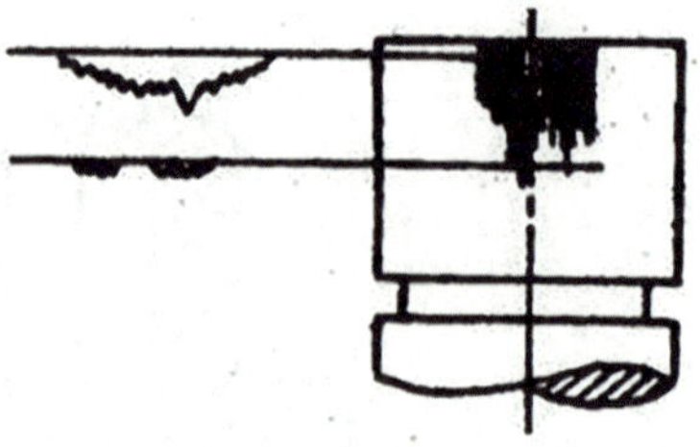

图 2-58　柱塞头部磨损示意图

柱塞斜槽边缘处的磨损，主要是高速油流和机械杂质的冲刷所致。套筒的磨损部位，一般在进油孔附近，如图 2-59 所示。

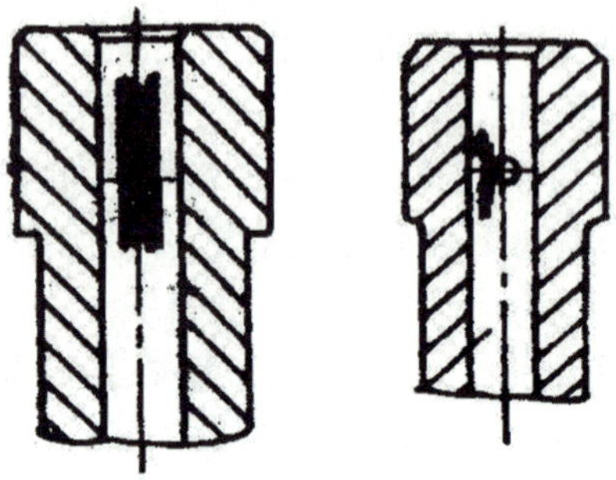

（a）　（b）

图 2-59　套筒磨损部位

（2）柱塞的穴蚀部位

柱塞的穴蚀部位，主要发生在螺旋槽附近的表面上。由于柱塞螺旋槽的斜边油压变化，造成金属的剥蚀。

2.柱塞偶件的检修要求

（1）检查柱塞螺旋槽附近的工作表面是否有穴蚀。

（2）检查柱塞-套筒偶件圆柱配合面是否有纵向拉痕现象。

（3）柱塞与套筒应能滑动自如。如有卡滞现象，应进行清洗，再用滑油使二者互研。如还不能消除，说明偶件有变形，应换新。

（4）内圆表面须采用灯光检查。

（5）柱塞或套筒如有伤痕，不得采用研磨方法恢复使用，必须更新。

（6）柱塞的边缘，尤其是螺旋槽边缘应无缺损，否则影响供油量的控制和擦伤套筒，故应更新。

3.配合间隙的检查

(1)滑动性试验。将清洗干净的柱塞倾斜45°,并使柱塞抽出1/3柱塞全长,使其靠自重缓慢、均匀下滑,无卡滞现象。如果在任何角度均能得到上述结果,说明柱塞偶件配合间隙正常。如果下滑速度太快,说明间隙太大。如有卡滞现象,则说明偶件有变形或杂质。

(2)吸力检查。可用食指盖住套筒顶部孔,用拇指和中指抵住进油孔,使柱塞处于中等或最大供油量位置后,将柱塞偶件垂直放置,向下拉动柱塞时,若能感觉到有真空吸力,且放手后柱塞能迅速回到原位,则说明密封性好。若拉出柱塞时感到吸力不足,柱塞又回不到原位,则说明间隙过大。出油阀锥面的密封性也可以采用此法。

(3)高压油泵组装好后在试验台进行密封试验。

4.偶件报废原则

(1)柱塞表面有明显严重磨损。

(2)柱塞头部端面,斜槽、直槽边缘有金属剥落。

(3)柱塞或套筒有裂纹。

(4)柱塞与套筒工作表面有锈蚀。

(5)柱塞与齿轮调节套筒配合松动。

(6)出油阀的减压凸缘有严重磨损。

(7)配合锥面有磨损严重或金属剥落成深的纵向划痕。

(8)出油阀座的端面和锥面有裂纹。

(9)配合锥面有严重锈蚀。

六、喷油泵的组装

装配时,必须注意零件的清洁。精密偶件应用干净柴油清洗。经清洗后的偶件工作面禁止用棉纱或布去擦拭,以防止纱头进入偶件配合间隙内,引起卡涩。

装配的顺序一般按拆卸相反的步骤进行。

1. 将套筒从泵体上部装入泵体内。装入时应注意套筒上的长方形定位槽应对准泵体上的定位螺钉孔(套筒的定位槽一般都在回油孔侧)。将定位螺钉套上密封铜垫拧入定位螺钉孔中,螺钉应对准套筒定位槽,不得顶住柱塞套筒。可用手转动和顶推柱塞套筒下端,看能否使柱塞套筒上下移动1~2 mm和左右微动,如有则安装正确。

2. 将出油阀总成装入泵体内,其底面与套筒顶面直接接触(有的泵靠橡皮圈密封),将出油阀紧座垫圈放到出油阀座上,拧紧出油阀紧固座。拧入时,要回松几次,最后按规定力矩拧紧。过紧会使柱塞套筒变形,柱塞运动发生阻滞。出油阀紧固座拧紧后,可将柱塞装入柱塞套筒内拉动几次,若发涩表明拧紧力过大,可慢慢拧松出油阀紧固座,直到柱塞运动自如为好。

3. 将泵体倒夹在虎钳上,把供油齿条插入齿条孔内。齿条上打有记号的齿应位于喷油泵导程套筒(泵体的部分)孔的中央,然后将齿圈慢慢套入泵体的套筒上。放入时应注意控制齿圈上有记号的齿要对正齿条上有记号的齿谷,如图2-60所示。拉动齿条检查是否在全行程中灵活。按住控制套筒,齿条的游动间隙应在0.1~0.2 mm之间。

4. 将上弹簧座与柱塞弹簧依次装入泵体中，再将柱塞弹簧下座套在柱塞尾端上，然后小心地将柱塞插入套筒内，插入时必须使柱塞凸肩上的记号对准控制套筒直槽上的记号。

5. 在确认柱塞、柱塞套筒、齿条、齿圈相互装配位置正确后，将柱塞导程套筒装入泵体中，使用专用工具按下导程套筒，然后将卡簧装入泵体环槽中。

6. 套有密封铜垫的放气螺钉拧紧到油泵体上。

图 2-60　柱塞、控制套筒与齿条的安装

七、供油正时的检查

喷油时间是影响柴油机正常运转的重要因素之一。若喷油时间不正确，柴油机会出现功率不足、燃烧不良、排气温度过高、工作粗暴、敲击等异常现象。

1.供油正时的检查

(1)冒油法

①将喷油泵上的高压油管拆除，油门拉杆放置于运行位置。对喷油泵进行手动泵油，直到喷油泵出口处充满燃油为止。

②盘车，待接近上止点前时，放慢盘车速度，观察油泵出口处的油面变化，当油面刚刚升高，立刻停止盘车。此时，飞轮上的刻度读数即为该缸供油始点——喷油提前角。校准一个缸以后再按发火顺序逐缸进行检查，如图 2-61 所示。

(2)光照法

对于大型回油孔终点调节式喷油泵，若套筒上有同样高的进、回油孔，可用光照法检查定时，如图 2-62 所示。把喷油泵体上与进、回油孔相对的螺钉拆下，缓慢盘车，从油孔中观察柱塞的运动，并在对侧的螺孔处用手电筒照明。当柱塞上升刚好将回油孔盖住而看不到光线时，马上停止盘车，此时飞轮上的读数即为该油泵的供油始点。

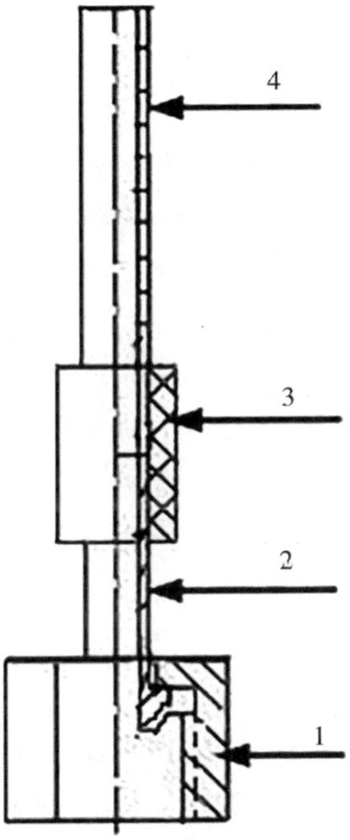

图 2-61　冒油法检查供油正时的工具

1—紧固螺母;2—高压油管;3—橡皮管;4—玻璃管

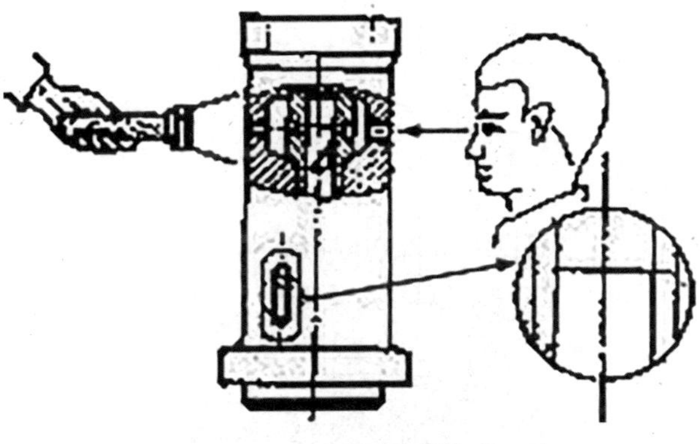

图 2-62　光照法检查供油正时

(3)标志法

该方法的基本原理是通过喷油泵的供油起始位置与发动机曲轴角度的对应关系,判断喷油正时是否正确。具体操作步骤如下:

①确认基准点并对准标记。先转动柴油机曲轴,使第一缸的活塞位于压缩上止点前的规定供油角度(通常由发动机制造商提供,例如上止点前 15°~20°)。此时,应检查飞轮或曲轴皮带轮上的供油正时刻度是否与基准标志对齐。如果标志已模糊或不清晰,应事先补充刻线或做出标记,以便于观察。

②检查喷油泵柱塞供油起始位置。慢慢转动曲轴,同时观察喷油泵的柱塞运动状态。在柱塞上升过程中,当低压腔的燃油刚好被高压柱塞切断油口(即柱塞上端边缘刚好封住回油

孔，供油开始）时，供油正时即被确定。在部分喷油泵中，此时可看到出油阀座或高压油管接头处出现燃油微量溢出，表明燃油供油已开始。此时，应再次检查曲轴飞轮或皮带轮的供油正时刻度是否仍与基准标志对齐。

③核对正时偏差并进行调整。如果曲轴刻度与理论供油角度不符，说明喷油正时存在偏差。调整方法通常是松开喷油泵驱动齿轮的紧固螺栓，并微调喷油泵的位置（顺时针或逆时针旋转），直至供油起点与曲轴刻度线完全对齐。部分柴油机采用喷油泵凸轮轴相对调整的方式，需要根据制造商说明书操作。调整后，重新紧固螺栓，并再次检查正时是否准确。

④复核供油正时并锁定喷油泵。调整完成后，应再次缓慢转动曲轴，重复供油正时检查步骤，确认供油起始点与曲轴刻度标志完全对应。确保喷油泵紧固螺栓已拧紧，并检查相关部件的安装稳固性，防止因松动而导致正时偏移。此外，可以进行手动喷油试验，观察高压油管中的燃油喷射时间是否一致，以进一步验证供油正时的准确性。

2.供油正时的调整

（1）微量调整

当喷油时间与规定数值相差不大时，可采用升降柱塞法和升降套筒法进行调整。调整如图 2-63 所示，松开喷油器顶杆上的锁紧螺母 6；拧出（即升高）顶头螺栓 5，可使喷油时间提前；拧进（即下降）顶头螺栓可使喷油时间滞后。调整后，必须将锁紧螺母拧紧，然后再复查。

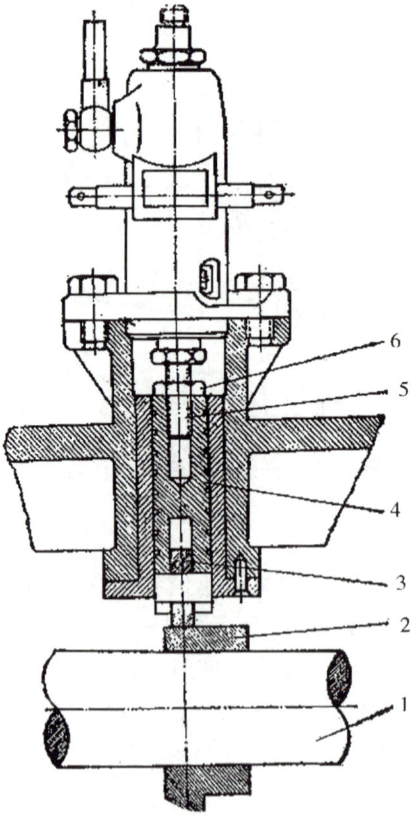

图 2-63　喷油泵正时调整

1—凸轮轴；2—凸轮；3—滚轮；4—顶头；5—顶头螺栓；6—锁紧螺母

(2)较大的调整

当喷油时间与规定数值相差较大时,可采用调节凸轮与凸轮轴的相对位置。调整如图2-64所示,将喷油泵凸轮的固定销7和锁紧螺母4松开(对于凸轮过盈配合在凸轮轴上的,用高压手动油泵向凸轮内孔泵油,使凸轮内孔胀大,便于调整),可沿轴线脱开凸轮进行调整。若是凸轮沿着凸轮轴工作转向向前转动,可使喷油时间提前;沿着与凸轮轴工作转向的反向转动,可以使喷油时间滞后。调整合适后,将凸轮固定螺栓拧紧,最后再复查一下,直到符合要求为止。

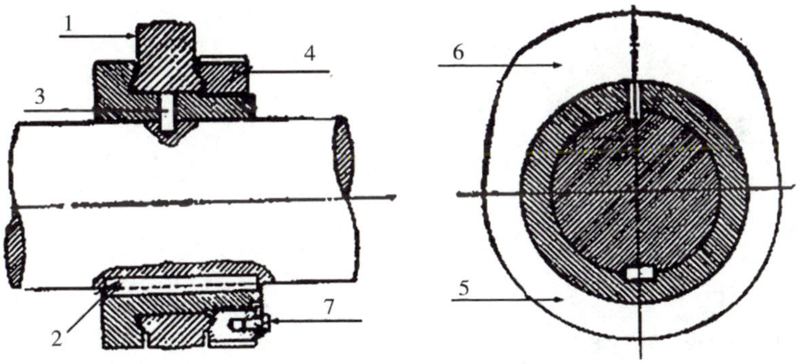

图2-64　喷油泵正时调整

1—接合器;2—键;3—销钉;4—锁紧螺母;5、6—凸轮;7—固定销

3.喷油泵供油零位的调整

喷油泵经过拆装后,其控制油量的齿条位置可能变化,与总调油杆连接后,各缸的供油位置也会不同,这将影响起动、停车和各缸供油的均匀性,所以喷油泵总装后应进行喷油泵的零位的调整。零位调整就是当操纵手柄拉到停车位置时,所有缸都能停止供油,以确保停车的可靠性。

第十节　喷油器的拆装与检修

（本节内容适用于：750 kW 以上船舶大管轮、未满 750 kW 船舶大管轮、750 kW 以上船舶二/三管轮、未满 750 kW 船舶二/三管轮、750 kW 以上船舶值班机工以及未满 750 kW 船舶值班机工。）

一、实操内容与要求

1. 实操内容

（1）喷油器的解体。
（2）针阀偶件的检查与检修。
（3）喷油器的组装。
（4）喷油器启阀压力的调整。
（5）喷油器密封性检验与雾化实验。

2. 实操要求

能够对多孔闭式喷油器分解、密封性检验、启阀压力调整。

二、拆装设备介绍

喷油器是船舶柴油机燃油系统中的关键部件，负责将高压燃油以雾化状态喷入燃烧室，以确保燃油与空气充分混合，提高燃烧效率。其性能直接影响柴油机的燃烧质量、经济性及排放特性。

船舶柴油机喷油器主要由喷油嘴、针阀、喷孔、弹簧、阀体等组成。其工作过程如下：

1. 燃油加压：高压燃油由喷油泵输送至喷油器。

2. 针阀开启：当燃油压力超过启阀压力时，克服弹簧力推动针阀上移，燃油通过喷孔雾化喷入燃烧室。

3. 燃油喷射：燃油被雾化成细小颗粒，与空气充分混合，提高燃烧效率。

4. 针阀关闭：燃油压力下降后，弹簧推动针阀复位，喷油结束，防止燃油滴漏。

根据结构和工作方式，船舶柴油机喷油器可分为以下几类：

①单孔喷油器：喷孔较大，适用于小功率柴油机。
②多孔喷油器：多个喷孔可使燃油雾化更均匀，提高燃烧效率，适用于中高速柴油机。
③涡流室喷油器：主要用于预燃室或涡流室柴油机，有助于燃油与空气混合。
④直喷式喷油器：直接将燃油喷入燃烧室，提高燃油利用率，常用于大型低速船舶柴油机。

喷油器长期运行后可能出现积碳、针阀卡滞、喷孔堵塞等问题，影响燃油雾化效果。常见维护方法包括：

①定期清洗喷油嘴，去除积碳和污垢；

②检查喷雾形状和喷油压力，确保喷油均匀；

③更换损坏的喷油嘴或针阀，防止燃油滴漏或喷射不佳。

本任务中所拆装的喷油器结构如图 2-65 所示。

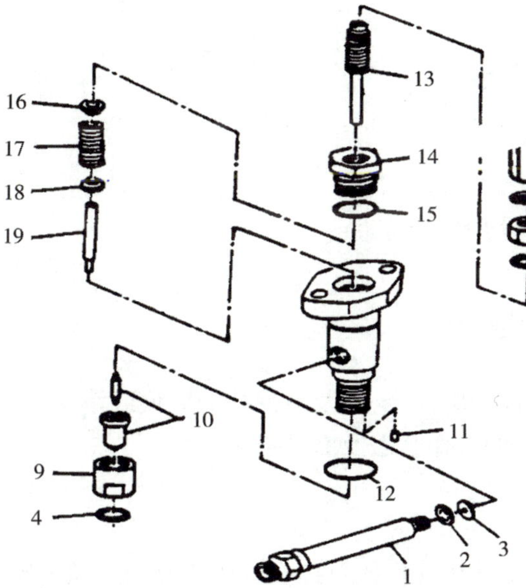

图 2-65　喷油器零件图

1—接头；2，3—填料；4—铜垫；5—调节螺钉；6—铜垫；7—调节螺钉螺母；8—铜垫；9—喷嘴套螺母；10—喷嘴总成；11—平销；12—O 形密封圈；13—弹簧调整螺钉；14—螺母；15—铜垫；16—喷嘴弹簧固定器；17—喷嘴弹簧；18—座；19—杆

三、喷油器的解体

1. 分解前做好喷油器外表面的清洁。

2. 将喷油器正置夹在虎钳上，需要注意的是不要夹在喷油器本体的密封面上，正确方法如图 2-66 所示（图中为倒置）。

3. 旋松调压弹簧的锁紧螺帽，放松调压弹簧。

4. 依次取下调压弹簧螺栓、弹簧座、弹簧、下弹簧座及顶杆等零部件，各零部件如图 2-65 所示。

5. 将喷油器倒置夹在虎钳上，用专用扳手旋针阀体锁紧帽，取出喷嘴和针阀体偶件，如图 2-67 所示。

6. 如果针阀体与针阀咬住，切不可硬拔，应放入柴油或煤油中经长时间浸泡后再拔出，针阀体与针阀应配对放置。

7. 将拆下的零件整齐放在干净的油盘中。

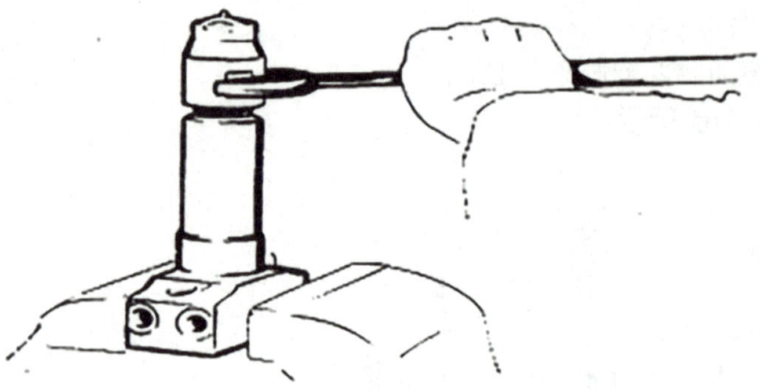

图 2-66　喷油器拆卸方法

图 2-67　取出针阀体

四、针阀偶件的检查与检修

喷油器主要包括针阀偶件的磨损、卡死及喷油孔的磨损或堵塞。因此，在对喷油器进行拆解与检查时，应重点关注针阀的工作状态及磨损情况。

1.针阀偶件磨损检查

针阀偶件的磨损部位主要发生在针阀锥面和针阀体座面上及针阀偶件圆柱配合面上。

(1)密封锥面的磨损

针阀与针阀座的密封锥面磨损后使配合锥面的环形密封带变宽和针阀下沉(环形密封带一般只有 0.3~0.5 mm)及针阀体座面密封环带上产生裂纹、沟痕、塌陷等损伤。针阀偶件锥面可用机油或少量氧化铬互研。

(2)圆柱配合面的磨损

针阀与针阀圆柱的配合面易产生磨损。磨损后使配合间隙增大，漏油量增加，影响喷油压力和雾化质量。

针阀磨损后表面有明显的轴向划痕，并集中于针阀的下端。针阀还可能因机械杂质或变形引起卡滞或咬死等事故。如针阀圆柱形导向配合面不够光滑，可用机油研磨。

(3)针阀体端面检查

针阀体端面的检查一般采用目视检查与光学放大镜辅助观察相结合的方法，主要检查其端面是否有烧蚀、划伤、腐蚀、压痕或碳垢沉积等缺陷。若发现端面不平整或密封性下降，可使用细粒度研磨膏在平板上进行轻微研磨，确保其光洁度和平整度，以恢复密封性能。

2.喷孔的检查

针阀体上的喷孔在高压燃油冲刷下，使孔径增大、形状失圆，影响燃油的雾化，可通过喷油器雾化试验进行检查。

由于针阀密封不良以及高温燃气的作用，喷孔周围出现积碳和喷油孔堵塞的现象。在拆检时，一般采用钢丝刷清除积碳；当喷孔堵塞时，可使用直径比喷孔小 0.15～0.20 mm 的通针或钻头进行疏通，如图 2-68 所示。

3.偶件的滑动性试验

针阀偶件的配合情况也可采用滑动性试验来检查。将清洁干净的针阀放入针阀体中，抽出全长的 1/3，并使偶件倾斜 45°，如图 2-69 所示。若有卡滞现象，应用滑油进行互研。

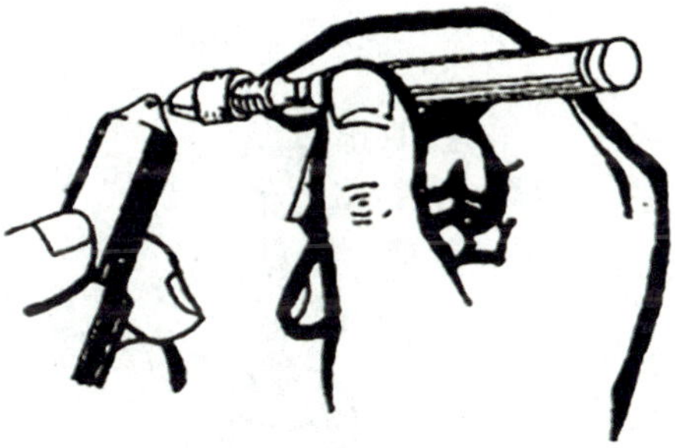

图 2-68 喷孔通孔工具

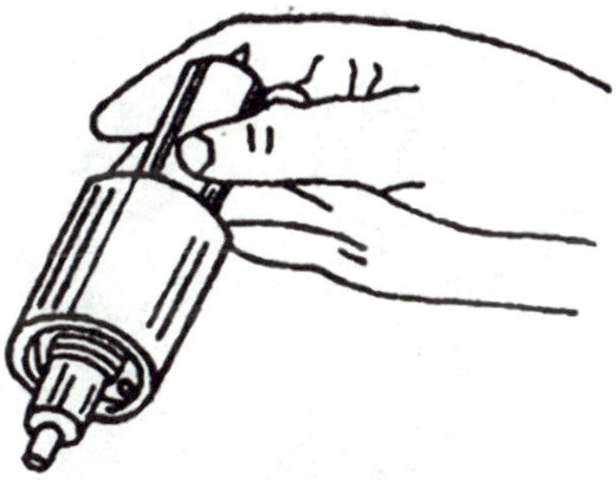

图 2-69　针阀偶件滑动性试验

五、喷油器的组装

喷油器经外观检查，所有缺陷均已消除，即可进行喷油器的装配。在装配过程中应注意以下几点：

1. 要保持高度清洁，特别是针阀与针阀体的结合面需要绝对干净，以防止密封不良。使用清洁的轻柴油涂抹针阀后，将其插入阀体进行周向和轴向滑动试验，如试验结果表明其运动灵活自如，则可继续进行装配。
2. 将喷油器倒置，将喷油嘴装在喷油器本体，按规定预紧力上紧锁紧螺母。
3. 再将喷油器体正置，按程序装配顶杆、调压弹簧等其他零部件。
4. 装配好后，应检查喷油压力和雾化质量。
5. 若要更换喷油嘴，也应注意先将调压螺丝拧松，装上喷油嘴后，再按规定调整喷油压力。

六、喷油器启阀压力的调整

喷油器启阀压力是指喷油器开始喷油所需的最低压力，这一参数通常对燃油喷射系统的性能和发动机的燃烧过程具有重要影响。正确的启阀压力设置有助于提高喷油器的雾化效果，优化燃烧效率，降低排放并减少发动机的积碳问题。以下为喷油器启阀压力调整的标准程序。

1.准备工作

（1）检查试验台系统：在进行启阀压力调整前，必须检查雾化试验台的所有组件是否正常,包括泵油系统、喷油器安装接口、压力调节装置等。确保没有泄漏现象,油路畅通。

(2)安装喷油器:如图 2-70 左图所示,将喷油器牢固地安装到雾化试验台的测试位置上。安装时,确保喷油器与测试台连接紧密,避免因连接不良导致的压力不稳定或测试结果误差。

(3)放气:进行快速泵油放气操作,排除系统内的空气。对于带有放气螺钉的系统,应松开放气螺钉,起动泵油系统以去除系统内的空气,直到油流平稳无气泡。然后锁紧放气螺钉,以防泄漏。

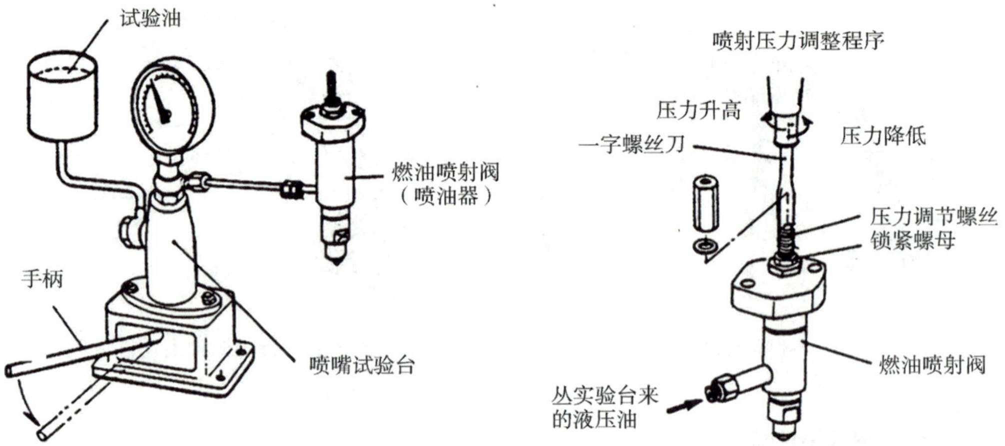

图 2-70 喷油器启阀压力调整

2.启阀压力调整

(1)泵油测试:在确保系统内没有空气后,开始以每分钟 8~10 次的速度泵油,模拟喷油器的工作状态。通过连续泵油,可以稳定系统压力并为启阀压力调整做好准备。

(2)压力调节:如图 2-70 右图所示,调整喷油器的启阀压力调节螺丝,通常该调节螺丝位于喷油器的顶部。根据喷油器的规格要求,缓慢增加泵油压力,直到达到设定的启阀压力。此时,喷油器应开始喷油。启阀压力应根据喷油器的类型和测试要求进行调整。

(3)锁紧调节:调整完成后,须锁紧压力调节阀,以保持设置的启阀压力不变。在此过程中,应反复检查压力表的读数,确保压力稳定。柴油机各缸喷油器的启阀压力应尽量调整一致,各缸相差不得超过 0.25 MPa。

3.复查与验证

(1)复查启阀压力:调整完启阀压力后,停止泵油操作,检查喷油器是否按照设定压力起动喷油。通过压力表读取启阀压力值,确认压力是否符合设定范围。如果未达到预期值,应重新调整压力调节阀。

(2)重复调整与验证:如有需要,可以多次调整压力调节阀并验证启阀压力,直到喷油器的启阀压力稳定且符合技术要求。

七、喷油器密封性检验与雾化实验

喷油器装配后应在专用试验台上进行雾化试验和密封性试验，整个装置依旧按照图 2-70 左图所示进行。要求如下：

1. 检查针阀的密封性。缓慢泵油，使油压升至 2 MPa，观察其油压下降速度，反复进行几次。如下降速度快则说明针阀与针阀体之间间隙偏大、密封不良，产生漏油。

2. 按每分钟 10 次的速度泵油，使油压缓慢上升，直到喷油为止，然后察看喷嘴附近是否有漏油现象，喷嘴滴油是针阀与阀座密封不良所致。

3. 一般以 40~80 次/min 速度泵油，观察喷油器雾化情况，雾化的形状、分布等检查喷油器雾化质量均应符合规定要求。当雾化分布均匀，没有局部密集；喷油迅速、利落、发出清脆喷油声；连续喷油后无滴油现象则雾化合格。

4. 检查喷孔变形或堵塞。在喷油嘴下方放一张白纸，根据每个喷孔油迹的形状、大小，判断喷孔变形和堵塞情况。设喷孔距白纸的垂直距离为 h，每个喷孔油迹中心连成的圆形直径为 d，则可以计算出喷油器喷雾锥角 $\alpha = 2arctan\dfrac{d}{2h}$，如图 2-71 所示。

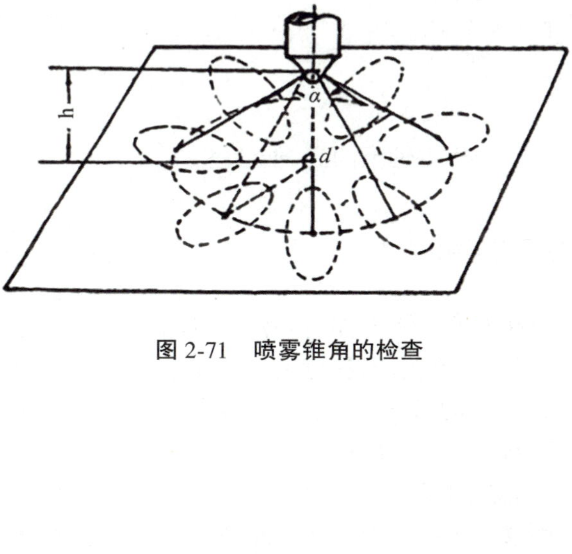

图 2-71　喷雾锥角的检查

第十一节　曲轴臂距差的测量

（本节内容适用于：750 kW 以上船舶大管轮、未满 750 kW 船舶大管轮、750 kW 以上船舶二/三管轮以及未满 750 kW 船舶二/三管轮。）

一、实操内容与要求

1.实操内容

(1)臂距表的安装。
(2)曲轴臂距差的测量。
(3)曲轴臂距差的计算。
(4)曲轴中心线状态图的绘制。
(5)主轴承的高、低状态的分析。

2.实操要求

能够对曲轴臂距差测量、分析主轴承的高、低状态。

二、测量曲轴臂距差的目的

曲轴是个结构复杂、刚性差的重要零件，容易产生弯曲变形，即便自重也可产生弯曲变形。新造柴油机曲轴安装在机座主轴承上，因各道主轴承孔中心在同一直线上，坐落于主轴承上的曲轴中心线也是直线状态。柴油机运转过程中，各道主轴承由于磨损不均，容易引起曲轴整体或局部发生变形。在曲轴旋转过程中，曲柄臂产生微小的张合变化，此时曲柄销颈与曲柄臂连接处的过渡圆角部位会受到交变拉压力的反复作用，形成交变应力。曲轴长期运转，在无数次的重复交变载荷作用下，极易产生疲劳裂纹甚至断裂。微小变形越严重，曲轴的弯曲变形程度越大，附加弯曲应力也越大，一旦超过材料的许用应力，曲轴将发生裂纹甚至断裂。

测量曲轴臂距差的目的，是为了掌握和控制曲轴的变形程度及主轴承的磨损情况，预防曲轴发生疲劳破坏。因此，在轮机管理中，轮机员应高度重视主、副柴油机曲轴臂距差的变化，按规定定期检测和分析，确保其控制在说明书或规范所规定的正常范围内，也就是说，要将曲轴变形控制在弹性变形范围内，避免发生塑性变形。由此可见，曲轴臂距差与曲轴使用寿命密切相关。

曲轴臂距差的大小表示了各主轴承相互之间的同轴度和主轴承与被连接轴轴承之间的同轴度，如果测得的值超出许可范围，必须重新进行校正。造成臂距差的原因有：(1)各挡主轴承不均匀磨损；(2)从动轴错位；(3)基座紧固不当；(4)基座变形；(5)船体变形等。

曲轴刚性较差，若机座变形或各道主轴承磨损后高低不等，均会引起曲轴的弹性弯曲变形,使曲轴产生附加弯曲应力。变形严重时,将会造成曲轴的断裂。为此,通过测量曲柄臂距的变化,了解曲轴变形的程度和原因,从而可采取措施控制曲轴的变形。每当主轴承发生烧坏,活塞拉缸等事故后,都应检查曲轴臂距差。

三、测量环境

为了测量准确,应尽可能排除影响测量精度的因素,准确反映曲轴轴线状态,要求在以下条件下进行测量:

1. 在柴油机冷态下进行测量:柴油机冷态是指柴油机停机后的状态。若在柴油机刚停机后立即测量,因其处于热态,会导致测量的臂距差值不准确。温度在逐渐下降时,测量时所受温度影响不同,会使测量值不稳定。而在冷态下,即环境温度下,测量值相对准确、稳定,也便于操作。

2. 夜间、清晨或阴雨天测量:海水、气温等环境因素会直接影响船体变形,进而影响曲轴臂距差的测量值。为避免太阳暴晒导致船体温升影响测量,应尽量选择夜间、清晨或阴雨天等气温变化小的时段进行测量。

3. 船舶装载条件相同的条件下进行测量:船舶的装载状态会直接影响船体形变,例如空载与满载状态下的曲轴臂距差存在差异。为便于比较,通常应在相同的装载条件下进行测量。新造船舶和修理船舶一般都在空载条件下测量臂距差。

四、臂距表的安装

1. 校验表的灵敏性和准确性,保证正确读数。

2. 将需测量臂距差的曲柄销正车方向盘至下止点后 15°~30°的位置。

3. 测量点通常规定在距曲柄销中线为 S+D/2 处,S 为活塞行程(mm),D 为主轴直径(mm)。在曲柄臂的内侧找到两曲柄臂的冲孔并清洁,选择测量杆,将表装入冲孔中预紧 1~2 mm 后锁紧,确认装表牢固,如图 2-72 所示。

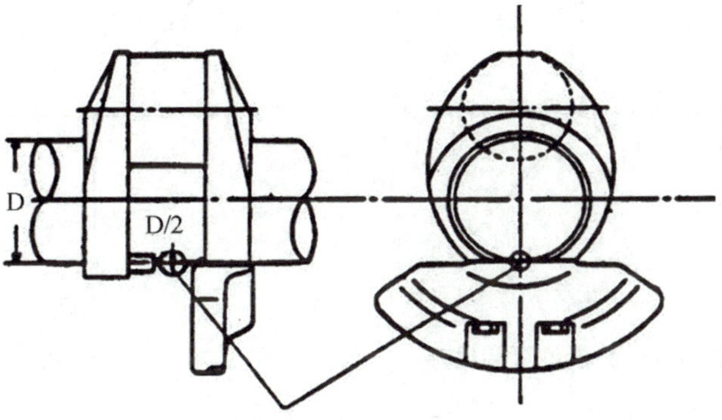

图 2-72　臂距表的安装位置

4. 测量曲轴臂距差时,应使用专用的臂距表,其两测杆的长度可根据曲柄臂距进行选择和调整。安装时，量杆长度应略大于实际臂距，使仪表产生适当的压缩量，并将指针调至“0”值。为保证测量精度，应在规定的曲柄销位置进行测量，图 2-73 所示为曲柄销在测量臂距差时应处于的典型角位置。

5. 周向转动表体观察表针有无摆动（对重锤式而言），若有摆动应查明原因并消除，转动表盘使大指针调零。

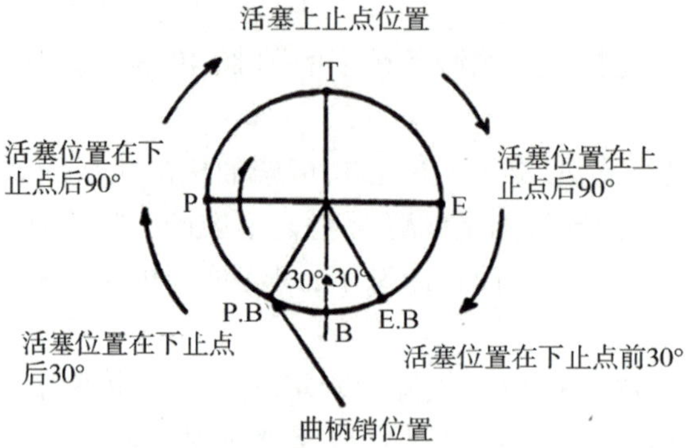

图 2-73 测量臂距差时曲柄销的位置

五、曲轴臂距差测量

活塞运动装置若已安装在曲轴上，曲柄销转到下止点时，连杆会碰掉臂距表，为此可用曲柄销在下止点前后 15°位置的臂距差值（即 165°、195°两个位置）的平均值作为下止点的臂距差。这样，需要在曲柄销位于 0°（上止点）、90°、165°、195°、270°五个位置上进行测量。为了测量准确，应在曲轴一转中完成全部测量。因此，应将曲柄销至下止点后 15°，即从 195°位置开始测量，此时记录为 0，如图 2-74 所示。为了现场记录方便，也可以臂距表所在位置为准记录读数，如图 2-75 所示。

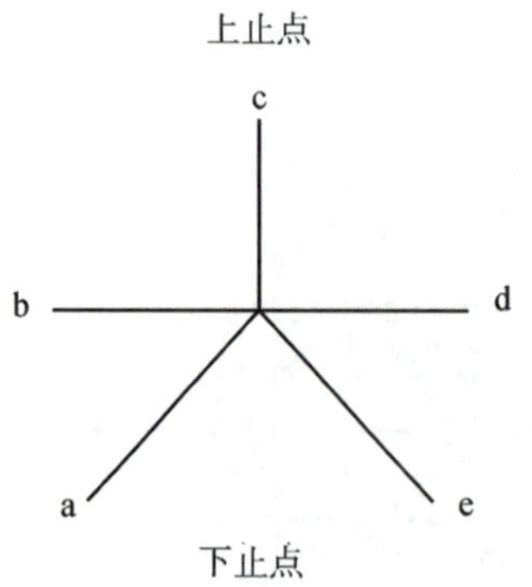

图 2-74 测量位置和顺序

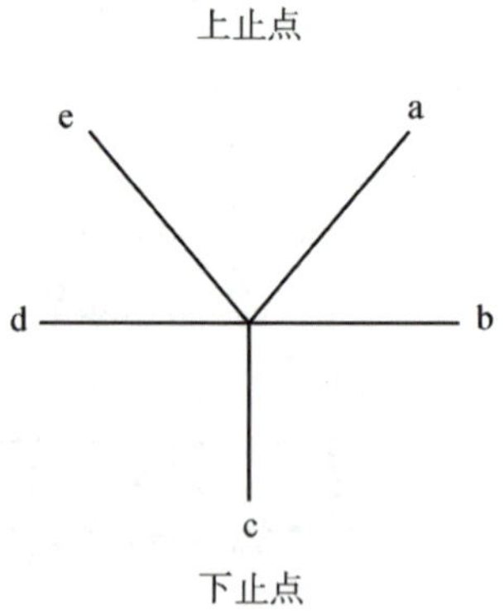

图 2-75 臂距值的记录方法

六、曲轴臂距差的计算

曲柄销分别在上、下止点位置和左、右位置时曲柄臂距之差称为臂距差或拐挡差。曲柄在垂直方向的臂距差和水平方向的臂距差分别为：

$$\triangle_{垂直}=L_{上}-L_{下}$$

$$\triangle_{水平}=L_{左}-L_{右}$$

其中，$L_{上}$，$L_{下}$，$L_{左}$，$L_{右}$分别为曲柄销在上止点、下止点、左、右水平位置时的臂距值，曲柄销在下止点时的臂距值为下止点前、后臂距值的平均值。

$\triangle_{垂直}=L_{上}-L_{下}>0$ 时，定为“+”值，说明该曲柄所在的两个主轴承偏低，曲轴轴线呈下塌状。

$\triangle_{垂直}=L_{上}-L_{下}<0$ 时，定为“-”值，说明该曲柄所在的两个主轴承偏高，曲轴轴线呈上拱状。

同样又可规定$\triangle_{水平}=L_{左}-L_{右}>0$ 时，为“+”，$\triangle_{水平}=L_{左}-L_{右}$时，为“-”。

七、曲轴中心线状态图的绘制

1. 将气缸中心距按比例缩小，画出各缸曲柄都向上的曲轴示意图。

2. 在示意图下方作横坐标轴与曲轴轴线平行，取横坐标为各缸中心线所在位置Ⅰ、Ⅱ、Ⅲ、Ⅳ、Ⅴ……和各道主轴承中心线1、2、3、4、5……。

3. 纵坐标表示臂距差值，$\triangle_{垂直}<0$ 则主轴承偏高，故把正臂距差值取在横轴之下，负臂距差值取在横轴之上。

4. 把各缸的臂距差值标于相应气缸中心线上，连接气缸中心线上各点，所得折线便近似表示出垂直平面内的曲轴轴线状态。折线上对应于各主轴承位置点的纵坐标，则表示各主轴承的相对高度。

5. 首、尾两道主轴承的位置可用经验法确定。

图 2-76 为绘制得到的曲轴中心线状态图。

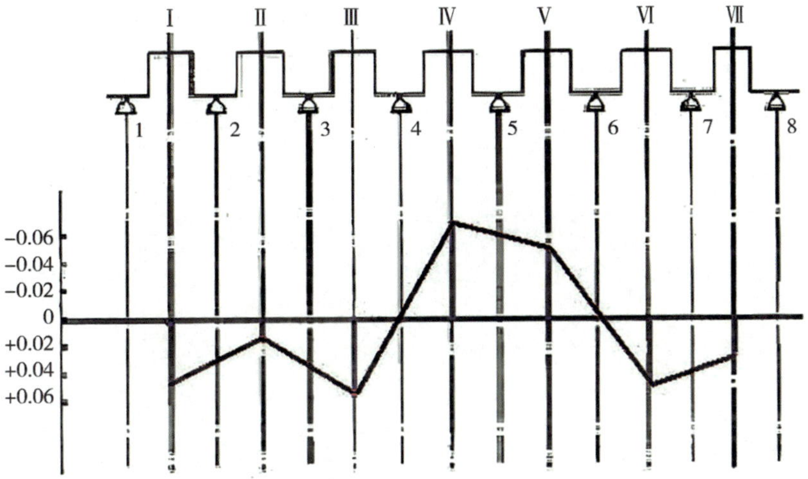

图 2-76　曲轴中心线状态图（单位：mm）

八、主轴承高低状态的分析

从图 2-77(a)可知,当曲柄所在的两个主轴承低于相邻的主轴承时,曲柄位于上止点,两臂向外张开,臂距增大;曲柄转至下止点,两臂向内收拢,臂距缩小,此时曲轴轴线呈下塌状。当曲柄的两个主轴承高于相邻的主轴承时,曲轴轴线呈上拱状,曲柄臂距会出现如图 2-77(b)的情况。

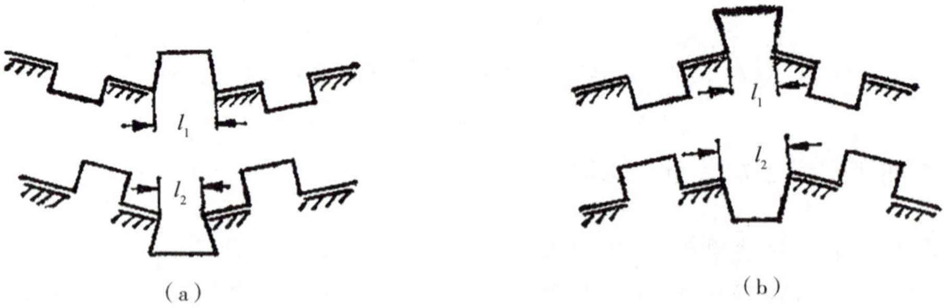

图 2-77 主轴承高低对曲柄变形的影响

1. $\triangle_{垂直}>0$,表示该曲柄轴线呈塌腰状,两个轴承位置低于相邻轴承。
2. $\triangle_{垂直}<0$,表示该曲柄轴线呈拱腰状,两个轴承位置高于相邻轴承。
3. $\triangle_{水平}>0$,表示该曲柄轴线呈右弧状,两个轴承偏右。
4. $\triangle_{水平}<0$,表示该曲柄轴线呈左弧状,两个轴承偏左。

第十二节　气缸盖附件的拆装与检修

（本节内容适用于：750 kW 以上船舶大管轮、未满 750 kW 船舶大管轮、750 kW 以上船舶二/三管轮以及未满 750 kW 船舶二/三管轮。）

一、实操内容与要求

1.实操内容

(1)圆盘式单气路空气分配器的拆装与检修。
(2)柱塞单气路空气分配器的拆装与检修。
(3)气缸起动阀的拆装与检修。
(4)气缸安全阀的拆装与检修。
(5)示功阀的拆装与检修。

2.实操要求

能够对空气分配器、气缸起动阀、气缸安全阀和示功阀进行拆装与检修。

二、圆盘式单气路空气分配器的拆装与检修

船舶柴油机的圆盘式单气路空气分配器是气缸进气系统的重要组件，其主要作用是按照柴油机的工作循环规律，在适当的时机向相应气缸输送压缩空气。为了确保柴油机的正常运行，需要定期对空气分配器进行检查、拆装与检修。以下详细阐述圆盘式单气路空气分配器的拆卸、清洁、研磨和装复步骤。

1.空气分配器的拆卸

在拆卸空气分配器前，首先应做好相应的安全措施，确保柴油机处于停机状态，并具备适当的通风条件。具体拆卸步骤如下：

(1)标记相互连接部位

①使用标记笔或其他合适的方法，对空气分配器与柴油机相连部位进行标记，以便后续装复时能够准确复位。

②重点标记空气管路连接点，确保装复时不发生错接情况。

(2)拆下空气连接管

①先关闭相关空气阀门，确保管道内无压力。

②使用适当的工具（如开口扳手、套筒扳手）依次拆卸空气连接管，并注意防止密封垫片

丢失或损坏。

(3)拆除空气分配器

①松开空气分配器固定螺栓,注意均匀卸力,防止零件损坏。

②轻轻撬动空气分配器,使其脱离安装位置,并缓慢取出,避免损坏密封面。

2.清洁与检查

拆卸后,应对空气分配器进行全面的清洁和检查,以确保其结构完整,功能正常。

(1)清洁

①使用专用清洗剂(如柴油或煤油)清洗空气分配器内部及外部表面,去除积碳、油污和杂质。

②重点清理阀盘密封面、空气通道及空气出口,确保无残留杂质。

(2)检查

①结构检查:检查空气分配器的各部件是否完好,有无裂纹、磨损或变形。

②工作原理掌握:理解空气分配器的工作方式,明确其进气、排气时序及阀盘的运动规律,以便诊断可能存在的故障。

③密封面检查:检查阀盘密封面是否有划痕、凹坑或其他影响密封性能的缺陷。

3.研磨阀盘密封面

如检查发现阀盘密封面存在划痕、凹陷等缺陷,则需要进行研磨,以恢复其密封性能。

(1)研磨步骤

①在平板上铺设研磨砂,并采用“8”字形轨迹对阀盘密封面进行研磨。

②研磨顺序如下:先使用粗研磨砂,去除较大的划痕和不平整;然后使用细研磨砂,进一步提高密封面的光洁度。最后使用滑油进行抛光,以确保密封面的光滑度和良好的贴合性。

(2)研磨注意事项

①保持研磨板面的平整,防止局部过度研磨。

②研磨时施加均匀压力,避免导致密封面不均匀磨损。

4.装复空气分配器

经过清洁和必要的修复后,空气分配器应按正确顺序装复。

(1)安装阀盘

按照标记的对位标志,将阀盘正确安装回空气分配器,并确保阀孔对准处于膨胀冲程的气缸。

(2)连接空气管路

依次将空气管路与空气分配器连接,并确保各管路连接紧密,不发生漏气现象。

5.检查与调试

(1)复查所有紧固件是否安装牢固,连接管路是否正确。

(2)试验空气分配器的工作情况,检查各气缸是否能正常进气。

(3)在柴油机试运转过程中,观察有无异常噪声、泄漏或进气不畅等情况,确保空气分配器恢复至正常工作状态。

三、柱塞单气路空气分配器的拆装与检修

柱塞式单气路空气分配器是起动系统中的关键部件，其主要功能是按照柴油机的起动顺序，依次向各气缸输送高压空气，从而推动活塞完成起动过程。为了确保柴油机能够稳定起动，需要定期对空气分配器进行检查、拆装和维护。以下将详细介绍柱塞单气路空气分配器的拆卸、清洁、检查、装复及试验过程。

1.拆卸空气分配器

(1)在拆卸空气分配器之前，首先需要确保柴油机完全停机，并关闭起动空气供给阀，以防止高压空气意外泄漏。同时，应打开空气管路上的排气阀，彻底释放管道内的残余空气压力，确保拆卸过程中安全无危险。

(2)随后，使用标记笔在空气分配器的各连接部位做好标记，特别是进气口、出气口以及各空气管路接口，以便后续装复时能够准确恢复原位。

(3)做好标记后，使用适当的工具均匀松开空气分配器的固定螺栓，并逐步拆卸连接的空气管路，在此过程中应注意避免损坏密封垫片或丢失小零件。

(4)最后，轻轻撬动空气分配器，使其与柴油机分离，并小心地将其取出，放置在干净的工作台上，以便进行进一步的清洁和检查。

2.清洁与检查

在空气分配器拆卸完成后，需要对其各个部件进行全面清洁，并检查其工作状态。

(1)首先，使用煤油或柴油作为清洗液，对空气分配器的外壳、内部通道以及各个零部件进行彻底清洁，去除积碳、油污及其他杂质。然后，使用压缩空气吹扫空气通道，确保内部无残留污垢可能影响气流通畅。

(2)清洁完成后，拆卸空气分配器的关键部件，包括弹簧、滑阀和滑套，并逐一检查其是否存在磨损、变形或卡滞现象。对于弹簧，需要观察其弹性是否正常，是否存在疲劳变形或断裂，如有损坏应及时更换。对于滑阀，需要检查其表面是否光滑无划痕，确保其在滑套内能够顺畅滑动，同时检查滑阀与滑套的配合间隙，避免因过度磨损导致泄漏或卡死。

(3)拆卸后，须掌握空气分配器的结构及工作原理，明确其各部件的功能及协同作用，以便准确判断故障原因并采取相应的维修措施。空气分配器的工作原理是基于柱塞(滑阀)的往复运动，通过弹簧的作用，使滑阀在适当的时刻打开或关闭进气通道，确保压缩空气能够按照设定的时间顺序输送至各气缸，实现柴油机的顺利起动。

3.空气分配器的装复

在空气分配器的所有部件清洁、检查并确认完好后，需要按照正确的步骤进行装复。

(1)首先，将滑阀、滑套和弹簧按照原始安装顺序逐一装回，并确保它们之间的配合紧密，滑阀在滑套内能够平稳运动无卡滞，同时弹簧的回弹力正常，无异常变形。

(2)然后，将空气分配器对准柴油机的安装位置，并按照拆卸时的标记将其正确复位，使

用扭矩扳手均匀拧紧固定螺栓，确保空气分配器稳固安装，避免因受力不均导致密封面变形或连接不良。

(3)依次连接空气管路，并检查密封垫片是否完好无损，如有老化或损坏，应更换新的密封垫片，以防止空气泄漏。空气管路连接完成后，使用适量的润滑脂涂抹在关键部位，以降低运动部件的磨损，提高其工作寿命。

4.检查与试验

在空气分配器装复完成后，需要对其进行检查和试验，以确保其能够正常工作。

(1)首先，复查所有紧固件是否牢固，空气管路的连接是否正确无误，各接头是否密封良好无泄漏。

(2)随后，打开起动空气供给阀，并在低压条件下试验空气分配器的工作状态，观察其是否能够按照正确的时间顺序向各气缸供气，是否存在气流不畅或异常泄漏的情况。如发现任何问题，应立即停机检查，并采取相应的修正措施。

(3)在试验正常后，可以尝试起动柴油机，观察其起动过程是否顺利，确保空气分配器的工作恢复正常。在整个试验过程中，应密切关注空气分配器的运行情况，确保其能够稳定可靠地执行起动任务。

四、气缸起动阀的拆装与检修

气缸起动阀是船舶柴油机起动系统中的关键部件，其主要作用是按照柴油机起动顺序，在适当的时刻向相应气缸输送高压空气，从而推动活塞完成起动过程，图 2-78 为 6300 型柴油机气缸起动阀的结构图。由于起动阀在运行过程中承受高压气流的冲击，并经历频繁的开闭动作，因此必须定期进行拆装检修，以确保其密封性能良好，动作灵活可靠。

1.拆卸气缸起动阀

(1)在拆卸气缸起动阀之前，首先应确保柴油机完全停机，并关闭起动空气供给系统，以避免高压空气意外释放造成危险。打开空气管路上的排气阀，彻底释放管道内的残余空气压力，并确保作业区域无高压空气残留。

(2)在确保安全的前提下，使用合适的扳手或工具依次拆下与气缸起动阀相连的空气管路接头，拆卸过程中应小心操作，避免损坏密封垫片或管接头螺纹。

(3)空气管路拆除后，使用扭矩扳手均匀松开起动阀的锁紧螺母，并按照对角线顺序逐步卸下，以防止受力不均导致零件变形。

(4)待螺栓完全松开后，轻轻撬动气缸起动阀，使其与气缸盖分离，并缓慢取下，放置在干净的工作台上，准备进行下一步解体与清洁操作。

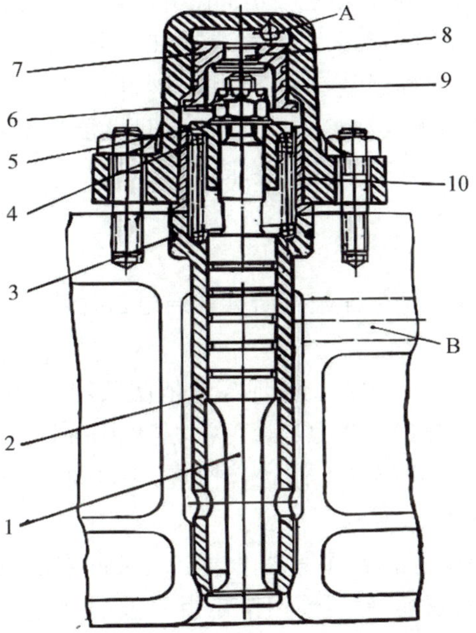

图 2-78　6300 柴油机气缸起动阀结构图

1—起动阀；2—阀体；3—密封胶圈；4—弹簧；5—弹簧座；6—螺母；7—活塞；8—垫块；9—阀盖；10—衬套；A—控制空气进气道；B—压缩空气进气道

2.解体与清洁

在气缸起动阀拆卸完成后，需要对其内部阀件进行解体和清洁，以确保各零件的工作状态良好。

（1）首先，使用适当的工具拆解阀件，包括阀盘、阀座、弹簧、阀杆以及密封圈等部件，并按照顺序放置，以便后续装配时能正确复位。在拆解过程中，应特别注意不要损坏弹簧的弹性结构，以及不要使密封面受到划伤。

（2）随后，使用煤油或柴油作为清洗介质，对拆解下来的各零件进行彻底清洗，去除表面的积碳、油污和杂质，必要时可使用铜刷或超声波清洗设备提高清洁效果。

（3）对于内部空气通道，可以使用压缩空气进行吹扫，以确保内部无残留污物可能影响气流通畅。

（4）在清洁完毕后，将所有零件放置在干燥的环境中，并仔细检查各部件是否存在异常磨损、裂纹或变形，如发现问题应及时更换或修复，以保证气缸起动阀的正常工作状态。

3.研磨与密封性检查

如果检查发现气缸起动阀的阀盘或阀座的密封面存在划痕、凹坑或磨损情况，需要进行研磨修复，以恢复其密封性能。

（1）首先，在平板上均匀撒上粗研磨砂，将阀盘与阀座进行“8”字形研磨，以去除较深的划痕和表面不平整。

（2）粗研磨后，使用细研磨砂继续研磨，提高密封面的光洁度，确保其表面均匀无可见缺陷。

(3)最后,使用滑油进行抛光处理,以进一步优化密封面的贴合度,并减少磨损,提高使用寿命。

(4)在研磨完成后,需要进行密封性检查,常用的方法是煤油渗透法。具体操作步骤如下,将研磨好的阀盘与阀座密封面组装在一起,并在阀盘上部注入适量煤油,观察煤油是否渗透到下方。如果在一定时间内无煤油渗漏,则说明密封性能良好;如果发现渗漏,则需要重新研磨或更换相关部件,以确保密封效果达到要求。

4.组装与装复

在确保所有零件清洁完好、密封面经过研磨并通过密封性测试后,需要按照正确的顺序进行装配。

(1)首先,将阀座、阀盘、弹簧、阀杆及其他零件依次装回,并确保各部件配合紧密,运动灵活无卡滞。对于弹簧,需要检查其回弹力是否正常,避免因弹性不足导致阀门关闭不严。

(2)组装完成后,需要进行阀门的工作状态检查,手动推动阀杆,观察其开启和关闭是否顺畅,如发现异常,应重新调整或修复。

(3)确认气缸起动阀工作正常后,将其对准气缸盖上的安装位置,并按照之前的标记正确安装。安装时,应先手动拧紧螺栓,然后使用扭矩扳手按照规定的力矩均匀拧紧,并遵循对角线顺序拧紧,以避免阀体受力不均影响密封性能。随后,按照之前的标记正确连接空气管路,并检查所有管接头是否牢固密封。

五、气缸安全阀的拆装与检修

气缸安全阀是船舶柴油机的重要保护装置,典型结构如图 2-79 所示,其主要作用是在柴油机工作过程中,当气缸内压力超过设定值时,自动开启泄放压力,防止气缸过载或损坏,从而确保柴油机的安全运行。由于安全阀在高温高压环境下长期工作,其密封面和弹簧等部件容易出现磨损或老化,因此需要定期进行拆装、清洁、检查、维修及校准,以确保其工作可靠性。但需注意的是,气缸安全阀一般由船厂调试完成,一般情况下船员不进行拆装检修。

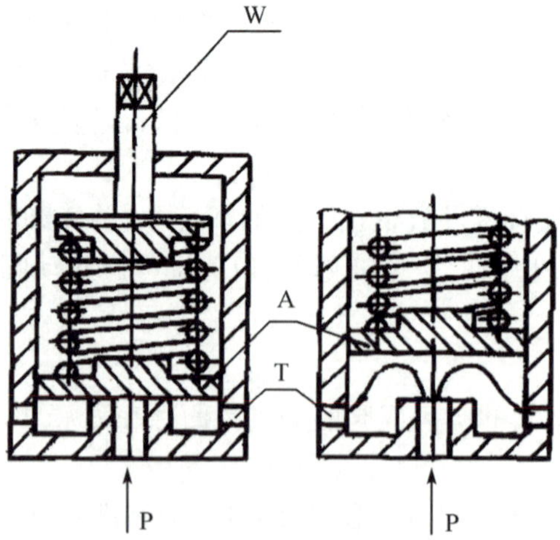

图 2-79 气缸安全阀结构图

A—阀芯;T—排气孔;W—阀杆;P—高压燃气

1.拆卸与清洁

(1)在拆卸气缸安全阀之前,首先应确保柴油机停机,并确认气缸内部无残余压力,以避免拆卸过程中发生意外泄放。

(2)在确认安全后,使用适当的工具拆卸安全阀的连接螺栓,并缓慢将安全阀从安装座上取下。在拆卸过程中,应特别注意避免损坏阀体及其密封面,并妥善保管拆卸下的密封垫片,以防止丢失。

(3)拆下的安全阀应放置在清洁的工作台上,以防止灰尘或异物进入内部。接下来,使用专用工具对安全阀进行解体,依次拆卸阀盘、阀座、弹簧及其他相关零部件。拆解时应小心操作,避免损坏密封面或弹簧的弹性结构。

(4)所有零件拆卸完毕后,使用煤油或柴油对各部件进行彻底清洗,去除积碳、油污和杂质,同时用压缩空气吹净阀体通道,确保内部无残留污物影响安全阀的正常工作。

2.检查与研磨

清洁后的安全阀需要进行全面的检查,以判断其各部件是否能够继续使用或需要维修更换。

(1)首先,检查阀盘和阀座的密封面是否存在划痕、凹陷或磨损,如发现轻微磨损,可通过研磨修复;如果磨损严重,则可能需要对阀盘进行堆焊修复后再精车加工,以恢复其原始尺寸和密封性能。

(2)研磨时,首先在平板上均匀撒上粗研磨砂,以“8”字形轨迹进行研磨,去除密封面上的较深划痕和不平整处。接着,使用细研磨砂继续研磨,以提高密封面的光洁度和贴合性。最后,使用滑油进行抛光处理,使密封面达到最佳的密封效果。

(3)在研磨完成后,需要对密封性进行检查,通常采用煤油渗透法进行测试。具体方法是将阀盘与阀座密封面装配好后,在阀盘上部注入煤油,观察是否有煤油渗透到下方。如果在一定时间内没有渗漏,则说明密封良好;如果发现渗漏,则需要进一步研磨或修复,以确保密封面具备良好的密封性能。

3.密封性试验与启阀压力调整

在完成研磨和密封性检查后,需要对安全阀进行密封试验和启阀压力调整,以确保其能够在设定压力下正常开启和关闭。

(1)密封性试验通常使用气密性测试设备,通过加压测试来检查阀门在正常工作压力范围内是否存在泄漏。如果发现泄漏,应重新检查阀盘与阀座的贴合情况,并必要时重新研磨或更换相关零件。

(2)启阀压力调整是确保安全阀在适当的压力下动作的关键步骤。调整时,通过旋转调节螺母或调节螺杆来改变弹簧的预紧力,从而调节安全阀的开启压力。在调整过程中,应使用标准压力测试设备,对安全阀进行压力测试,并逐步调整弹簧的预紧力,直至安全阀在规定的压力值范围内正确开启和关闭。在调整完成后,应再次进行启阀测试,记录调整后的压力参数,以确保安全阀符合设计要求。

4.组装与装复

在密封性试验和压力调整完成后，需要按照正确的顺序将安全阀重新装配。

(1)首先，将阀盘、阀座、弹簧及其他部件按照拆卸时的顺序依次装回，并确保各零件之间的配合紧密无松动。

(2)对于弹簧，需要检查其预紧力是否满足要求，并在装配过程中注意其安装方向和位置。装配完成后，使用扭矩扳手均匀拧紧所有螺栓，并确保各连接部位牢固可靠。

(3)在装复安全阀之前，应再次检查密封垫片是否完好无损，如有老化或损坏，应更换新的密封垫片，以防止漏气。

(4)最后，将安全阀安装回气缸盖，并按照标记对准原始位置，均匀拧紧固定螺栓，确保安全阀稳固固定，同时连接所有相关管路，并检查其密封性。

六、示功阀的拆装与检修

示功阀是船舶柴油机的重要测量装置，其主要作用是在发动机运行过程中短时间开启，使气缸内部高压燃烧气体进入指示器，从而测得压力变化曲线（示功图），用于分析柴油机的燃烧情况和工作状态。6210 型柴油机示功阀结构如图 2-80 所示，由手轮 1、放气阀 2、放气阀盖 3、壳体 4、接头 10、螺母 7、压帽 6 和锁紧螺母 5 等组成。接头 10 拧入气缸盖本体中，通过螺母 7 和压帽 6 把接头 10 与壳体 4 连接起来，并使示功阀手轮 1 置于方便操作的合适位置。由于示功阀长期处于高温高压环境，其密封面、弹簧及其他零部件容易受到积碳污染或磨损，影响密封性和启闭灵敏度。因此，必须定期对示功阀进行拆卸、清洁、检查、研磨及装复，以确保其性能稳定可靠。

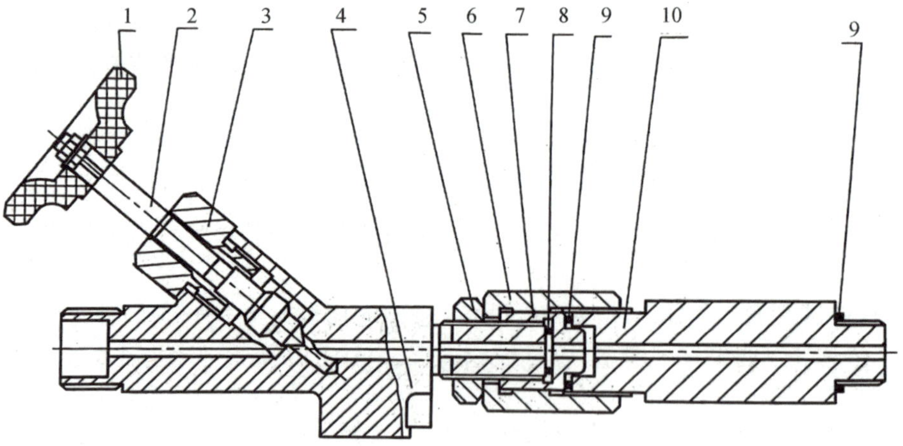

图 2-80　6210 型柴油机示功阀

1—手轮；2—放气阀；3—放气阀盖；4—壳体；5—锁紧螺母；6—压帽；7—螺母；8—垫片；9—压球；10—接头

1.拆卸与清洁

(1)在拆卸示功阀之前,首先应确保柴油机完全停机,并待气缸冷却至安全温度,以防止高温部件烫伤操作人员。

(2)随后,使用合适的扳手松开示功阀的锁紧螺母,缓慢将其从气缸盖上拆卸下来。在拆卸过程中,应特别注意保护密封面,防止撞击或污染,同时检查密封垫片是否完好,如有损坏,应准备新密封垫片以备后续装复使用。

(3)示功阀拆下后,应立即放置在清洁的工作台上,使用专用工具对示功阀进行解体,包括手轮、放气阀、放气阀盖及其他相关零件。

(4)所有零件拆卸完毕后,使用煤油或柴油清洗各部件,去除积碳、油污和杂质,并使用细毛刷或超声波清洗设备清理内部细微孔道,以确保示功阀内部气流通道畅通。清洁完成后,应使用压缩空气吹净所有零件,避免残留清洁液影响后续检修操作。

2.检查与研磨

清洁后的示功阀需要进行全面的检查,以判断其密封面和关键部件的状态。

(1)首先,检查阀盘和阀座的密封面是否存在划痕、烧蚀、凹坑或磨损。如发现轻微磨损,可通过研磨修复;如果损坏较为严重,则需对阀盘进行堆焊修复,并使用车床进行精加工,以恢复其原始形状和密封性能。

(2)在密封面研磨过程中,首先使用粗研磨砂在平板上进行“8”字形研磨,以去除较深的划痕和表面不平整处。接着,改用细研磨砂进一步研磨,使密封面逐步平整、光滑,提高密封效果。最后,使用滑油进行抛光处理,以确保密封面的最佳贴合度,减少摩擦损耗,提高示功阀的使用寿命。

(3)研磨完成后,需要对密封性能进行测试,通常采用煤油渗透法进行检查。具体方法是将阀盘与阀座装配好,在阀盘上部注入煤油,并观察是否有煤油渗透到下方。如果在一定时间内无煤油渗漏,则说明密封性能良好;如发现渗漏,则需要进一步研磨或更换受损部件,以确保示功阀的密封性能达到最佳状态。

3.组装与装复

在密封性能检查合格后,需要按照正确的顺序重新组装示功阀。

(1)首先,将手轮、放气阀、放气阀盖等部件依次装回,并确保各零件之间的配合紧密无松动。对于弹簧,应检查其回弹力是否正常,确保示功阀能够在合适的气缸压力下灵敏开启和关闭。

(2)所有部件装复完成后,应手动按压阀杆,检查阀门是否能够顺畅启闭,无卡滞现象。如果阀门运动不灵活,应重新调整弹簧或检查零件配合情况。

(3)在确认示功阀组装无误后,将其对准气缸盖上的安装位置,并使用扭矩扳手按照规定的力矩均匀拧紧固定螺母,以确保示功阀稳固安装,防止运行过程中发生泄漏。

(4)装复完成后,最后检查密封垫片的安装情况,确保示功阀与气缸盖之间的连接严密无漏气。

第十三节　液压拉伸器的使用与管理

（本节内容适用于：750 kW 以上船舶大管轮、未满 750 kW 船舶大管轮、750 kW 以上船舶二/三管轮以及未满 750 kW 船舶二/三管轮。）

一、实操内容与要求

1.实操内容

(1)液压拉伸器使用前的准备。
(2)使用液压拉伸器拆卸螺栓。
(3)使用液压拉伸器装配螺栓。
(4)液压拉伸器的日常管理。

2.实操要求

能够对液压拉伸器使用和日常管理。

二、液压拉伸器的结构和原理

液压拉伸器是船舶柴油机维护中用于螺栓紧固和拆卸的重要工具，如图 2-81 所示。其主要部件包括油缸、活塞和螺栓拉伸头等。其工作原理是通过液压作用使螺栓产生拉伸变形，从而便于螺母的安装或拆卸。

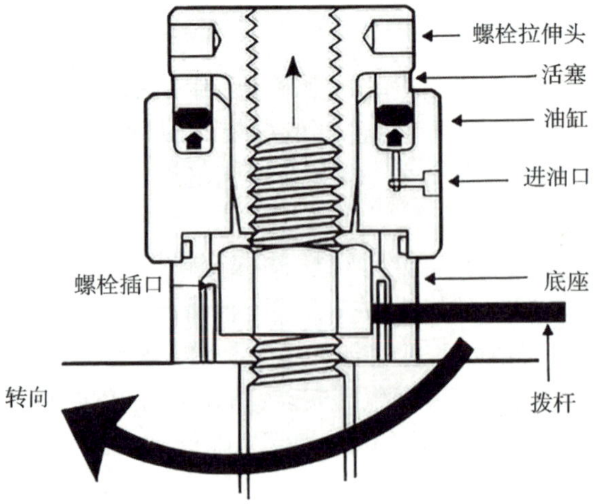

图 2-81　液压拉伸器结构图

其结构组成包括：

(1)液压油缸：作为液压拉伸器的主体部分，内部充满液压油，通过液压泵提供压力。

(2)液压活塞：位于油缸内部，受液压油推动产生直线运动，施加拉力于螺栓。

(3)定距环：用于控制活塞的行程，确保螺栓拉伸到预定长度。

工作原理：液压拉伸器通过液压泵向油缸内注入高压油，推动活塞向上移动，对螺栓施加拉力，使其产生轴向拉伸变形。当螺栓被拉伸到预定长度后，旋紧螺母，然后释放液压力，螺栓恢复原状，从而在螺栓和螺母之间产生预紧力。这种方法确保了螺栓连接的可靠性和密封性。

图 2-82 为 6EY26 型柴油机所配的液压泵组装图和用于气缸盖螺栓拆装的液压拉伸器组装示意图。

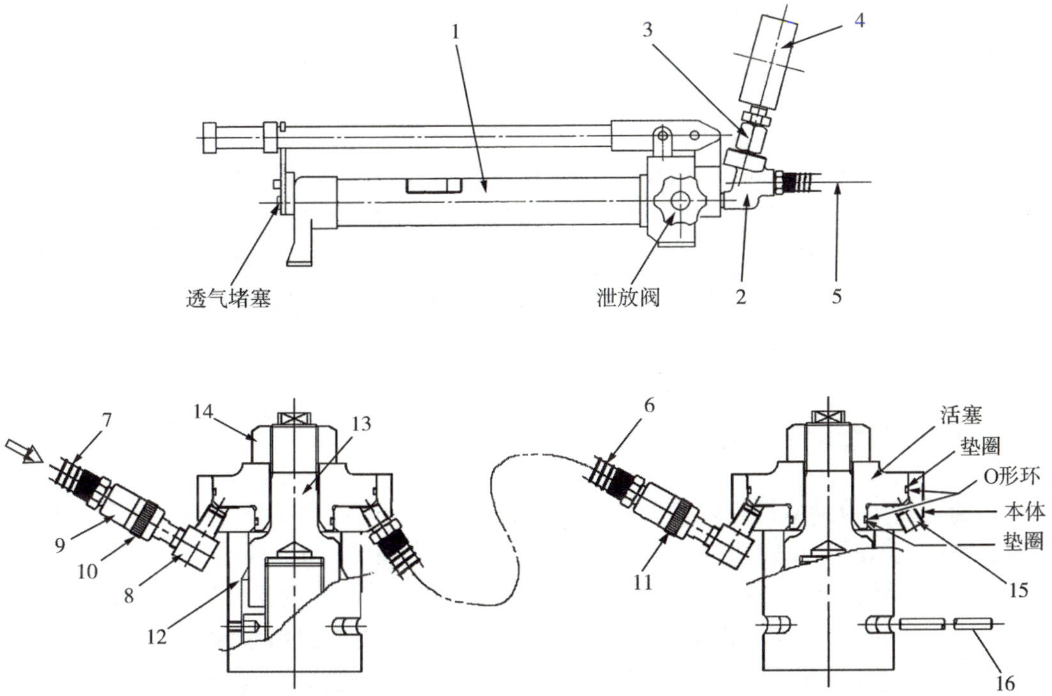

图 2-82　6EY26 型柴油机液压泵和液压拉伸器组装图(用于气缸盖)

1—液压泵；2—压力表安装接头；3—压力表节流阀；4—压力表；5，6，7—高压橡胶软管；8—90°弯头；9—快速接头(公)；10，11—快速接头(母)；12—定位挡圈；13—液压拉伸器装配螺栓；14—液压拉伸器紧固螺母；15—堵头(内六角)；16—扳手

三、液压拉伸器使用前的准备

1. 在使用液压拉伸器拆装螺母之前，应确保其工作压力及最大允许压力处于正常范围。液压拉伸器的正常工作压力通常由设备制造商提供，应严格按照说明书中的规定进行操作，避免因超压导致设备损坏或操作失误。对于 6EY26 型柴油机，在进行气缸盖螺栓拆卸时，液压

拉伸器的工作油压设定为58.0±0.5 MPa。

2. 液压拉伸器在使用后需要正确泄放压力，以防止因残余压力导致设备损坏或操作人员受伤。通常，泄放压力的方法为缓慢打开泄压阀，使液压油回流至油箱，确保压力逐步下降到安全水平。此外，在泄放压力时应避免突然放空，以防止液压油冲击管路或空气进入系统，从而影响后续使用。完成泄压后，应检查系统是否完全回位，并确保各组件无残余压力，以保证设备的安全性和稳定性。

3. 在进行泵压前，应确保液压拉伸器的活塞能够顺利复位，以便后续操作的准确性和一致性。活塞复位通常依靠弹簧或液压回位系统，如果活塞未能完全回位，可能会影响拉伸力的均匀分布，甚至导致连接螺纹受力不均。因此，在起动液压系统之前，应检查活塞是否处于初始位置，必要时可手动推动活塞或轻微加压使其复位。此外，应确保活塞表面光洁无污染，以防止密封件损坏或液压油泄漏。

4. 液压拉伸器的油位检查是确保系统正常运行的重要环节。液压系统必须使用纯净的液压油或符合标准的透平油，以确保液压系统具备良好的润滑性和稳定性，防止系统内部的腐蚀和磨损。在使用前，应检查油箱中的油位是否处于正常范围，如发现液压油不足，应及时补充同类型的油品，并避免不同种类的液压油混用，以防止油液变质或性能下降。

5. 为了确保螺纹连接的稳定性和可靠性，在安装液压拉伸器之前，应检查并清洁所有连接螺纹和螺母，确保其无污垢、锈蚀或杂质。如发现螺纹损坏或磨损，应及时修复或更换，以防止因螺纹受损导致连接松动或受力不均。为降低螺纹摩擦，减少拧紧力矩的不确定性，应使用二硫化钼润滑剂涂覆螺纹表面。

四、使用液压拉伸器拆卸螺栓

1. 在使用液压拉伸器拆卸螺栓前，应先正确安装定距环、液压活塞及高压软管，确保各部件连接牢固且无泄漏。在安装过程中，应先将定距环固定在螺栓上，然后将液压拉伸器的活塞对准定距环，在其轻轻接触后，反旋回退0.5~1.5圈。这一步的目的是在液压拉伸器和定距环之间形成适当的间隙，以确保在施加液压力时，拉伸器能够均匀作用于螺栓，而不会直接卡住定距环或螺母。此外，在连接高压软管时，应检查接头密封性，防止液压油泄漏影响系统稳定性。

2. 在正式施加液压力之前，需要松开液压拉伸器的放气螺钉，以排除液压系统内部的空气。空气的存在会影响液压力的均匀传递，导致拉伸力的不稳定性。因此，在排气时，可轻微泵压，使液压油进入系统，同时观察是否有气泡从放气孔排出。当气泡完全消失并有液压油流出时，立即拧紧放气螺钉，确保系统内部形成稳定的液压环境。

3. 在泵油施压时，应特别注意液压拉伸器活塞的升程，确保其在安全范围内工作。随着液压力的增加，活塞会逐步上升，从而拉伸螺栓，使螺母受力减小。在达到规定压力后，应使用专用扳杆旋松螺母1~2圈，确保螺母在松开时不会直接抵住拉伸器或液压活塞。如果在泵油过程中发现活塞升程异常或出现卡滞现象，应立即停止操作，检查液压系统是否有堵塞或泄漏，以防止系统过载或损坏。

4. 当液压系统升至规定压力后，如果螺母仍未完全松开，可适当增加压力至规定值的110%，以提供额外的拉伸力辅助松动螺母。但应注意，超过110%的规定压力可能会导致螺栓材料过载，甚至损坏螺纹或拉断螺栓，因此必须严格控制最大压力范围。在这一过程中，操作者应密切观察压力表的读数，确保压力不会超出安全极限，并避免长时间维持高压状态，以免影响液压系统的使用寿命。

5. 在完成螺母松动后，应缓慢打开旁通阀进行泄压，使液压油平稳回流至油箱，确保压力逐步下降至零。突然泄压可能会导致系统内部压力骤降，引发液压冲击或油液飞溅，因此操作时应保持缓慢均匀。确认压力完全释放后，可拆除液压拉伸器，并手动旋下螺母完成拆卸。拆卸后，应检查螺栓、螺母及定距环的状态，如发现损坏或异常磨损，应进行必要的更换或修复。

五、使用液压拉伸器装配螺栓

1. 在进行螺栓装配前，首先应彻底清洁螺母、螺纹、接触面及周围的零件，以确保螺纹连接的精确性和可靠性。任何污垢、锈蚀或杂质都可能影响螺栓的预紧力分布，导致连接松动或受力不均。随后，在内外螺纹表面均匀涂覆二硫化钼润滑剂，以降低螺纹摩擦，提高装配精度和螺栓预紧力的稳定性。

2. 在螺纹表面处理完毕后，将螺母旋入螺栓，并使用专用扳杆拧紧至适当位置。此时，应使用塞尺检查螺母圆周方向的支撑接触面，确保其完全贴合且无间隙。如果发现间隙存在，应重新调整螺母的旋紧程度，确保支撑面均匀接触，以防止安装后因载荷不均导致螺栓连接松动或局部应力集中。

3. 接下来，将液压拉伸器安装到螺栓上，并正确固定液压活塞。安装时，应确保拉伸器与螺栓的对中性，防止偏载或受力不均。同时，应检查高压软管的连接情况，确保液压系统无泄漏。在液压活塞安装完成后，应缓慢旋紧活塞，使其与螺栓顶部贴合，确保受力均匀。在此过程中，应避免活塞过度压紧螺栓，以防止影响后续的拉伸操作。

4. 在施加液压力前，必须先进行排气操作，以清除液压系统中的残留空气。松开液压拉伸器的放气螺钉，轻微加压液压系统，观察是否有气泡排出。当液压油顺畅流出且不再有气泡时，迅速拧紧放气螺钉，以确保系统内部的压力传递均匀。随后，逐步泵油至设备规定的压力值，并严格控制不超过最大允许压力。达到目标压力后，使用专用扳杆顺时针旋紧螺母，以确保其固定到位。在拧紧过程中，应保持液压压力稳定，避免因压力波动导致螺母旋紧不均匀。

5. 当螺母完全紧固后，应缓慢打开旁通阀进行泄压，确保液压油平稳回流至油箱，使压力逐步下降至零。突然泄压可能会导致液压冲击，影响螺栓预紧力的稳定性，因此操作时应保持缓慢均匀。确认系统完全泄压后，即可拆除液压拉伸器。

6. 最后，在拆除液压拉伸器后，应复位液压活塞的升程，使其恢复到初始位置。这一步骤可以保证液压拉伸器在下一次使用时处于最佳状态，避免因活塞未完全复位而影响后续操作。复位时，可轻微施加外力或使用辅助工具使活塞回归原位，并检查其是否顺畅无卡滞。

六、液压拉伸器的日常管理

1. 液压拉伸器的维护保养是确保其长期可靠运行的关键。首先，应定期检查并更换密封圈。随着使用时间的延长，密封圈会因磨损或老化而失去密封性能。因此，须定期检查密封圈的状态，如发现有老化、裂纹或变形等现象，应立即更换。更换密封圈时，必须使用与原厂规格一致的密封件，并确保安装位置清洁无杂物，以避免新密封圈在安装过程中受到损坏。操作时，应轻柔对待密封圈，避免不当操作造成损坏或安装不当，影响液压系统的密封效果。

2. 液压拉伸器及其高压油管的接头保护也是维护保养的一项重要内容。高压油管的接头在使用过程中容易受到震动、拉扯或外部环境的影响，可能会松动或损坏，导致液压油泄漏或系统故障。因此，每次使用后，应对所有接头进行检查，确保没有松动或泄漏现象。如发现接头松动或密封不良，必须及时紧固或更换密封垫片，避免因油液泄漏造成安全隐患。此外，还应定期清洁接头，防止油渍、污垢积聚，影响接头的密封性能和液压系统的稳定性。使用时，应避免接头受到过度弯曲或拉伸，确保其长期处于正常工作状态。

3. 在液压拉伸器使用完毕后，应进行妥善地存放，以防污染或损坏。为了避免液压系统受污染，必须在使用后涂抹适当的油脂，尤其是在密封件和连接部位，以防止水分、灰尘或其他污染物侵入。涂抹油脂后，将液压拉伸器放置在专用的箱子里，避免暴露在空气中或接触到不洁物质。

第十四节 增压器拆装与检查

（本节内容适用于：750 kW 以上船舶大管轮、未满 750 kW 船舶大管轮、750 kW 以上船舶二/三管轮以及未满 750 kW 船舶二/三管轮。）

一、实操内容与要求

1.实操内容

(1)增压器的拆卸方法。
(2)增压器的检查与测量方法。
(3)增压器的安装方法。

2.实操要求

(1)熟悉增压器的拆卸、清洁、检查与测量、修理和装复的步骤。
(2)正确完成拆装、检查、测量和装复。
(3)完成正确的记录。

二、拆装设备介绍

VTR 型涡轮增压器是在船用柴油机中应用广泛的一种增压器。它由瑞士 ABB 公司制造，有 0、1、4、4A、4D、4E 及 4P 等系列产品，能满足 200~37 000 kW 范围内柴油机的匹配要求。图 2-83 为 VTR200WE 型增压器的纵剖视图。由图看出，它主要由轴流式涡轮机、离心式压气机、转子轴及其轴承、油气密封装置、涡轮机进排气壳压气机进排气壳、润滑与冷却等部分组成，轴承采用外置式。这种增压器的轴承润滑采用由转子轴驱动的甩油盘来提供封闭式压力润滑。

三、拆卸前的准备工作

1. 检查吊装工具及起重设备。
2. 专用工具、常用工具及需更换的备件物料准备。
3. 穿戴劳保防护服（安全帽、工作鞋等）。

四、增压器轴承的拆卸

1. 打开旋塞泄放压气机和涡轮机端两侧油池滑油，拆卸两端端盖，见图 2-84、图 2-85。

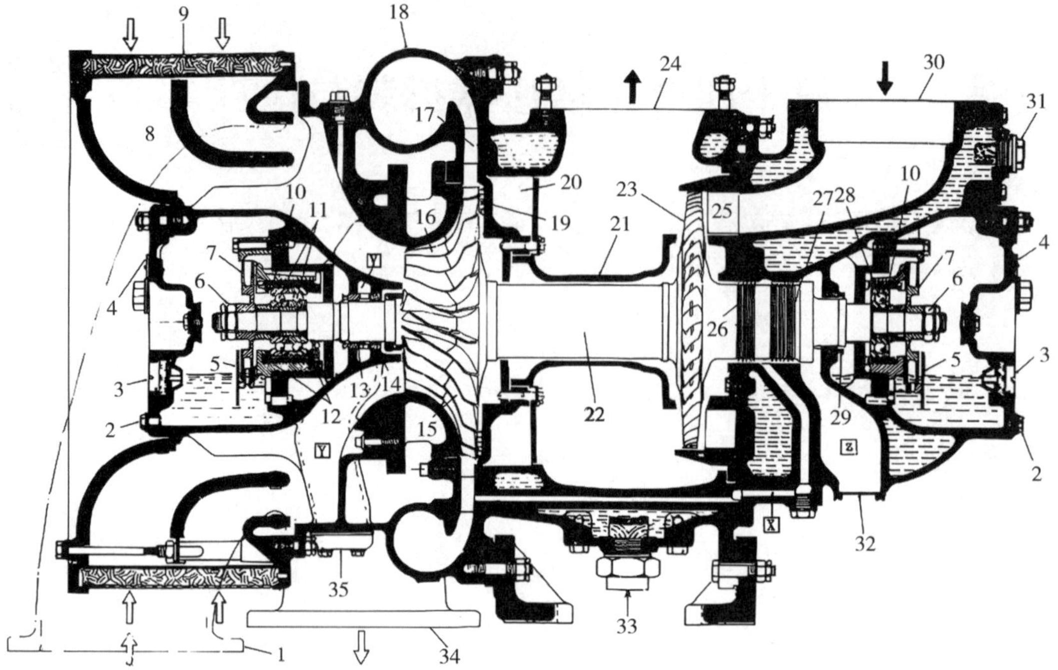

图 2-83　VTR200WE 型增压器纵剖视图

1—进气管;2—放油堵;3—油位观察镜;4—加油塞;5—挡油板;6—固定螺母;7—甩油盘;8—消声器;9—滤清器;10—径向减振片组;11—双列球轴承;12—轴向减振片组;13—油封;14—气封;15—压气机叶轮;16—导风轮;17—扩压器;18—空气排气蜗壳;19—气封;20—隔热墙;21—轴保护套;22—转子轴;23—涡轮机叶轮;24—废气排出口;25—喷嘴环;26—气封; 27—油封;28—单列球轴承;29—轴封;30—废气进气口;31—防腐塞;32—平衡流道防护装置;33—冷却水进口;34—空气排气蜗壳排出口;35—平衡流道防护盖;X—密封通道;Y、Z—平衡室

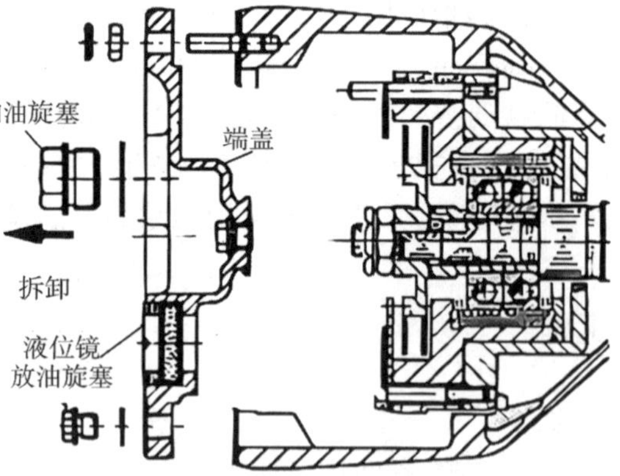

图 2-84　压气机端端盖的拆卸

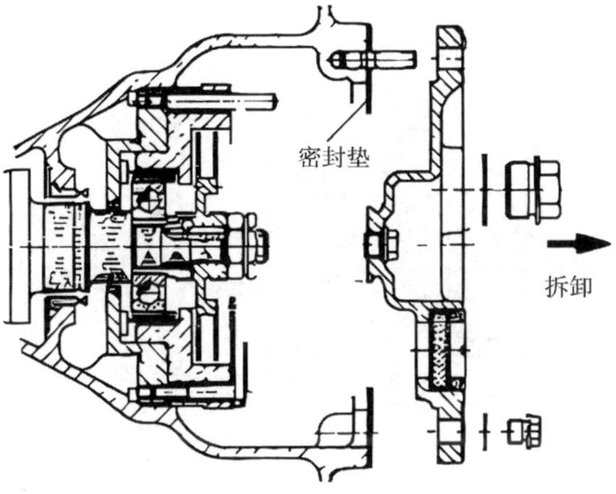

图 2-85　**涡轮机端端盖的拆卸**

2. 拆卸锁紧螺母。首先用锁轴弯板锁住转子轴，然后拆下压气机端和涡轮机端轴承座锁紧螺栓的锁紧丝，卸下固定轴承座的 4 只六角螺栓，同时卸掉挡油板。卸下转子轴锁紧螺母，导钉严禁卸下，见图 2-86、图 2-87。

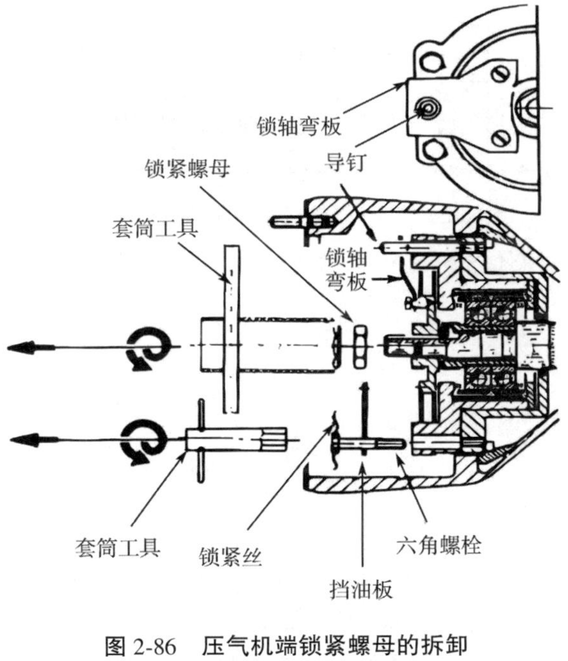

图 2-86　**压气机端锁紧螺母的拆卸**

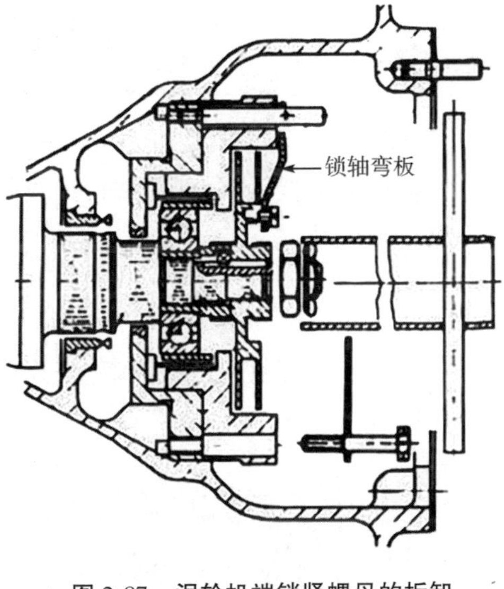

图 2-87　**涡轮机端锁紧螺母的拆卸**

3. 分别对压气机端和涡轮机端，用拉伸工具卸下甩油盘，同时拆下锁轴弯板。

4. 测量 *K* 值。如图 2-88，在自由状态下，测量转子轴端面至压气机端面的距离，即为 *K* 值，与说明书规定值比较（*K* 值一般标在压气机端盖内侧上）。检查转子径向跳动量和轴向窜动量。

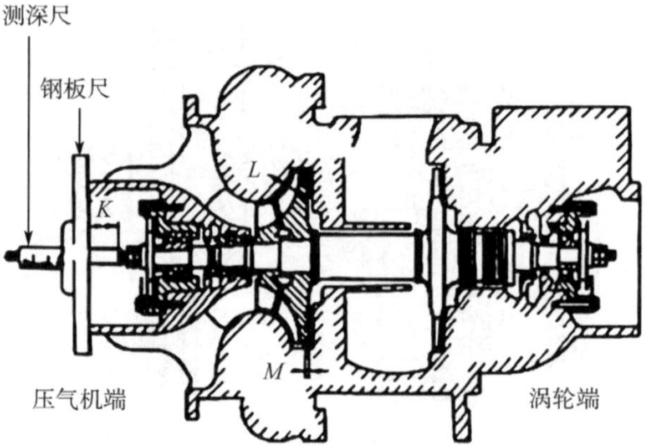

图 2-88　*K* 值测量

5. 分别对压气机端和涡轮机端，用拉伸工具卸下轴承座，见图 2-89、图 2-90。

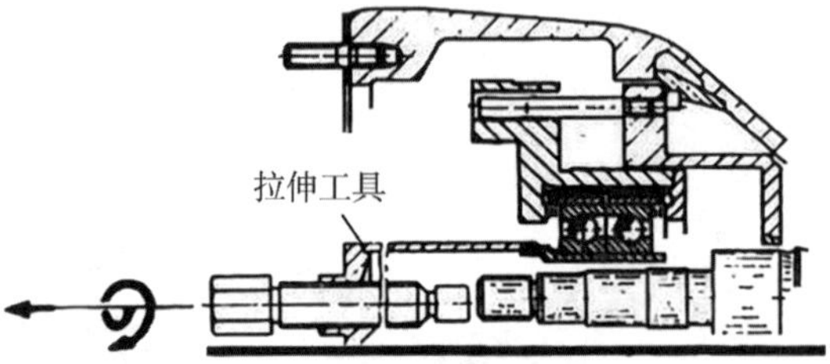

图 2-89　压气机端轴承座的拆卸

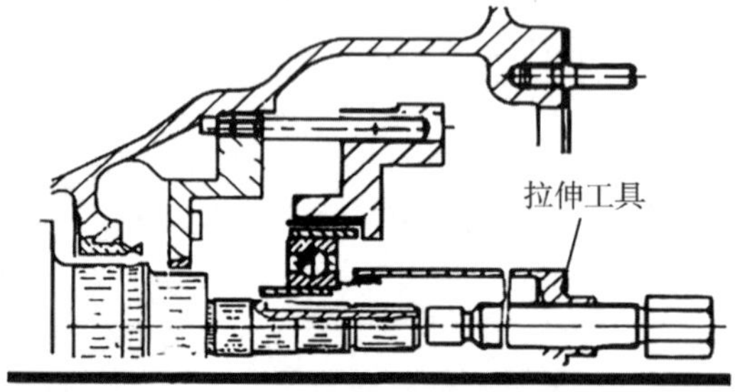

图 2-90　涡轮机端轴承座的拆卸

6. 拆掉油封板后，分别用塑料锤或其他工具将压气机端和涡轮机端轴承拔出，见图 2-91、图 2-92。

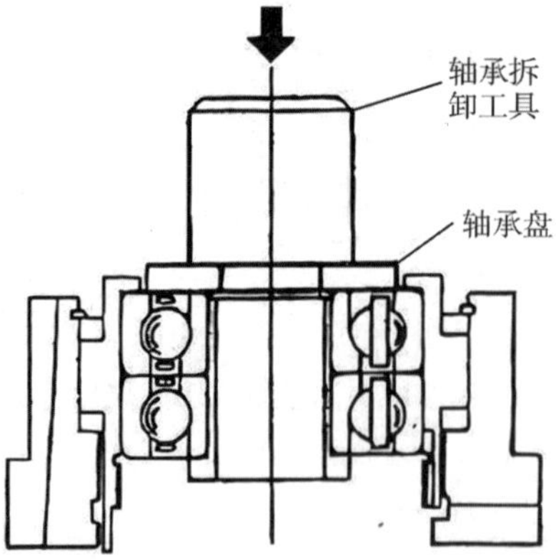

图 2-91　压气机端轴承的拆卸

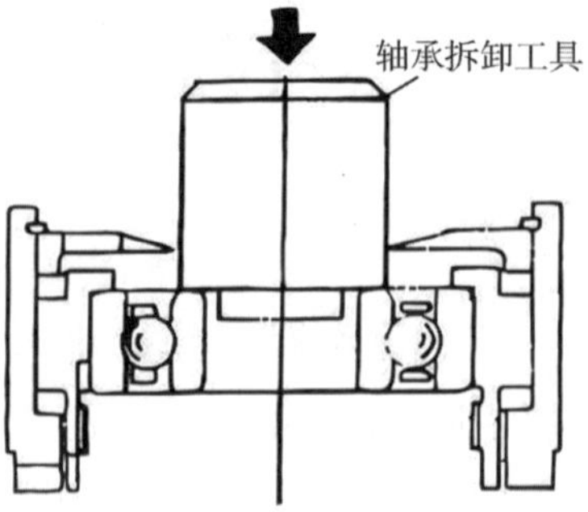

图 2-92　涡轮机端轴承的拆卸

五、增压器转子的拆卸

1. 拆卸消声滤清器与蜗壳连接螺栓锁紧螺母并移除消声滤清器，见图 2-93。

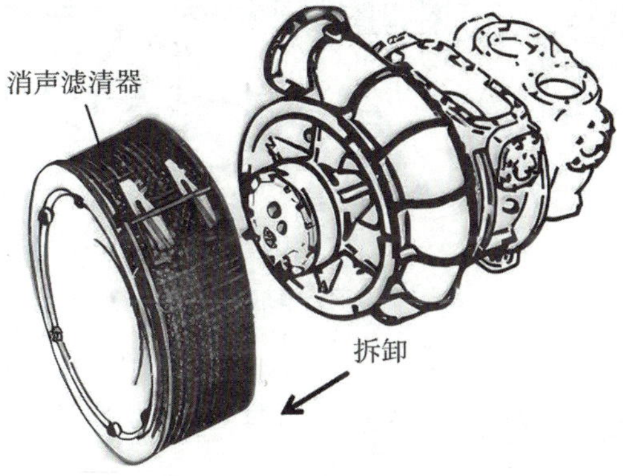

图 2-93　消声滤清器的拆卸

2. 拆下蜗壳与涡轮端废气出口壳体之间的固定螺母，并移除蜗壳，见图 2-94。

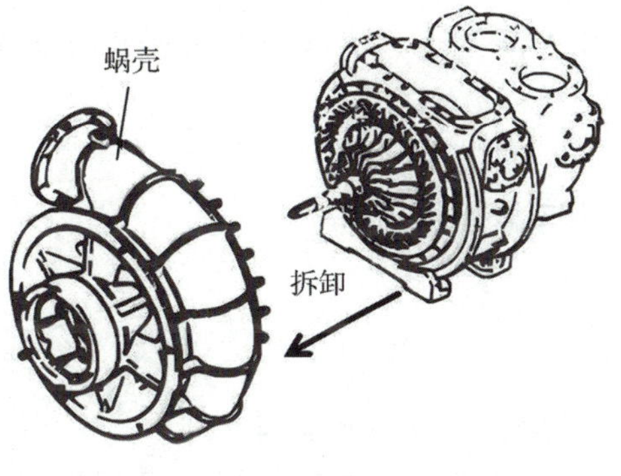

图 2-94　压气机蜗壳的拆卸

3. 用顶丝将隔热墙与涡轮端废气出口壳体分离开。

4. 将延长管套在涡轮机端转子轴上，水平从压气机端取出将转子轴，并放到支架上，卸下顶丝。在拆卸转子轴时需特别小心，注意不要损坏油、气封等，见图 2-95。

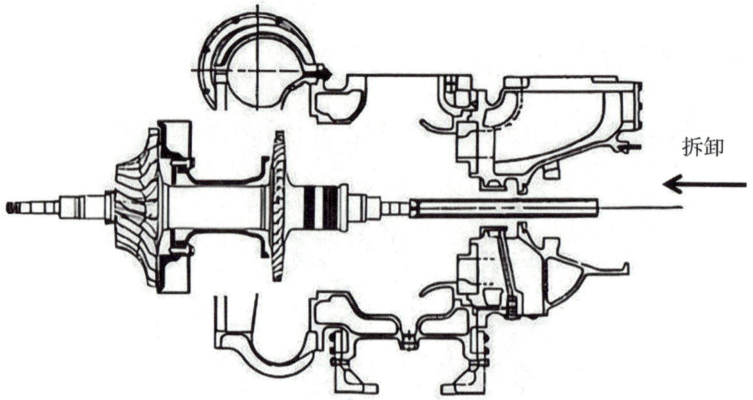

图 2-95　转子轴的拆卸

5. 仔细检查、清洁喷嘴环。具体检查项：

(1)积碳与堵塞：观察喷嘴叶片表面及流道内是否有油泥、积碳或异物堵塞，积碳会导致气流不畅、效率下降。

(2)叶片变形：用塞尺测量相邻叶片间的间隙是否均匀(参考厂家标准)，变形会导致气流紊乱和振动。

(3)裂纹与腐蚀：用放大镜或渗透探伤剂检查叶片根部、边缘是否有裂纹或点蚀(重点检查高温区域)。

(4)磨损与烧蚀：检查叶片表面是否因高温废气冲刷出现减薄或烧蚀痕迹(如发蓝、麻点)。

六、气封环的测量检查与更换

1.密封装置的检查

废气涡轮增压器中的密封装置包括气封和油封两种。

为了阻止柴油机排气和新鲜空气泄漏，在转子轴上及压气机叶轮背面的蜗壳上嵌入气封片。

油封的作用是防止增压器轴承箱中润滑油的泄漏。

密封装置的结构可分为接触式、活塞环式和迷宫式三种。活塞环式密封装置常用于小型废气涡轮增压器中作为油封。

迷宫式密封装置的结构很多。图 2-96(a)所示为大型增压器的轴向密封装置；图 2-96(b)所示为径向密封装置。气封片的间隙越小，密封效果越好。从压气机端引入增压空气到密封装置，可增强密封效果。

密封装置的损坏，大多是在增压器拆装过程中不慎碰伤密封带，或增压器运转中的剧烈振动，或者安装间隙不符合要求等造成的。如果这些气封装置仅是顶部有波浪形(弯曲)变形的轻微缺陷，可用平嘴钳非常小心而仔细地将其矫平。如果有比较严重的损伤，则必须换新。

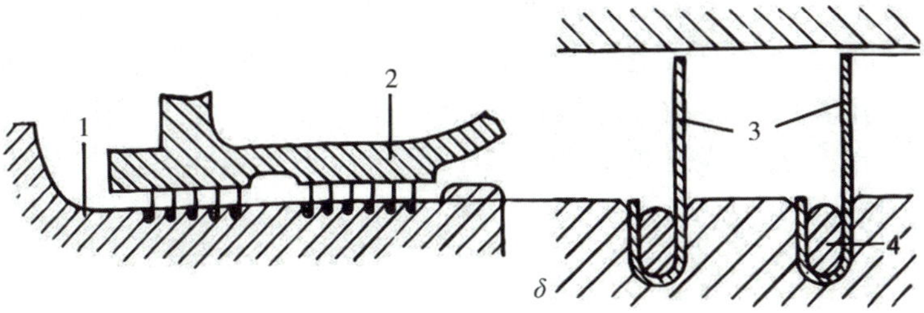

(a) 轴向密封装置

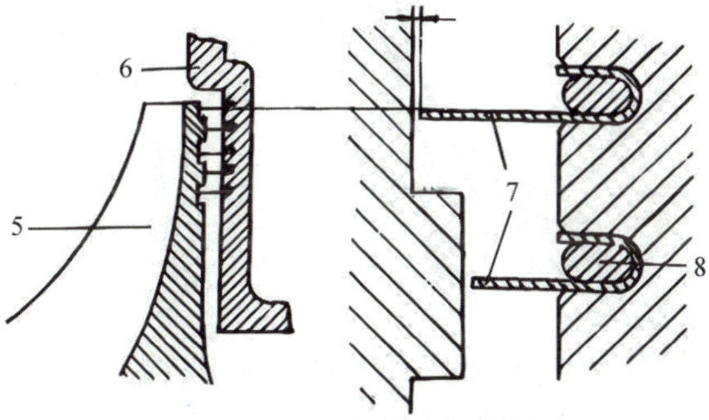

(b) 径向密封装置

图 2-96　迷宫式密封装置

1—转子轴;2—废气进口壳体;3—密封带;4—压紧丝;5—压气机叶轮;6—隔热墙壁;7—密封带;8—压紧丝

2.密封装置的更换

在船上更换气封片的方法如下:

(1)备用气封片和压紧丝的检查:检查气封片的长度、厚度及压紧丝的直径等,检查气封片和压紧丝有无变形等损伤。

(2)旧气封片的拆除:如图 2-97 所示,先用弯头凿子 3 将槽中的压紧丝铲起,用钳子 5 夹住铲起端将压紧丝拉出,然后将气封片取下。

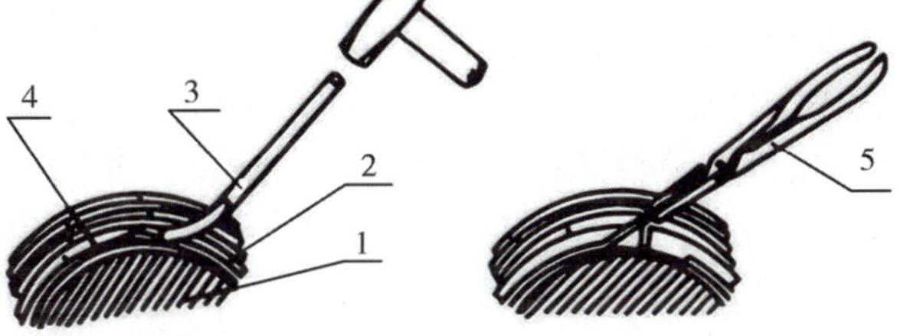

图 2-97　旧气封片的拆除

1—转子轴;2—气封片;3—弯头凿子;4—压紧丝;5—钳子

(3)新气封片的安装:首先按旧气封片截取每根新气封片的长度和清洁气封片槽。安装气封片时,将气封片的一端弯成“U”字形,压紧丝放在气封片的“U”形槽内一起装入气封槽中，如图 2-98 所示。然后用冲子顶着压紧丝，用小锤均匀用力轻轻敲打冲子，使压紧丝平顺地进入槽中压紧在气封片上。当压紧丝在槽中填满一周时，在接头处剪去多余的部分并用锉刀修整接头，使接头处留有 1 mm 左右的间隙以满足热膨胀要求。此外，各道气封的接头处应相互错开，以起到对燃气的节流、降压和密封作用。最后用平嘴钳将各道气封片矫直，并在车床上按要求的直径大小加工气封片。

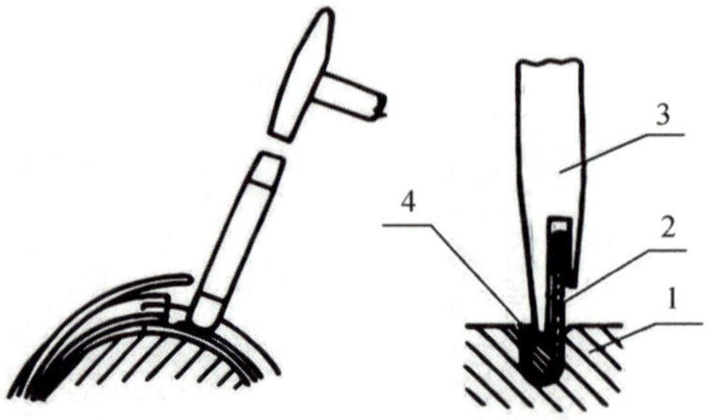

图 2-98　新气封片的安装

1—转子轴；2—气封片；3—叉头冲子；4—压紧丝

七、增压器转子的安装

1. 将延长管套在涡轮机端转子轴上，水平从压气机端安装转子轴，隔热墙与涡轮端废气出口壳体要接触牢靠。

2. 安装压气机端蜗壳于涡轮端废气出口壳体上，二者之间的固定螺母要均匀地上紧。

八、增压器轴承总成的安装

1. 涡轮机端轴承总成安装，见图 2-99。

(1)锁轴弯板安装在甩油盘上。

(2)甩油盘装进轴承座内，注意甩油盘卡爪要装在轴承内套的卡槽中。

(3)轴承座和甩油盘及锁轴弯板通过导钉装到转子轴上，注意安装前，轴承要浇注滑油，甩油盘上卡爪要装入转子轴的键槽中。

2. 用套筒工具安装涡轮机端锁轴螺母。

3. 拆下锁轴弯板，安装挡油板，同时用套筒工具将轴承座 4 只六角螺栓固定好。

4. 压气机端轴承总成安装。

(1)锁轴弯板安装在甩油盘上。

(2)甩油盘装进轴承座内，注意甩油盘卡爪要装在轴承内套的卡槽中。

(3)轴承座和甩油盘及锁轴弯板通过导钉装到转子轴上，注意安装前，轴承要浇注滑油，甩油盘上卡爪要装入转子轴的键槽中。

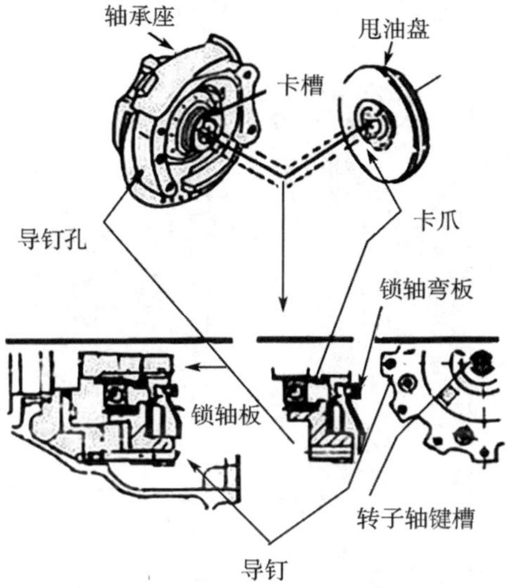

图 2-99　涡轮机端轴承总成的安装

5. 转子总成装入壳体内后要测量压气机叶轮与蜗壳的间隙 L、叶轮与隔热墙气封圈间隙 M、轴承的轴向间隙 N 以及增压器的 K 值。目的是使转子在壳体内有一个适宜的轴向位置，运转时既不会碰撞蜗壳也不会碰撞隔热墙气封圈。

（1）K 值测量［见图 2-100（a）］

K 值是一个很重要的综合性参数，因此 K 值在说明书上或增压器铭牌上有明显的数值指示。K 值的测量方法如下：

使转子处于自由状态，将平尺卡在轴承壳体平面上，用深度游标卡尺测量平尺至转子轴头平面的垂直距离，该距离即为 K 值。

（2）L 间隙测量

L 间隙是指压气机叶轮叶片与压气机进气蜗壳的径向间隙，如图 2-100（b）所示。L 间隙的测量方法如下：

在 K 值测量的基础上，将轴承座固定螺钉旋松退出 5 mm 消除推力轴承的影响。从废气涡轮端向左推动转子至左极限，在轴承壳体端面用平尺及深度游标卡尺测量出 K_1 值。则有：$L=K_1-K_2$。显然此间隙是增压器运转中叶轮不与壳体碰撞的保证。

（3）M 间隙测量

M 间隙是指压气机叶轮背面气封圈与隔热墙气封圈之间的轴向间隙，如图 2-100（c）所示。其测量方法如下：

在 L 间隙测量的基础上将压气机轴头上的供油装置拆下（装配时可先不装）。从废气涡轮端装上拉环螺母，将转子拉向极右端，用深度游标卡尺测量出 K_2 值。则有：$M=K_2-K$。

（4）N 间隙测量

N 间隙是指推力轴承的推力间隙，由压气机端轴承的推力间隙确定。N 间隙的测量方法如下：

在涡轮端对转子轴施以轴向推力使之移至左极限，用平尺及深度游标卡尺测量压气机轴承壳端面至转子轴头的垂直距离 K_3。然后再从压气机端对转子施以轴向推力使之移至右极限，再用上述测量 K_3 的方法测量出 K_4。则有：$N=K_4-K_3$。

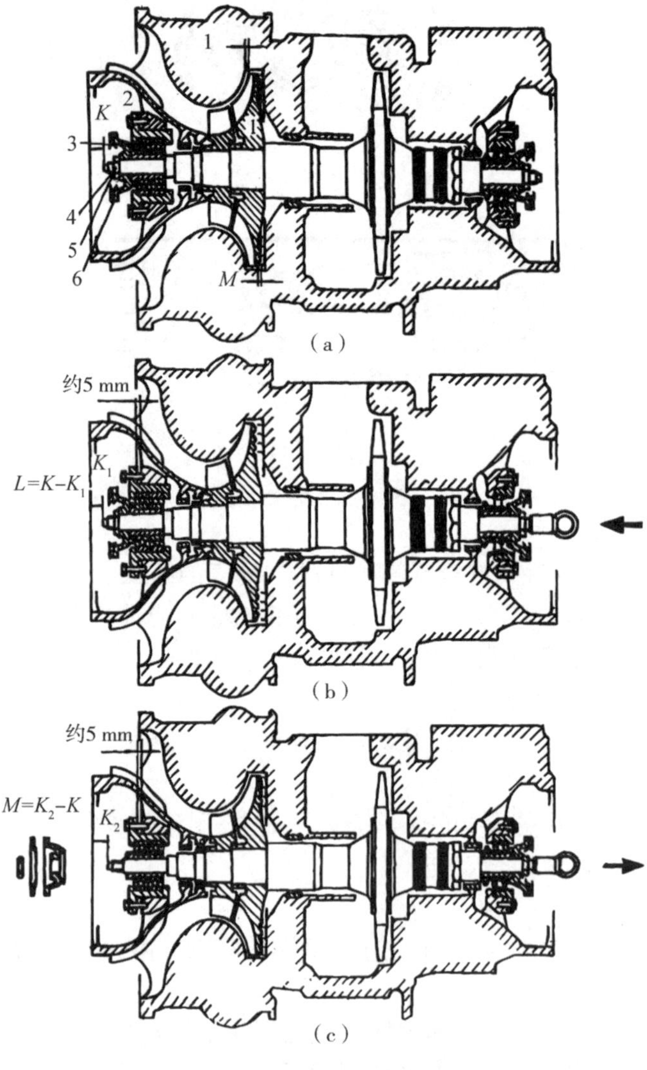

图 2-100　VTR 系列增压器间隙测量

1—压气机叶轮；2—连接螺钉；3—止推轴承；4、5—螺母；6—甩油环

6. 用套筒工具安装压气机端锁轴螺母，拆下锁轴弯板，安装挡油板，同时用套筒工具将轴承座 4 只六角螺栓固定好。

7. 用锁紧丝(0.8～1.0 mm 不锈钢或钢丝)锁紧轴承座固定螺栓和导钉。防止涡轮机端和压气机端轴承座固定螺栓和导钉松动，见图 2-101。

8. 分别对压气机和涡轮机端，清洁油池；安装端盖密封垫，装复油池端盖；添加新透平油至油位观察镜高低位刻度线之间；锁紧加油旋塞。

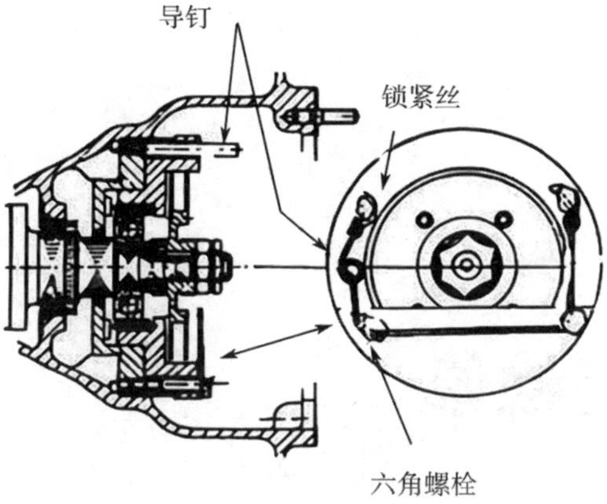

图 2-101　轴承座固定螺栓防松

第三章

辅机拆装与检修

第一节　制冷压缩机的拆装与检修

（本节内容适用于：750 kW 以上船舶大管轮、750 kW 以上船舶二/三管轮）

一、实操内容与要求

1.实操内容

(1)拆卸前的准备工作。
(2)活塞式制冷压缩机的拆卸。
(3)活塞式制冷压缩机的检查。
(4)活塞式制冷压缩机的安装。

2.实操要求

(1)正确完成拆卸前的准备工作。
(2)正确使用吊具、通用工具、专用工具。
(3)掌握正确的活塞式制冷压缩机拆装步骤和操作方法。
(4)掌握正确的活塞式制冷压缩机相关的检查方法。

二、拆装设备介绍

现代活塞式制冷压缩机(见图 3-1)的主要技术特点是:(1)采用高速、多缸、单作用、逆流式结构；(2)装有卸载机构和能量调节机构；(3)压缩机的结构和强度能满足多种工质(比如NH_3、R404A)的要求。目前国内外广泛使用的活塞式制冷压缩机种类很多，但就基本结构而言大同小异。下面以国产2F-10型压缩机为例介绍活塞式制冷压缩机的结构和拆装。

图3-1　船舶制冷压缩机

2F-10属双缸、立式、缸径为100 mm的逆流式制冷压缩机，常用于船舶伙食冷库制冷装置。图3-2示出了该型压缩机的总体结构。

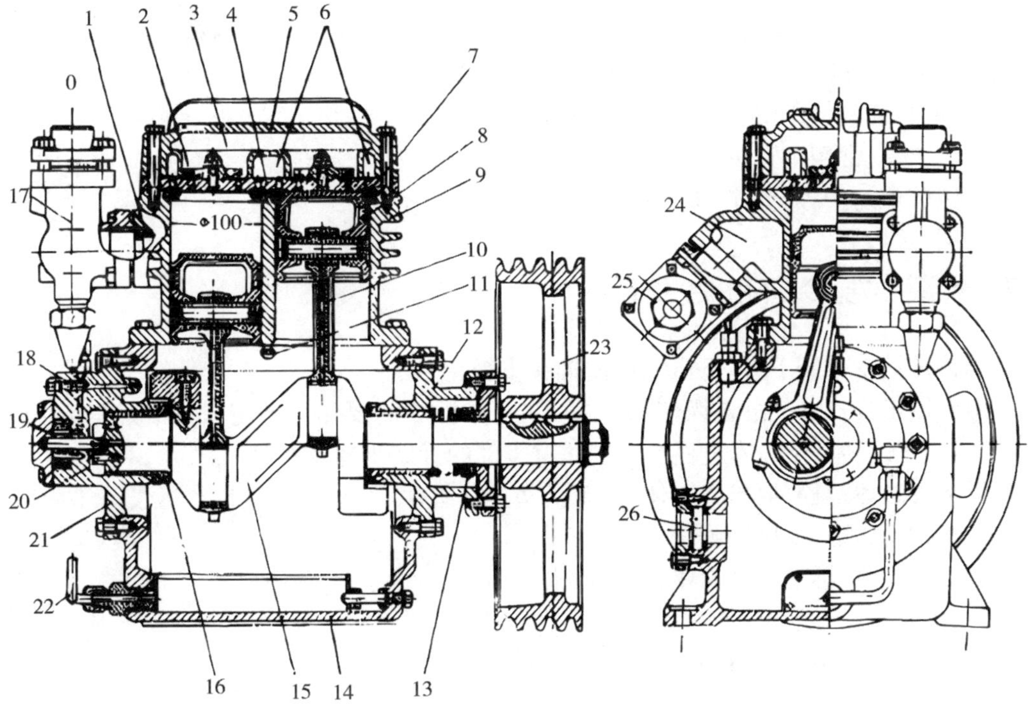

图3-2　2F-10型压缩机

1—吸气滤网；2—排气阀；3—排气空间；4—阀板；5—气缸盖；6—吸气空间；7—吸气阀；8—活塞；9—缸体；10—连杆；11—回油嘴；12—前主轴承座；13—轴封；14—曲轴箱；15—曲轴；16—止推轴承；17—吸入截止；18—油压调节螺丝；19—油泵；20—油泵传动销；21—后主轴承座；22—滑油泵吸入管；23—皮带轮；24—排气总管；25—排出截止阀；26—视油镜

该压缩机采用强制润滑，油泵从曲轴箱吸油，然后沿曲轴和连杆中的油路分送至各个轴承和油封。工作油压可通过油压调节螺丝 18 加以调定。在压缩机的吸气腔同曲轴箱之间开有回油均压孔道，以使吸气带回的滑油经此孔道流回曲轴箱，并使曲轴箱压力与吸气压力保持一致。为了防止箱内飞溅的滑油进入回油均压孔道中，在孔道端还装有 T 形钻孔的回油嘴 11。

三、拆卸前的准备工作

1. 拆卸前需要回收冷剂并停机，步骤如下：

(1)关闭压缩机的吸入截止阀，短接低压继电器的电路，利用压缩机本身将曲轴箱和吸气腔抽成真空。由于曲轴箱压力的迅速降低，溶解在滑油中的氟利昂就会大量逸出，使滑油呈沸腾状，并可能有大量滑油被吸入气缸，从而产生“油击”。如果听到了油击声，应立即停车，然后再瞬时起动二三次，直至油击声消失后，再让压缩机继续运转，并在曲轴箱达到稳定的真空后停止压缩机。

(2)如果曲轴箱达不到应有的真空状态，则表明吸气阀片漏气或损坏；如果能够达到真空，但停机后低压压力又迅速回升，则表明排气阀片和吸气阀片串通，或轴封泄漏，或滑油分离器回油阀失灵。如果出现上述情况，则只能在将曲轴箱的压力尽量抽低后，即停止压缩机并随即关闭排出截止阀。

(3)稍开压缩机的吸入截止阀，或打开滑油分离器的手动回油阀，使低压压力回升到表压为 0 或稍高一点，并随即关闭，以使机内外压力基本平衡。

(4)切断压缩机的电源，此后即可进行拆修。

2. 专用工具、常用工具及需更换的备件物料准备。

3. 穿戴劳保防护服(安全帽、工作鞋等)。

四、活塞式制冷压缩机的拆卸

1. 先将传动皮带卸下，拆下压缩机曲轴端皮带轮。

2. 用专用工具打开气缸盖及气阀组件，注意在拆装前要作好标记，拆除吸排组合阀。对吸排组合阀进行解体，在解体过程中特别注意零件的拆卸步骤及顺序。

3. 拆下气缸体螺栓，取出气缸体，拆下活塞连杆组件。

4. 拆开轴封压盖，取出轴封。

5. 拆下滑油泵，拆下后轴承座，轻轻取出曲轴，最后拆下前轴承座。

五、活塞式制冷压缩机的检修

1.气阀组件的检修

(1)阀片在机器大修时应全部更换。新阀片应先用 1200 号金刚砂在平板上研磨，再用煤油在玻璃板上研磨，使得两面平整、光洁、没有划痕，尤其不允许翘曲。研磨后的阀片可以装在阀座上，用煤油进行渗漏试验以检查研磨情况。

(2)气阀弹簧大修时应全部更换。取出弹簧后应检查弹簧窝内有无折断的弹簧钢丝碎片。新弹簧装入窝内应按逆时针旋入,各弹簧顶面应一平,弹簧应垂直。

(3)阀座每次更换阀片均应同时对阀座进行研磨,如果划痕较深,可以先在磨床上磨削,然后研磨。多次研磨使阀座圈变低,阀线高度减小,影响余隙,这可以用改变缸体和曲轴箱体之间的垫片厚度来调整。

2.缸套、活塞及活塞环的检修

缸套与活塞之间由于长期磨损,因而间隙增大。过大的间隙会产生冲击,增加滑油耗量,降低效率。如果超过说明书规定的极限间隙,则应更换缸套,一般当气缸磨损达到缸径的 1/200 时,必须进行修理。当磨损量达到缸壁厚度的 1/10 时,应予换新,磨损量如达到厚度的 1/8,则必须换新。活塞外表面的拉毛,划痕等应用油石磨光。如果活塞外表面磨损亦较大,便应和缸套同时更换,新活塞的圆度误差不得超过 0.012 mm。

修理缸套时,要把镜面的拉毛、划痕用油石磨光。缸套顶面的吸气阀座应在每次换新阀片时都进行研磨。多次研磨也使吸气阀座的阀线高度减少,如果阀线高度已低于 0.5 mm ,则应换新缸套。

活塞环搭口间隙超过 1 mm 的使用极限或者镀铬层剥落时,应予更换。新活塞环与缸壁之间的贴合情况,可用光照法检查,与环槽的配合情况,可由测取其天地间隙来判断。表 3-1 给出了国产压缩机的装配间隙,可供参考。

表 3-1　国产压缩机的装配间隙

	2F-10	8FS-10	8FS-7
活塞与气缸的间隙 上部/下部	0.4~0.5 0.18~0.25	0.4~0.50 0.18~0.25	0.14~0.2
活塞环及刮油环搭口间隙	0.4~0.6	0.4~0.6	0.2~0.35
活塞环天地间隙	0.025~0.06	0.025~0.06	0.03~0.06
活塞顶部余隙	0.5~0.75	1.0~1.5	0.5~1.5
连杆大端轴承与曲柄销径向间隙	0.05~0.07	0.06~0.12	0.075~0.12
连杆小端衬与活塞销径向间隙	0.01~0.03	0.02~0.04	0.015~0.03
吸气阀片升程	1.2±0.2	2.0+0.22/-0.18	1.1~1.15
排气阀片升程	1.5±0.2	1.5+0.22/-0.10	1.1~1.15

3.曲轴及连杆

严格检查曲轴轴颈状态,测试轴颈的直径及圆度和圆柱度,一般不超过 0.05 mm 。连杆小端轴承衬套多用磷青铜制成,和活塞销相比,常常是活塞销磨损较大。通常情况下,如果二者外观良好,应可继续使用。但如果活塞销磨损量超过 0.15 mm,或衬套内径磨损量达到 0.1 mm 则应换新。大端轴承的一般拉毛、划痕、偏磨等,可通过刮研法修复,如严重到无法修复时应予换新。

4.轴封装置

使用中轴封正常则检修时不应拆开,以免改变原来的磨合状态;而且橡皮圈可能因长期油浸而胀大,拆下后不易装复,此时,只要通过轴封室的上下螺塞进行换油即可。

如换新轴封,新轴封在开始运行时,允许有少量漏油,磨合一段时间后,漏油量应逐渐减少。正常情况下,漏油量每小时不得超过 10 滴。泄漏严重时,便应拆开研磨摩擦环,更换橡皮圈。

六、活塞式制冷压缩机的安装

装复前应将所有零部件用汽油或柴油清洗干净,并将各孔道用压缩空气疏通。压缩机的装复步骤大体如下:

1.安装前轴承座

把前轴套推进前轴承座孔中。当轴套止推面与前轴承座端面接近时,要转动轴套,使 其凸缘上的定位孔对准端面上的定位销,并继续向前推到贴紧为止。定位销用以防止轴套转动。在前轴承座的密封面上覆上涂油石棉纸箔,并把整个前轴承座推进曲轴箱的前轴承座孔中。旋紧螺栓时要对称均匀地分几次上紧——即不要一次旋紧,防止前轴承座变形。

2.安装曲轴

在曲轴前后轴颈上涂上冷冻机油,并把它从后轴承座孔塞进曲轴箱,推入前轴承,直到推足为止。盘动一下曲轴,看是否灵活。若不灵活,要检查原因,并加以纠正。

3.安装后轴承座

在曲轴后轴颈端的偏心孔上装上传动销和油泵传动块。在后轴承座孔中推入后轴套后,再把涂油的石棉纸箔覆上密封面,并把整个后轴承座推入曲轴箱的后轴承座孔中。注意,要把后轴承座上的油压调节孔转动朝上位置后,再用螺栓均匀分次旋紧,每旋紧一次,都应盘动曲轴,检查是否有过松过紧现象,发现问题要及时纠正。

4.安装滑油泵

在后轴承座的油泵内腔里装入转子泵的内外转子,再装垫片和泵盖,并用螺栓旋紧。注意在旋紧泵盖螺栓时应转动曲轴,以防有轧住现象。

5.安装轴封

先将密封橡皮环套上紧圈和钢壳。再依次往前轴颈上套入托板(弹簧座)、轴封弹簧、密封橡皮环和石墨摩擦环。在前轴承座端面覆上涂油石棉纸箔,在石墨摩擦环磨合面上涂冷冻机油,然后将压板(轴封盖)盖上,并推进去做弹力试验:即推进后就松手,若石墨摩擦环与压板在弹力的作用下能慢慢地向外弹出,则是安装正确,若弹不出则说明紧圈箍得太紧;若弹出很快,则是紧圈太松。后面两种情况都会招致轴封泄漏,更换紧圈,使达到第一种情况,才能把压板固紧并转动曲轴检查安装是否正常。

石墨摩擦环与压板的摩擦面应事先研磨光洁,粗糙度达到标准范围。

6.装活塞连杆组件

在曲轴曲柄销上涂一层冷冻机油。拆开活塞连杆组的连杆大端轴承盖,并将这两半合在曲柄销上。装上连杆螺栓和螺母,并把它分次均匀旋紧。转动一下连杆,若松紧合适转动灵活,可用开口销将螺母锁紧。在装连杆大端轴承盖时,应对准记号,不可装错。

7.装复气缸体

先将吸气阀的升程限制器(限位器)压入气缸上相应环槽中。在曲轴箱装气缸体的密封面上插好定位销,覆上涂油石棉纸箔,将每只活塞上的三根气环的切口相互错开 120°,盘动曲轴使两曲柄处于一高一低的位置,然后便可把气缸体向曲轴箱上装。两只活塞是一前一后地塞入气缸,气缸壁下端的 60°扩口是供套上活塞时使活塞环能自行收缩而滑进气缸。两只活塞装进气缸后,便可对准两个定位销,使气缸体和曲轴箱合上,并用螺栓分次均匀旋紧,其间要经常转动曲轴,检查是否有过紧或卡住等现象。

8.装复气阀组件及气缸盖

将排气阀片、弹簧和升程限制器依次装上阀板。用煤油滴在阀片表面上检查其密封性,以在规定时间内无渗漏为合格。测量阀片升程,其大小应限制在 1.5±0.2 mm 范围内。最后用开口销锁紧槽形螺母。阀板组装完毕后,将吸气阀弹簧放进吸气阀升程限制器的弹簧槽内,再在其上面放上吸气阀片。气缸顶面上覆以涂油石棉垫片(厚 0.5 mm),合上阀板,再覆垫片,最后合上气缸盖。其中要注意区别高低压方向,分次均匀旋紧气缸盖螺栓后,要盘动曲轴,检查是否有卡阻现象。

9.装复皮带轮。

10.装复完成后，通电试车。

第二节　液压控制阀的拆装与检查

（本节内容适用于：750 kW 以上船舶二/三管轮。）

一、实操内容与要求

1.实操内容

（1）液压控制阀的拆卸。
（2）液压控制阀的清洁和检查。
（3）液压控制阀的安装。

2.实操要求

熟练实施液压控制阀的解体、清洁、修理与组装。

二、拆装设备介绍

液压控制阀在液压系统中用来控制液流的压力、流量和方向，保证执行元件按照要求进行工作。液压阀基本工作原理是利用阀芯在阀体内做相对运动来控制阀口的通断及阀口的大小，实现压力、流量和方向的控制。下面以三位四通电磁换向阀为例进行介绍。

1.电磁换向阀的结构

电磁换向阀的结构包括阀芯、阀体、电磁铁、弹簧等，如图 3-3 所示。

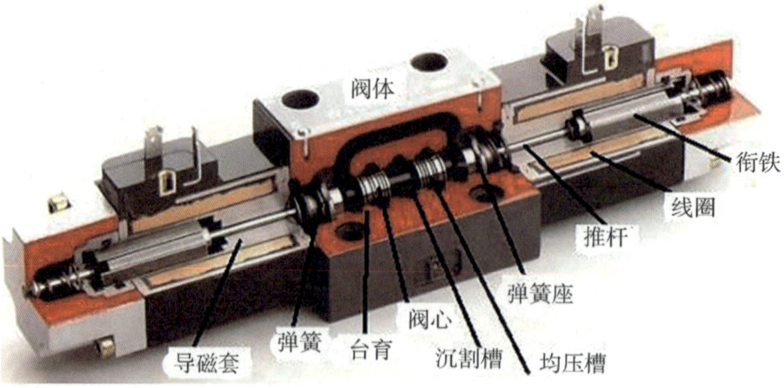

图 3-3　电磁换向阀的结构

(1)阀芯与阀体孔配合处为台肩,阀体孔内沟通油液的环形槽为沉割槽。

(2)均压槽:在阀芯上开的径向平衡槽,防止阀芯卡紧在阀体上。

(3)三位换向阀的中位机能:系统保压,系统卸荷,换向平稳性和精度,起动平稳性和液压缸“浮动”和在任意位置上的停止。

2.电磁换向阀的工作原理

电磁换向阀阀体内有五个环形沉割槽,中间为进油腔 P,与其相邻的是工作油腔 A 和 B。两端还有两个互相连通的回油腔 T,如图 3-4 所示。阀芯两端分别装有弹簧座、复位弹簧和推杆,阀体两端各装一个电磁铁。当两端电磁铁都断电时(图示状态),阀芯处于中间位置。此时 P、A、B、T 各油腔互不相通;当左端电磁铁通电时,该电磁铁吸合,并推动阀芯向右移动,使 P 和 A 连通,B 和 T 连通。当其断电后,右端复位弹簧的作用力可使阀芯回到中间位置,恢复原来四个油腔相互封闭的状态;右端工作原理与左端工作原理相同。

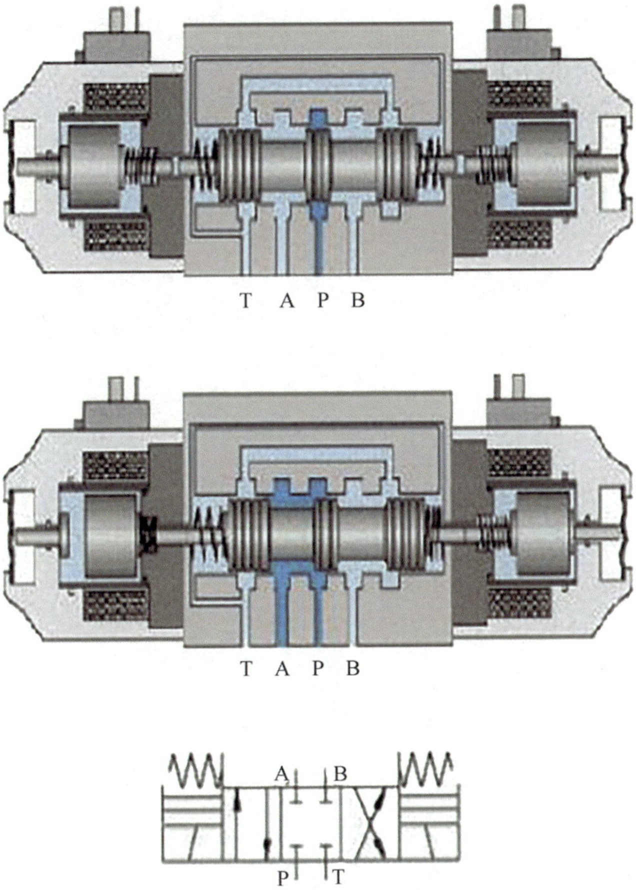

图 3-4　电磁换向阀的工作原理

三、液压控制阀的拆装和检查

1. 将换向阀两端的电磁铁拆下。

2. 轻轻取出弹簧、挡块及阀芯等。如果阀芯太紧,可用铜棒轻轻将其敲击出来,禁止猛力敲打,以防损坏阀芯台肩。

3. 解体后的全部零件须用煤油或柴油清洗,用不起毛的布擦拭;检查各零件的油孔、油路是否畅通、是否有尘屑,若有应再次清洗和清通。

4. 装配按拆卸的相反顺序进行,即后拆的零件先装配,先拆的零件后装配。装配时应注意:

(1)装配前各配合零件表面涂润滑油。

(2)装配阀芯时,应在其台肩上涂抹液压油,装配中注意阀芯与阀座孔配合的同心度,装好后,用手稍稍推动阀芯,看其是否自由运动,以防止阀芯卡住。

(3)装复弹簧时,如果弹簧混淆可依据各弹簧的弹性大小区分,并依据性能要求装复。(例如:溢流阀的先导阀调压弹簧的弹性比主阀弹簧的大。)

5. 清洁阀外表面,整理工作台,检查现场有无漏装元件。

第三节　液压泵（柱塞泵）的拆装与检修

（本节内容适用于：750 kW 以上船舶大管轮、750 kW 以上船舶二/三管轮。）

一、实操内容与要求

1.实操内容

（1）拆卸前的准备工作。
（2）液压泵的装卸。
（3）液压泵的检修。
（4）液压泵的装复。

2.实操要求

（1）正确选择、使用拆装工具。
（2）掌握正确的液压泵（柱塞泵）的拆装步骤。
（3）掌握正确的液压泵（柱塞泵）检修及清洁的方法。
（4）掌握液压泵主要装配间隙的测量方法。

二、拆装设备介绍

船舶为了节省装卸货费用大多设置了起货设备，由于液压系统的优点较多，故多采用液压起货机，液压系统的动力元件就是液压泵，为了方便操作液压泵大多采用变向变量泵。斜盘式轴向柱塞泵具有良好的变量变向特性，在船舶中应用广泛。液压泵能否正常运行是液压起货机能否使用的关键，故轮机管理人员需要正确掌握液压泵的维修保养。

本节以常见的国产 CY 系列斜盘式轴向柱塞手动变量液压泵为例，介绍斜盘式轴向柱塞泵的结构和拆装检修要点。如图 3-5 所示为手动伺服变量 CCY14-1B 型斜盘式轴向柱塞泵的实物及结构图。

从结构图可以看出，该泵的主体部分中，传动轴 1 通过花键带动缸体 3 旋转。中心弹簧 4 一方面通过弹簧外套将缸体 3 压向配流盘 2，另一方面通过弹簧内套、钢球、回程盘 5 将滑履 13 压向斜盘 12（新型号在斜盘上加设了止推板）。缸体和柱塞 14 带动与柱塞外端铰接的滑履 13，在斜盘（或止推板）上按圆周向滑动。当斜盘倾斜时，柱塞即在油缸中往复运动，油液便通过配流盘的两个油窗口和外泵体 16 的油通道实现吸油和排油。

泵的配流盘与缸体之间、柱塞与缸体之间、滑履与斜盘（或止推板）之间、滑履与柱塞球头之间为液压泵的内部配合密封面，运行中会有少量液压油漏入泵体中。漏入泵体中的油除润滑轴承外，连续地从中泵体 15 顶部的泄油孔泄回油箱，带走泵功率损失所产生的热量。

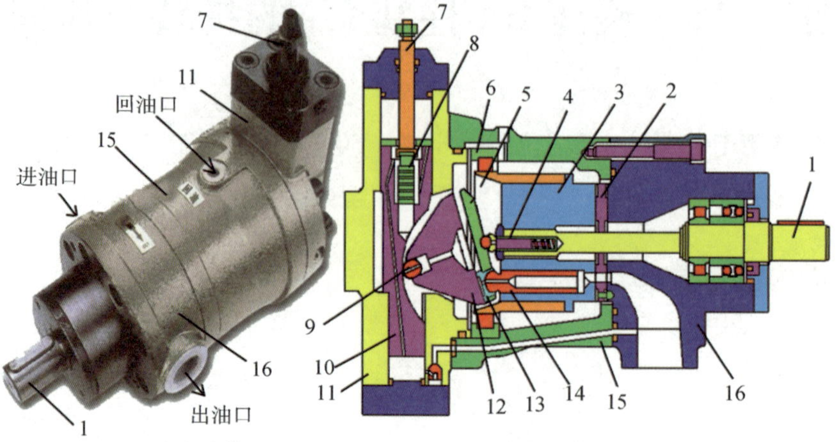

（a）实物　　（b）结构简图

图 3-5　CCY14-1B 型斜盘式变量泵实物及结构简图

1—传动轴；2—配流盘；3—缸体；4—中心弹簧；5—回程盘；6—大轴承；7—控制杆；8—伺服滑阀；9—销轴；10—差动活塞；11—变量壳体；12—斜盘；13—滑履；14—柱塞；15—泵体；16—外泵体

手动伺服变量机构主要由变量壳体 11、差动活塞 10、伺服 8 以及和其连接的控制杆 7 组成。差动活塞中部设有耳孔和斜盘销轴 9 铰接配合，使差动活塞 10 的上下移动，转换为斜盘的倾斜摆动。

国产 CY 系列柱塞泵结构分解如图 3-6 所示。

各零部件名称如图所示，分别为：变量机构、变量控制杆、斜盘、滑履和压板、柱塞、中心压杆和弹簧、转缸、转缸套、前泵壳、配油盘和后泵壳、轴承盖。

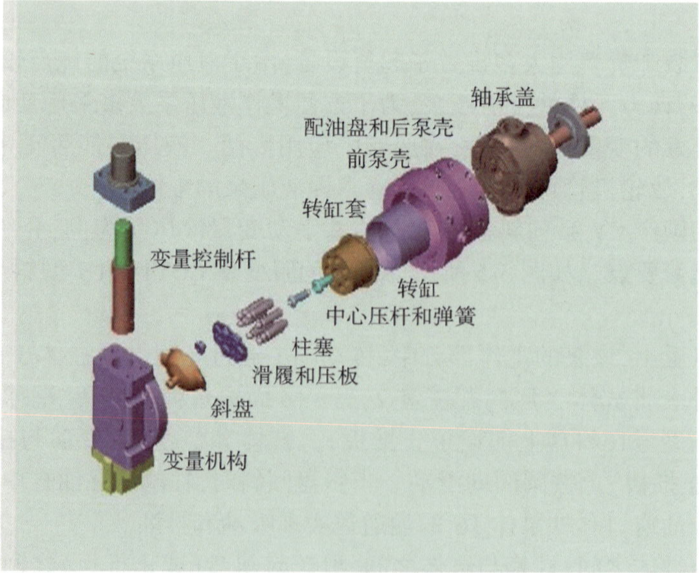

图 3-6　国产 CY 系列柱塞泵结构分解图

三、拆卸前的准备工作

1. 穿戴劳保防护服(安全帽、工作鞋等)。
2. 检查拆装工具的使用状况,若有问题应及时更换。
3. 确保泵的电源已切断,并采取隔离措施,防止意外起动。
4. 清理现场,准备好放置零部件所用的支架、垫木及需要更换的备件物料。
5. 在拆装全程中应在操纵台前悬挂“禁止起动”的警示牌。

四、液压泵的拆卸

本柱塞泵是脱离液压系统的单独泵体,故拆卸程序没有管路拆卸和联轴器拆卸。

1. 用内六角扳手,旋出变量机构端盖的八个内六角螺栓,拆下伺服变量机构。此时应注意 O 形密封圈(如图 3-7 所示),不要将其损坏。

图 3-7 斜盘和 O 形密封圈

2. 注意观察转动流量调节手轮时,斜盘的动作。斜盘通过其背部销轴与变量杆中的耳销孔配合,手轮转动,使变量调节杆上下移动,带动斜盘绕其支撑轴转动,斜盘是滑履的支撑。如图 3-8 所示,滑履在压板作用下和斜盘相互配合滑动。如图 3-9 所示,整体取出转子。

3. 依次取出柱塞。如图 3-10 所展示的是转缸体和配油盘相接触面,布置有与柱塞数量相同的椭圆形油孔。取出柱塞时应注意将柱塞和缸体孔做好记号,以免装配时无法对应原来配合。

4. 取下压板钢柱。如图 3-11 所展示的是压板钢珠,其作用是配合压杆及其弹簧,使压板压紧滑履紧贴在斜盘上。

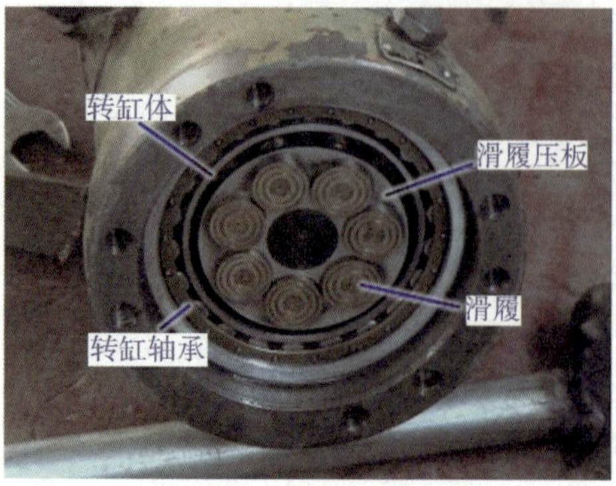

图 3-8　缸体总成

图 3-9　转子

图 3-10　椭圆形油孔

图 3-11　压板钢珠

5. 依次取出转缸中心孔中的压杆和压杆弹簧。

6. 依次取下：滑靴和压盘、铜球铰、定位套、弹簧和空心柱塞。如图 3-12 所示，柱塞头部和滑履通过球形铰接的方式连接在一起。柱塞磨损后呈腰鼓形，且不易修复，一般都予以换新。滑履与柱塞球头均有小孔，如图 3-13 所示，检查它们是否堵塞，若柱塞与滑履上的小孔堵塞，将导致滑履严重磨损。

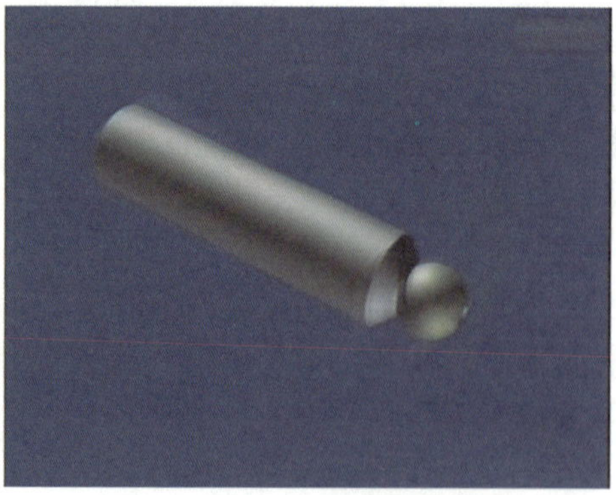

图 3-12　球形铰接

图 3-13　滑履小孔

7. 配油盘安装在前后两泵壳之间，如图 3-14 所示。如需检修配油盘，则需先拆下前后泵壳的连接螺栓。拆除前后泵壳的八个连接螺栓，如图 3-15 所示，分开前后泵壳。

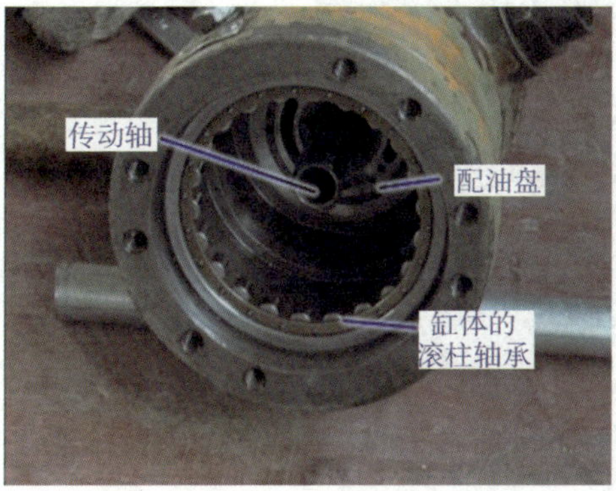

图 3-14　配油盘

图 3-15　拆卸泵壳

8. 检查前后泵壳的两个密封面。

9. 检查接触面的 O 形密封圈（如图 3-16 所示），如损坏或失去弹性需换新。

图 3-16　O 形密封圈

10. 泵壳端面的两个半圆形孔槽分别和吸排管相通。配油盘嵌套在前泵壳端面的中心空孔中，用铜棒轻轻敲击即可取下配油盘。正常的配油盘应如同镜面一样光滑明亮，若发现有刮痕、刮伤、偏磨等现象，要查明原因，必要时更换备件或修理。

11. 变量机构的拆卸。断开变量机构的电工信号线，拆卸变量调节手柄或电磁阀连接部件；使用内六角扳手松开变量头与泵体的固定螺栓，按对角线顺序逐步拆卸，轻敲变量头壳体（垫铜棒防损伤），缓慢分离变量头与泵体；取出伺服活塞杆，检查密封圈和导向套磨损；拆卸斜盘固定销或卡环，轻取斜盘，注意保护滑靴与柱塞球铰接触面；标记反馈杆与斜盘的连接位置，拆卸调节弹簧和预紧螺母。

12. 在每个部件安装前，如图 3-17 所示，都必须予以清洗。清洗时可用轻柴油对将每个零件用干净无棉絮的布或毛刷刷净，然后用压缩空气吹净。如图 3-18 所示，清洗时要特别注意检查斜盘、滑履和柱塞中心油孔是否通畅，必要时用细铅丝疏通。

图 3-17 清洗样例

图 3-18 中心油孔

五、液压泵的检查

1. 柱塞。柱塞是一种比压分布不均匀,相对速度很大的零件,也是极易磨损的零件。磨损后,柱塞呈腰鼓形,且不易修复,一般都予以换新。

检查柱塞与对应油缸的间隙,将柱塞和油缸分成三等份,分别用外径和内径千分尺测出它在不同部位的直径。在某一部位测得读数后,再将千分尺在测量处转换 180°,再测量一次,并做好记录。根据柱塞与对应油缸的直径,计算椭圆度、圆柱度及配合间隙。注意防止装配间隙过小。一般选择它们的装配间隙为 0.02 mm 左右,控制范围 0.015~0.03 mm。

2. 缸体。缸体的易磨损部位是其与柱塞配合的缸体内壁和与配油盘接触的端面。检查时,如发现磨损应送厂修理或换新。为保证配油盘与缸体之间的可靠密封,缸体与泵壳的轴向窜动误差应小于 0.02 mm。装复后的缸体端面和柱塞孔内壁的粗糙度均应达到 0.2,端面的平行度应在 0.005 mm 以内。

3. 倾斜盘、配油盘及滑履正常情况下,如同镜面一样光滑明亮。若发现有刮痕、刮伤、偏磨等现象，要查明原因，正确处理或修理，必要时，可更换备件或重新加工。

对每个油缸中柱塞端部的滑履来说，要求也比较严格。用手搬起滑履时，正常时当中的柱塞应晃动自如，在任何方向都没有卡紧和卡死现象，否则要修理或更换备件。

六、液压泵的装复

装配过程与拆装过程相反。

如图 3-19 所示，安装时应特别注意配油盘和定位销孔之间的定位。

需要特别说明的是，此处定位销孔有两个，安装定位销时应根据泵的转向确定定位销孔，不能装反，否则会加剧困油现象，造成泵的异常磨损或损坏。

按拆卸相反的顺序，分别装好配油盘、前泵壳；如图 3-20 所示，把柱塞和滑履装入转缸体内，然后整体装入前泵壳，注意和泵轴的定位，装复后转动泵壳，看是否有卡阻。装回斜盘以及变量机构，交叉分次上紧螺丝。轴向柱塞泵拆检工作完成。

图 3-19　定位销孔

图 3-20　柱塞和滑履装入转缸

第四节　液压马达的拆装与检修

（本节内容适用于：750 kW 以上船舶二/三管轮。）

一、实操内容与要求

1.实操内容

（1）液压马达的解体。
（2）液压马达的清洁和检查。
（3）液压马达的组装。

2.实操要求

（1）正确选择、使用拆装工具。
（2）掌握正确的液压马达的拆装步骤。
（3）掌握正确的液压马达清洁和检查的方法。

二、拆装设备介绍

船用液压马达是船舶液压系统中的关键执行元件，它将液压能转换为机械能，为船舶的多种设备提供动力。其应用广泛，比如在船舶的舵机系统中，液压马达能够精准控制舵叶的转动，保障船舶的航向操纵；在起锚机和绞缆机里，能为锚链和缆绳的收放提供强大动力；其还可用于船舶的甲板机械，如起重机等设备。

船用液压马达具有功率密度大、结构紧凑的特点，能在有限空间内输出较大扭矩。同时，它的调速范围宽，可实现平稳的无级调速，满足不同工况的需求。并且，液压系统的过载保护性能较好，能有效保护马达及相关设备。但它也对液压油的清洁度要求较高，需要定期维护保养，以确保其可靠运行。

待拆装液压马达为某型号五缸液压马达，其结构如图 3-21 所示。在星形壳体 1 上均匀分布着五个油缸，各油缸中装有活塞 2，活塞中心球窝中装有连杆小端球头，连杆大端凹形圆柱面紧贴在与输出轴 5 连成一个整体的偏心轮外缘上，外缘两端面用一对挡圈 4 箍紧，以防连杆脱离偏心轮。输出轴的另一端通过十字联轴器与配油轴相连。在液压马达壳体靠配油轴端有两个油口接管 a 和 b，它们分别与配油轴两环形槽相通，而环形槽通过配油轴上相应的轴向孔与配油窗口相通，随着配油轴的旋转，油液分别通到壳体上的五个通道，并有规律地进、排油。

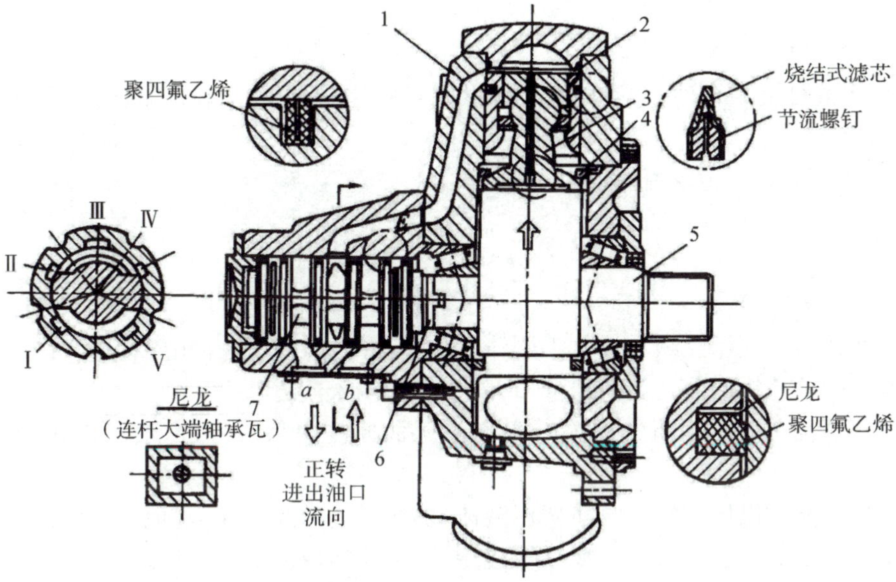

图 3-21　液压马达结构图

1—壳体;2—活塞;3—连杆;4—挡圈;5—曲轴(输出轴);6—十字头联轴器;7—配油盘

三、液压马达的解体

1.泄放壳体内油液

使用合适规格的扳手,卸下泄油口旋塞。操作时要缓慢,防止油液溅出;将马达壳体内的油液泄放到准备好的容器中。

2.拆卸通油盘或油管

用扳手松开通油盘或油管接头的螺钉。注意均匀用力,避免螺钉滑丝;卸下通油盘或油管,妥善放置,防止损坏接口。

3.取出内部零件并标记

使用合适工具取出配油盘、定位环、垫块、圆柱销、双头键;用记号笔在输出轴端面和配油盘面上作好同方位的标记,确保重新装配时相对位置准确。

4.吊出曲轴

用螺丝刀拆去封盖;将吊环拧入曲轴中心孔,确保连接牢固;使用吊装设备平稳吊出曲轴,注意避免碰撞其他部件。

5.拆卸连杆卡环

用卡环钳等工具卸下连杆上的卡环。

6.取出连杆组合件并标记

小心取出连杆的组合件；对连杆组合件做好对应的标记，以便装复时保证原装配间隙。

四、液压马达的清洁和检查

1.液压马达的清洁

(1)表面清洁。使用无绒布或软毛刷清除外部油污、杂质，避免污染物进入内部。

(2)油口防护。拆卸前封堵进出油口，防止异物侵入流道。

(3)内部清洗。用专用清洗剂或低黏度液压油冲洗内部，重点清洁配流盘、转子等关键部件。

(4)吹扫干燥。以压缩空气吹净残留液体，确保马达内腔干燥，避免水汽腐蚀。

(5)滤芯检查。同步检查或更换系统过滤器，确保油液清洁度达标。

2.液压马达的检查

(1)外观检查。检查壳体是否有裂纹、变形和锈蚀；轴承密封处是否渗漏，密封件是否老化。

(2)轴封与轴承检查。检查轴封磨损情况，若硬化或开裂需更换。手动旋转轴承，确认无卡滞、异响或间隙过大。

(3)内部磨损。观察配流盘、转子、定子摩擦面是否划伤或偏磨；检测柱塞等运动副磨损量，超差则需要替换或修复。

(4)配合间隙检测。对照手册标准判定，使用塞尺或千分表测量关键部件配合间隙。

(5)泄油孔检查。确认泄油孔畅通，避免背压过高导致轴封损坏。

(6)油口密封性检查。检查螺纹接口是否完好，密封圈是否压紧或变形。

五、液压马达的组装

1.安装转子组件

根据拆卸时的标记，将转子小心地装入液压马达的壳体中。注意转子的安装方向和位置要准确无误，确保其与壳体的配合间隙符合要求。

2.安装柱塞

将柱塞安装到相应的缸孔中，并检查其运动的灵活性。

3.定位配油盘

将配油盘按照之前做好的标记安装到壳体上，确保配油窗口与转子的油道对齐。使用定位销或定位环来保证配油盘的准确位置。

4.紧固配油盘

用螺栓将配油盘固定在壳体上,拧紧螺栓时要按照规定的扭矩和顺序进行,以确保配油盘与壳体之间的密封良好。

5.安装轴承

将轴承安装到相应的位置,使用专用的轴承安装工具,确保轴承安装到位且无损伤。在安装过程中,要注意轴承的安装方向和配合间隙。

6.安装轴

将轴穿过轴承和转子,确保轴的安装位置正确,并且能够自由转动。检查轴与其他部件的配合情况,如有必要,进行适当的调整。

7.安装密封件和垫片

在密封件和垫片上涂抹适量的润滑脂,然后将其安装到相应的位置。注意密封件的安装方向和方法要正确,避免密封件扭曲或损坏。

8.安装端盖

将端盖安装到液压马达的壳体上,使用螺栓将其固定。在安装端盖时,要注意密封件的压缩量,确保端盖与壳体之间的密封良好。

9.安装其他附件

安装其他附件,如泄油口旋塞、通油盘、油管接头等,并确保各连接部位的密封良好。

第五节　自清滤器的拆装与检修

（本节内容适用于：750 kW 以上船舶二/三管轮。）

一、实操内容与要求

1.实操内容

自清滤器的解体、检修与装复。

2.实操要求

能够正确进行自清滤器的解体、检修与装复工作。

二、自清滤器的结构和工作原理

1.结构

α-Laval Moatti 滤器结构如图 3-22 所示，其主要由以下几个部分组成：

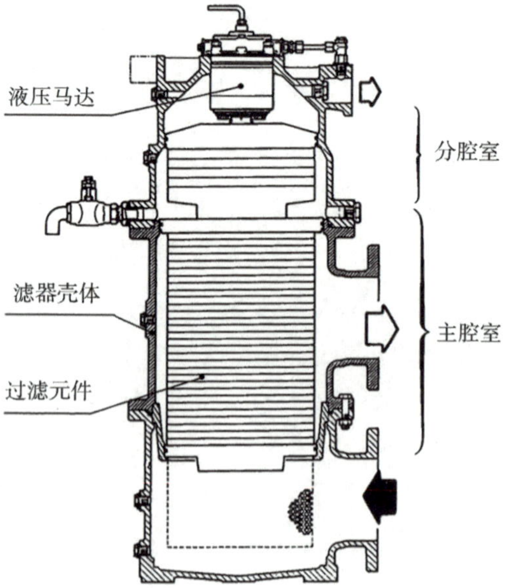

图 3-22　α-Laval Moatti 滤器结构图

1. 滤器壳体；

2. 过滤元件和分配器；

3. 液压马达。

滤器由两个腔室组成，第一个腔室被称为主腔室，在这个腔室中，油被过滤清洁；第二个腔室被称为分腔室，在此腔室中，从主腔室里反冲过来的脏油在此过滤，杂质聚集下来，并通过放残阀放掉。

过滤元件主要由盘状的滤芯组成，这些滤芯从上到下重叠压在一起，形成滤筒。这种结构是很坚固的，因为滤芯不仅通过螺杆压在一起，而且当油流通过（即过滤时），油压还同时作用在滤芯盘面上部，从而使各芯片压得更紧。这种结构能有效地防止滤芯间油的泄漏。

图 3-23 为一组滤芯的一部分。每个滤芯被肋分为若干部分，滤筒因此形成若干个柱面，各柱面能作为一个独立的过腔室。

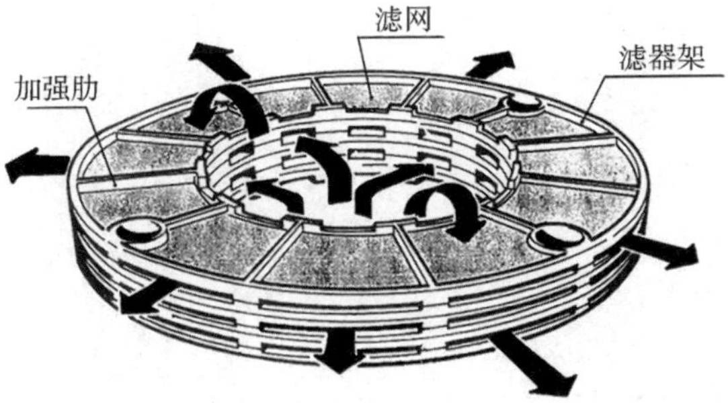

图 3-23　**滤芯结构图**

这种滤器内部的芯片与套筒、上下端盖、螺杆等组成一个过滤元件，而分配器位于过滤元件内，见图 3-24。

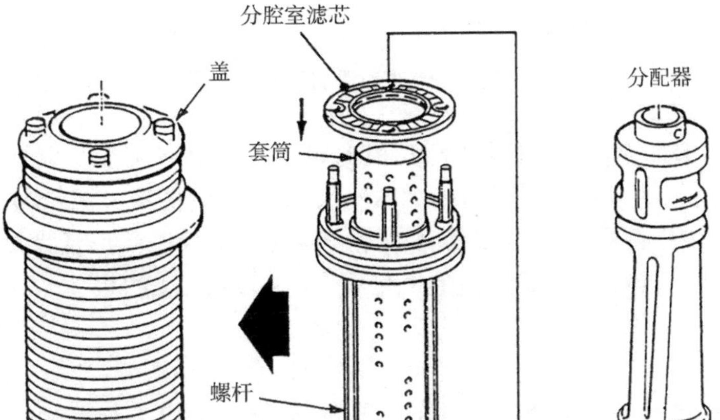

图 3-24　**过滤元件结构图**

分配器由液压马达带动而旋转，逐步使得过滤的油进入一个或两个滤筒柱面，在滤筒内由内向外过滤，过滤后的油充满整个滤筒的外围，在管路中的油压作用下，滤后清洁的油对剩下的几个滤筒同时进行反冲洗，由外向内冲洗下滤芯滤网上的杂质。这样，分配器每转一转，整个滤筒将被反冲洗一次。驱动分配器的液压马达由进入滤器的部分油流来驱动。这种滤器的结构有以下几个方面的特点：

(1)在不断的反冲洗过程中，油的压力稳定。

(2)可以实现连续不断的自动反冲洗。

(3)结构坚固，不容易泄漏。

α-Laval Moatti 滤器有燃油滤器和滑油滤器两种，其工作原理相同，所不同的是由电驱动或液压马达驱动。图 3-25 分别示出了这两种滤器的外形图。

电驱动燃油滤器　　滑油滤器

图 3-25　燃油和滑油滤器外型图

图 3-26 所示为滑油滤器的立体结构图，根据船舶机舱机型大小及发动机型的不同，所选择使用 α-Laval Moatti 滤器是有所不同。对燃油滤器来讲，它的最大流量为 1.8~16.8 m^3/h；对滑油滤器而言，它又分为筒形活塞式柴油机和十字头柴油机，筒形活塞式柴油机的流量在 3.0~648 m^3/h 之间，而十字头式柴油机的流量在 34~900 m^3/h 之间。

2.工作原理

α-Laval Moatti 自动反冲洗滤器的工作原理如下所述(见图 3-27)。

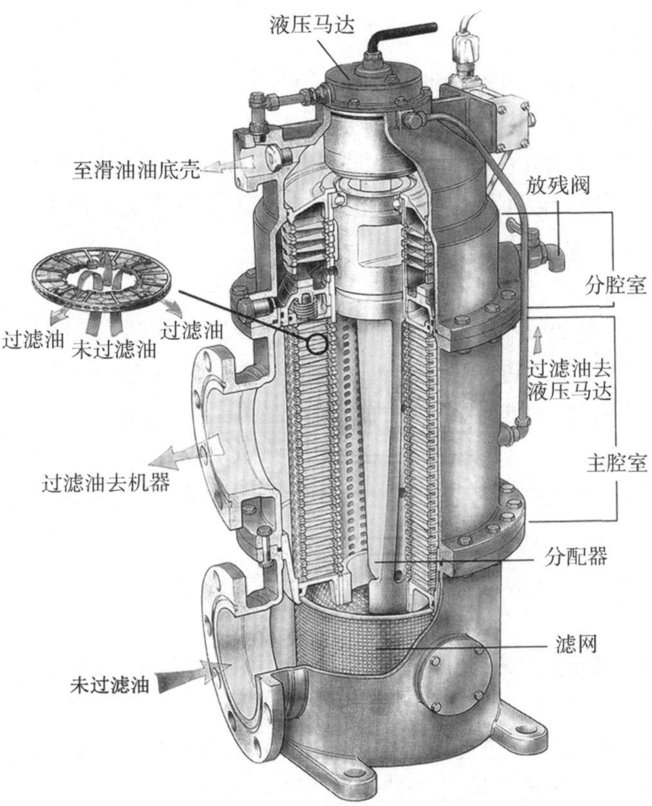

图 3-26　**滑油滤器的立体结构图**

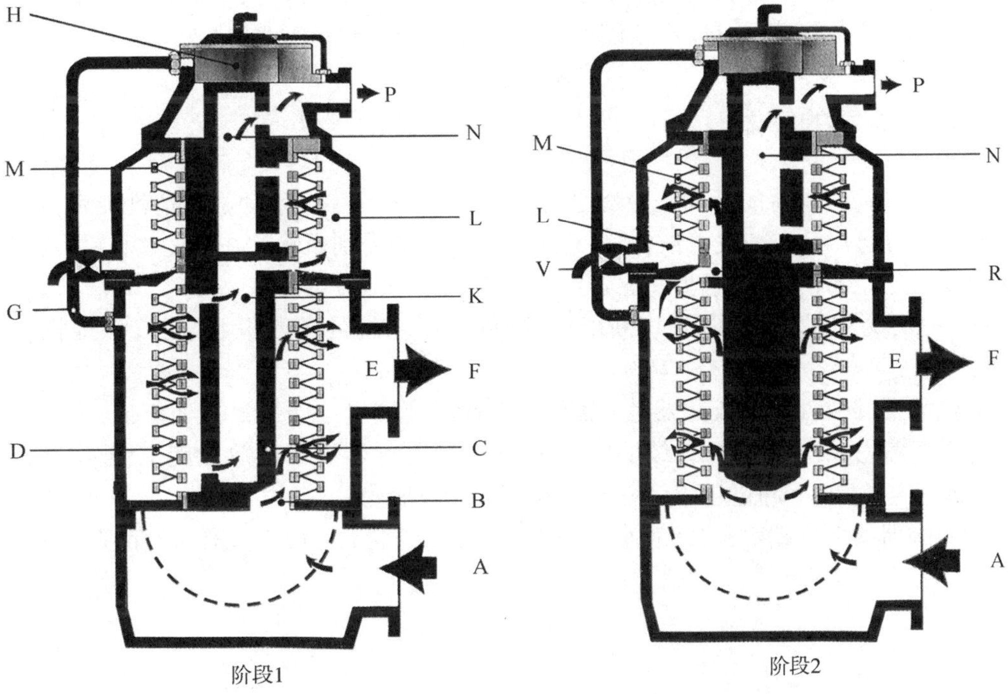

图 3-27　α-Laval Moatti **自动反冲洗滤器的工作原理**

阶段Ⅰ：

1. 油在主腔室内的过滤

(1)待过滤油从“A”处进入滤器的主腔室，然后流入腔室“B”，即分配器“C”和装有滤芯“D”的套筒内周之间的空间。

(2)从腔室“B”通过由滤芯“D”组成的滤筒柱面，杂质被过滤出来。

(3)被过滤出来的油送至“E”腔，从这里通过出口管“F”流入柴油机，一部分被过滤的油从“E”腔通过“G”管进入液压马达“H”。

2. 油腔室的反冲洗

(1)在主腔室中，所有滤筒柱面中有一个不参与过滤。在进行过滤时，来自“E”腔的部分油流对未参与过滤的滤筒柱面进行反冲洗，以清除其中积聚的杂质。

(2)反冲洗后的油通过分配器“C”内的通道“K”进入分腔室 “L”。

3. 分腔室内的过滤

(1)反冲洗后的油从分腔室“L”通过分腔室滤芯“M”进入分配器中的通道“N”。

(2)经过滤后的反冲洗油从通道“N”流入出口“P”。

(3)在阶段1中分腔室不进入反冲洗。

阶段Ⅱ：

主腔室和分腔室对油的过滤，分腔室的反冲洗。在此阶段，与阶段1相比，分配器已经转动了一个角度。

1. 腔室“E”中的部分过滤的油能通过分配器内的通道“R”、分腔室滤芯“M”(从内向外)而进入分腔室“L”，从而使分腔室滤芯“M”得到反冲洗。

2. 反冲洗下来的杂质沉淀在分腔室“L”的底部，由放残阀“V”自动地或手动地定期排放。

以上两个阶段就是这种滤器的工作原理。使用这种滤器，可以大大减轻管理人员的劳动强度，在正常情况下，该滤器可以连续使用大约两年或12 000运行小时。

三、自清滤器的解体

1. 在进行自清过滤器的拆卸和检修之前，首先需要进行一次手动强制清洗循环。此操作的目的是确保过滤器已经彻底清洁，并且系统的运行不会受到影响。在清洗过程中，应确认当前操作的滤器已经停止工作，且另一滤器已投入工作。

2. 接下来，关闭进出口阀门，切断电源，确保整个系统处于断电状态，以保证操作的安全性。

3. 旋松滤器的放气旋塞或滤器盖，观察是否有油液流出。如果没有油流出，表明滤器的转换操作已正确完成，此时可以继续操作。接下来，打开滤器下部的放油旋塞，放出滤器内部残留的油液，以防止在拆卸过程中污染环境或导致油液泄漏。

4. 拆卸滤器的上部端盖，将滤芯小心抽出。此时，注意不要用力过猛，以免损坏滤芯或其他部件。

四、自清滤器的检修

1. 将滤芯取出后,进行彻底清洗,确保滤芯表面无油污、杂质或沉积物。清洗时,可以使用专用的清洗剂或高压水枪,清洁滤芯及滤器壳体的内部,去除所有沉积的污染物,确保滤芯的正常使用。

2. 检查滤芯是否有破损、堵塞或老化现象,如有问题应及时更换。

3. 检查滤器盖和滤器本体的密封圈,确保无老化、裂纹或变形,必要时更换。

4. 检查与滤器连接的阀门和管路,确保无泄漏、堵塞或损坏。

5. 检查壳体端盖的垫片状况,如果发现垫片有老化、破损等问题,应及时更换。

五、自清滤器的装复

在装配滤芯时,应严格按照要求将滤芯放入壳体内,并确保滤芯安装到位。随后,检查壳体端盖的密封垫片是否完好,并确保端盖的螺栓已紧固。装配完毕后,旋紧放油旋塞,确保油液不会泄漏。完成安装后,进行试验,确认过滤器能够正常工作,且在工作过程中无渗漏现象。在试验过程中,需观察过滤器的运行状态,确保系统压力稳定且没有油液外泄。

第六节　分油机的解体、检修与装复

(本节内容适用于：750 kW 以上船舶二/三管轮和 750 kW 以上船舶值班机工。)

一、实操内容与要求

1.实操内容

(1)分油机的解体。
(2)分油机的检修。
(3)分油机的装复。

2.实操要求

能够正确进行分油机的解体、检修与装复工作。

二、拆装设备介绍

MAPX 分油机是全部排渣的自清式分油机，用于净化矿物燃油及柴油机润滑油。可处理油的种类包括：直馏油、船用柴油、中间和重质燃料油及润滑油。其所分油的密度最大为 991 kg/m^3(15℃)。

MAPX 分油机包括支架、外部附属马达(A)和支架罩。支架内部装有带弹性联轴器(B)、摩擦离合器(C)和涡轮机构(D)的水平驱动轴。涡轮机构浸泡在油池内。水平轴驱动供油的齿轮油泵(E)，并经涡轮机构驱动垂直轴(F)。见图 3-28。

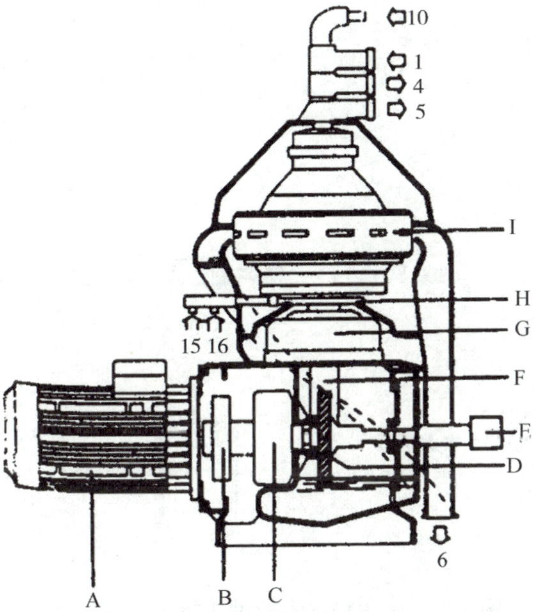

图 3-28　MAPX 型分油机结构图

1—油进口;4—油出口;5—水出口;6—排渣口;10—水封水/置换水进口;15—开启水进口;16—密封水进口
A—马达;B—弹性联轴器;C—摩擦离合器;D—涡轮机构;E—齿轮油泵;F—垂直轴;G—垂直轴上部支撑装置;H—配水盘;I—分离筒

分离筒(I)装在机架罩内垂直轴的上部,其本身带有油的进出装置和排油机构,并由机架上部的轴承支撑。分油机的油进出口(1、4)、水出口(5)及水封水/置换水进口(10)位于机架罩的上部,用于排渣机构的工作水(15、16)引入分离筒下部和机架上部的配水盘(H)。具体所选用的 MAPX204 分油机外观结构图分别如图 3-31 所示。

三、MAPX 型分油机拆装专用工具介绍

分油机拆装的工具有专用工具、普通工具和动力传动部分的工具。对给定的分油机来说,都配有专用工具。图 3-29 和图 3-30 分别示出了 MAPX204 型分油机的拆装工具。在工具图中:

(A)小锁紧圈锁环扳手;

(B)大锁紧圈锁环扳手;

(C)分离筒盖专用工具;

(D)滑动底盘专用工具;

(E)T 形扳手;

当然,对常用工具可根据分油机拆装的工作量大小来合理配备,也包括拆卸下来各部件的清洁用油等等。

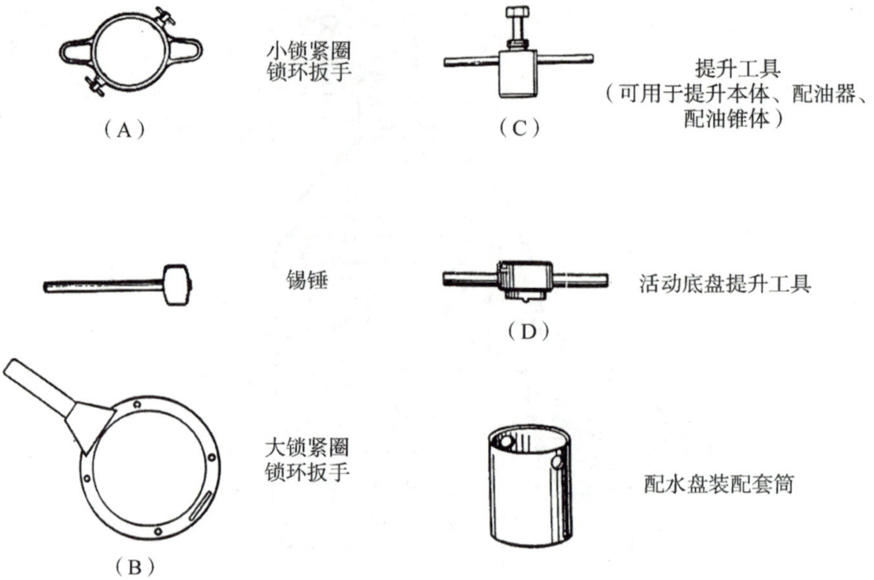

图 3-29　MAPX204 型分油机拆装工具图

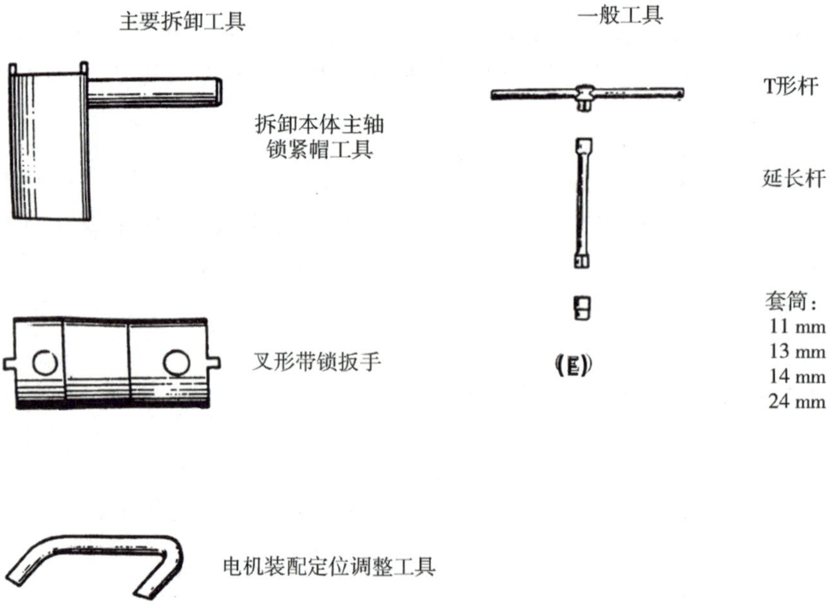

图 3-30　MAPX204 型分油机拆装工具图

四、分油机的解体

图 3-31 示出了 MAPX204 分油机的外观图,并示出了油、水、渣各管路的进出口;图 3-32 示出了 MAPX204 型分油机的结构原理,供拆装时参考。

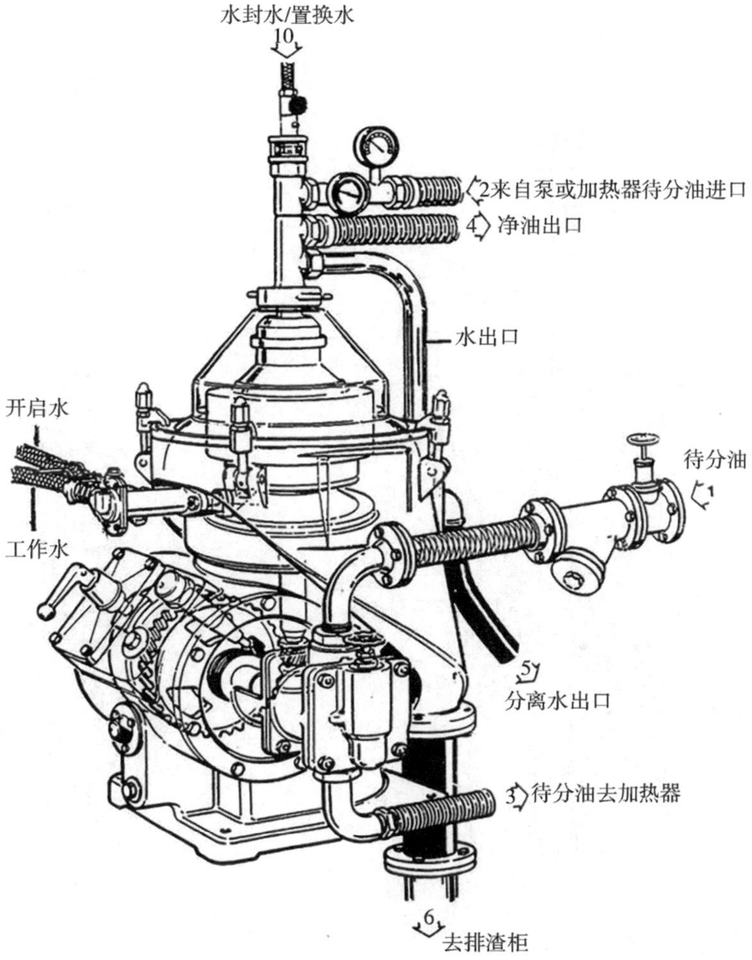

图 3-31　MAPX204 分油机的外观结构图

1. 将分油机上部端盖各管系拆除,各部件的拆卸分解图详见图 3-33 和图 3-34。

2. 用长“T”形套筒(24 mm)旋松并取出锁紧螺母 3,取下进油管接头。(见图 3-34)

3. 将上端盖四只压紧螺栓松开,向上抬起打开端盖。

4. 用拆除小锁紧圈的专用工具,顺时针方向拆除小锁紧圈(见图 3-35)。取出进油管、向心泵、比重环等部件。

5. 用专用工具再将大锁紧圈按顺时针方向用手锤敲击拆下,若有必要的话,用起吊工具将分离筒上盖吊出(见图 3-35)。

6. 用专用的工具起吊将分离盘及配油器整体吊出(见图 3-36)。

7. 顺时针拆下立轴锁紧螺母,取出配油锥体。(见图 3-36)。

8. 用起吊工具及专用工具将分离筒吊出(见图 3-36)。

9. 拆除分离筒本体底部弹簧座后,取出弹簧(见图 3-37)。

10. 拆除工作水机构和配水机构。(见图 3-38)

MAPX204 型分油机拆装部件详见图 3-39。

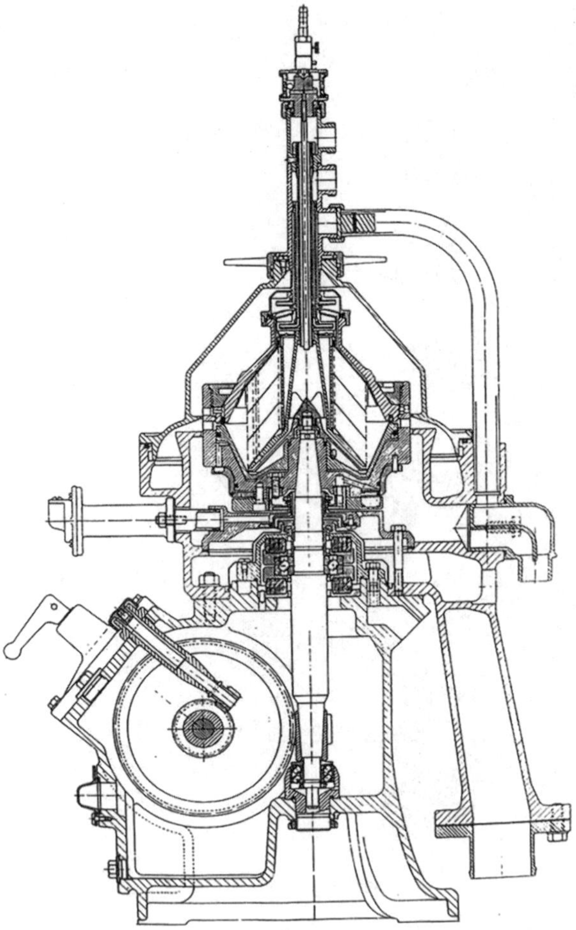

图 3-32　MAPX204 分油机的结构原理图

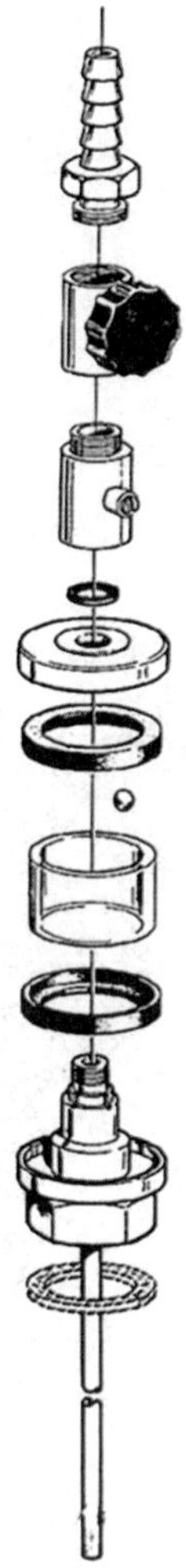

图 3-33　水封置换水部分的分解图

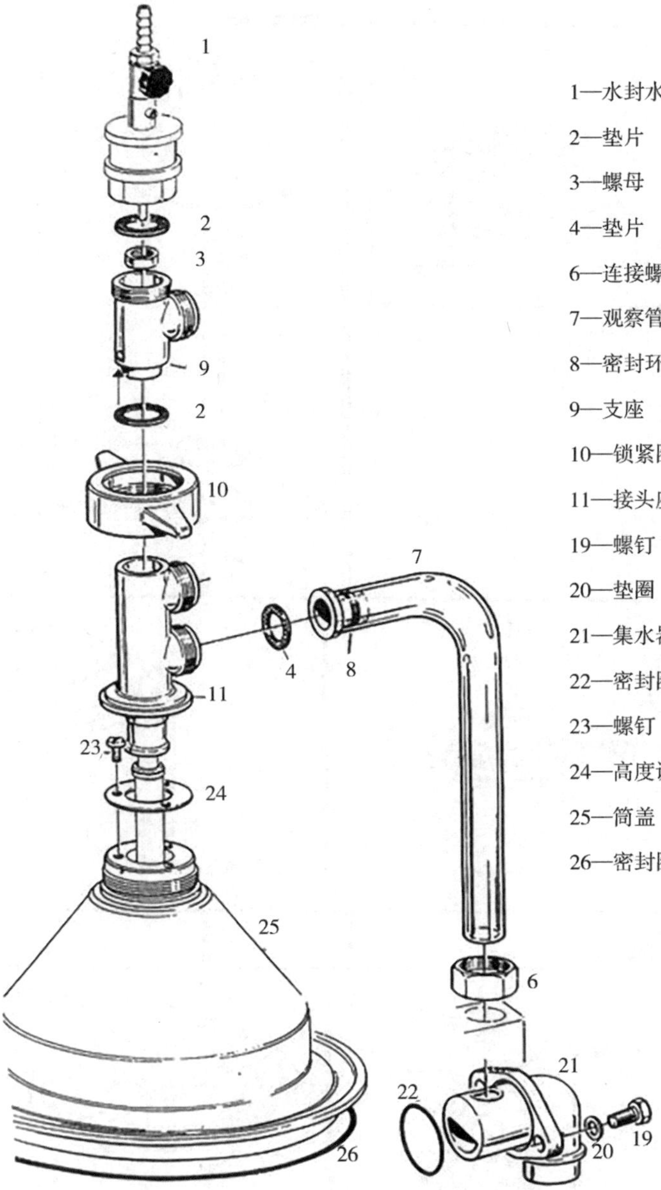

1—水封水/置换水观察镜
2—垫片
3—螺母
4—垫片
6—连接螺母
7—观察管
8—密封环
9—支座
10—锁紧圈
11—接头座
19—螺钉
20—垫圈
21—集水器
22—密封圈
23—螺钉
24—高度调节环
25—筒盖
26—密封圈

图 3-34 上部端盖管系部分拆卸分解图

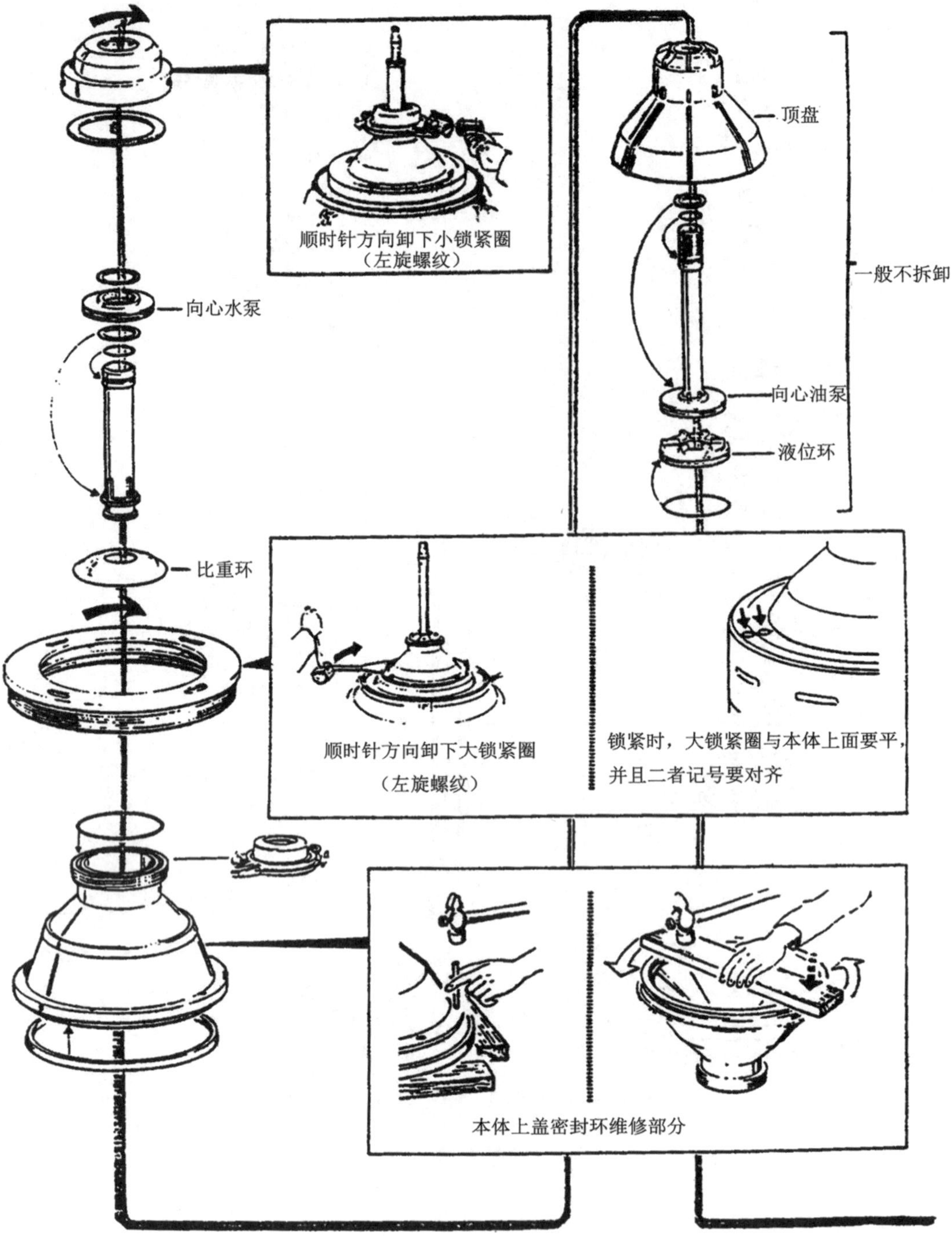

图 3-35　MAPX204 分油机拆装分解图

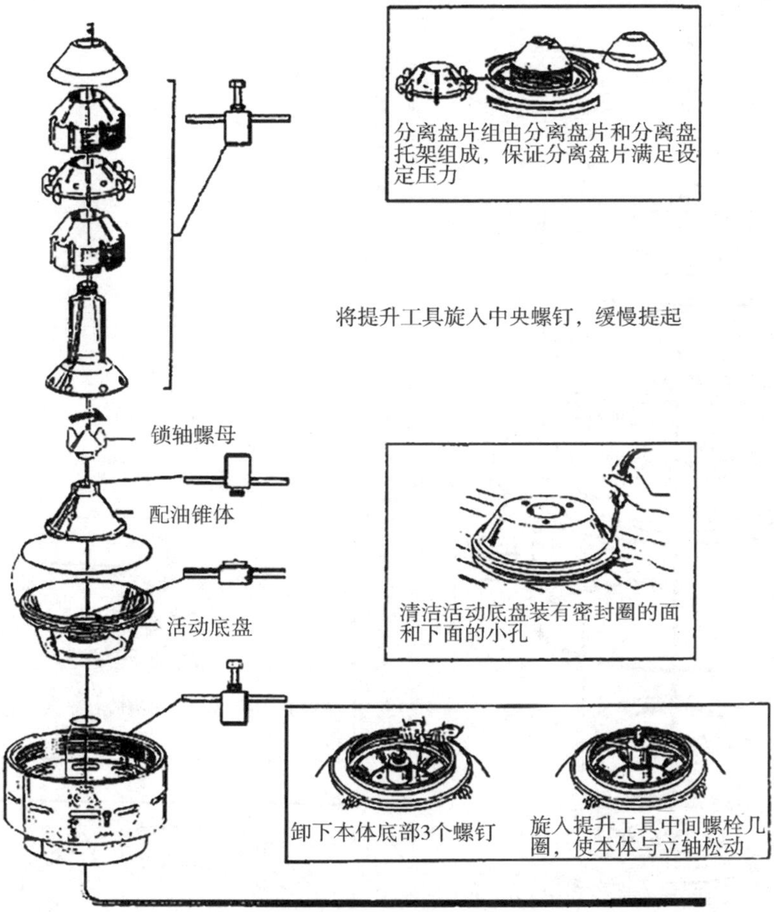

图 3-36 分离筒拆装示意图

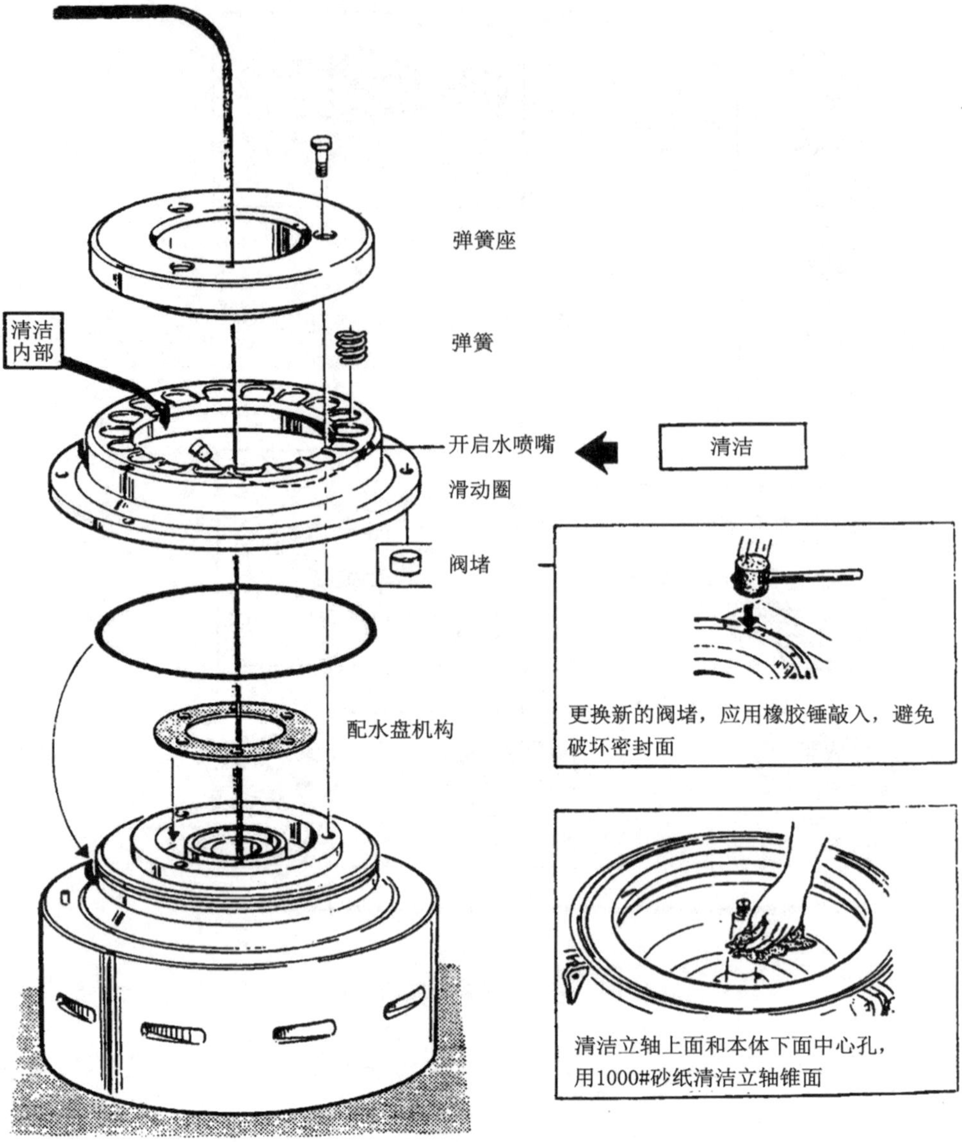

图 3-37　分离筒底部拆装示意图

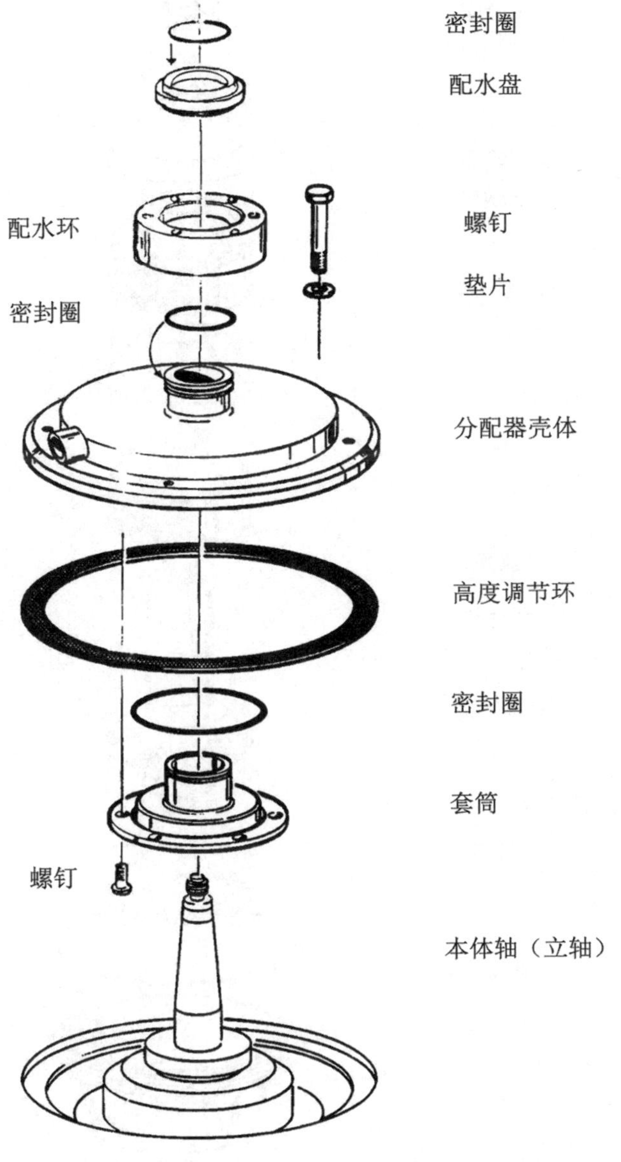

图 3-38　工作水机构和配水机构部件拆装示意图

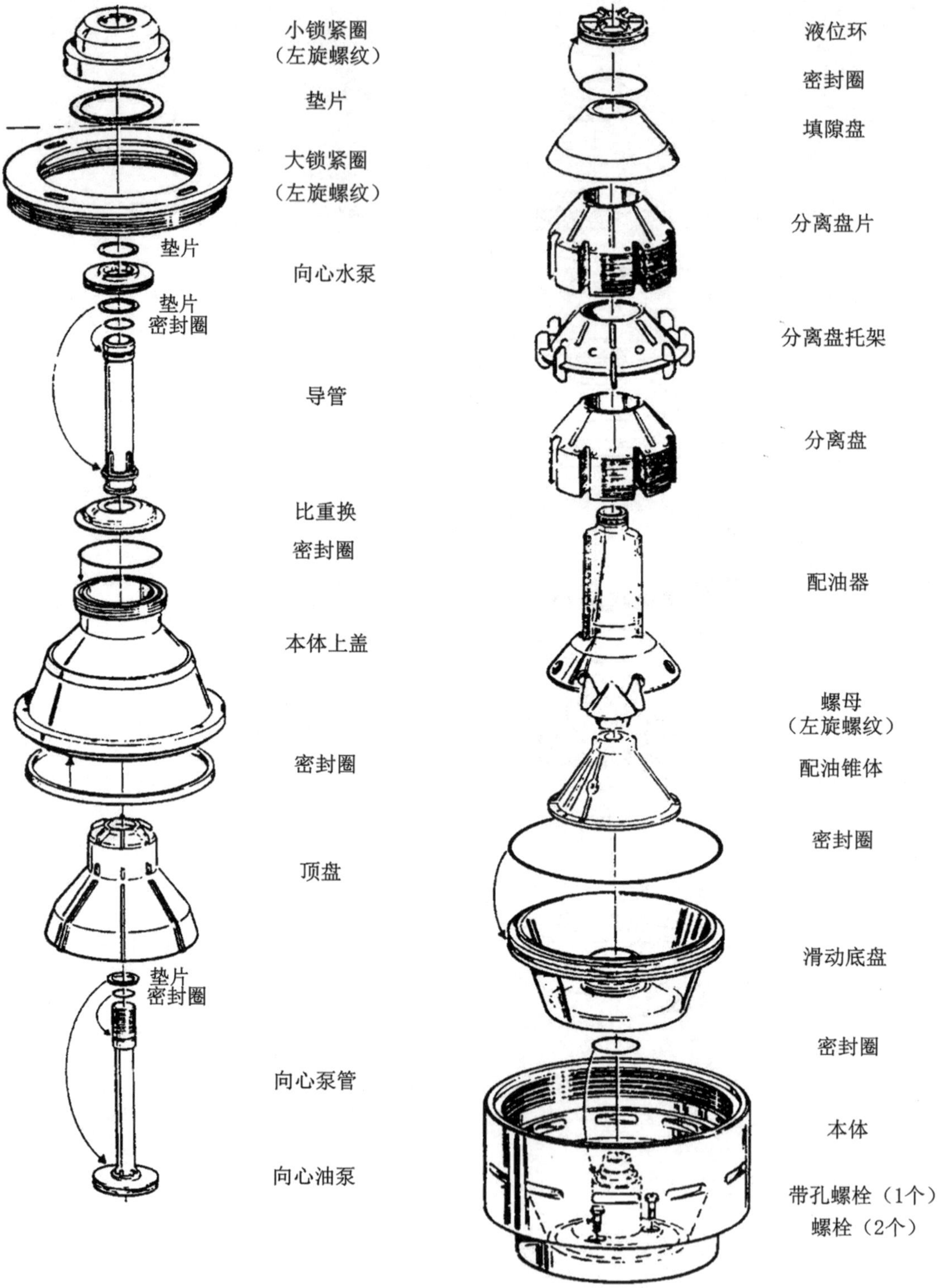

图 3-39　MAPX204 分油机拆装部件分解图

五、分油机的检修

1.清洗分离盘片及盘架

使用轻柴油对分油机的分离盘片、盘架等关键部件进行彻底清洗。清洗时，应去除盘片表面和盘架内的油污、杂质以及其他沉积物，以确保设备的正常运行和分离效果。清洗后，仔细检查每个分离盘片，检查是否存在裂纹、磨损或其他损坏情况。对于发现有裂纹或其他明显损坏的分离盘片，应立即更换新的盘片，避免影响分油机的分离效率或造成进一步的损坏。

2.检查密封环及通道疏通

对分油机内所有密封环进行详细检查，确保密封环的完整性和良好的密封性能。检查完密封环后，清理所有相关的通道和小孔，确保它们没有被堵塞或受污染。特别要注意分离筒活动底盘上的阻尼孔，这些孔的疏通情况直接影响分油机的分离效率和稳定性。必要时使用适当的工具进行疏通，以确保通道畅通无阻，避免因通道堵塞导致分油机性能下降或设备故障。

3.分油机的测量部位及测量方法

(1)分离筒立轴径向跳动量的测量

分油机拆卸清洗完毕后，应将立轴安装工作做好。这时要特别注意立轴的径向跳动间隙的测量，因为这个间隙可直接影响分油机的正常工作。若间隙超过说明书所规定的数值时，运行中将会发生抖动、偏磨。正确的测量方法是将磁性千分表座放在分油机体上表面，将千分表安装好，找好距离，将千分表对零位。随后人工盘车使立轴转动，这样就可以得出立轴的径向跳动量。对 MAPX204 机型要求立轴的最大径向间隙为 0.04 mm，测量时若超过这个数值，应检查立轴安装的全过程，查明原因并消除之。分油机立轴的测量方法及部位详见图 3-40 所示。

(2)立轴轴向距离的测量

分油机立轴是由蜗轮、蜗杆和摩擦离合器组成的，带动着分离筒以较高的速度回转的。在安装好立轴后，应对立轴做如图 3-41 所示的这段距离的检查。即从分配器壳体下部的套筒(见图 3-38)最上方到立轴顶部的这段距离，应为 86.5±0.5 mm，可用图 3-41 中的①标记的高度来调整环从而来调整这个距离。这是立轴第一个距离的测量，它可验证配水盘机构安装的正确与否，也是检查分离筒本体底部平面与分配器壳体之间的距离是否符合要求。拆装及测量时可参照图 3-32、图 3-38。

第二个测量距离如图 3-42 所示，即从外侧锁紧环(见图 3-34 和图 3-36)到进油口上 T 形螺纹(见图 3-34 和图 3-35)处的距离。正确的尺寸应为 166.25±0.5 mm，这主要是为了确定向心泵的纵向位置，防止向心泵碰到壳体。

4.比重环的选用

对分油机来说，应根据所分离的燃油、润滑油密度的不同，选择合适的比重环。比重环口径的大小直接关系到分油机的分离效果。若在比重环口径一定的情况下，所分离燃油的比重

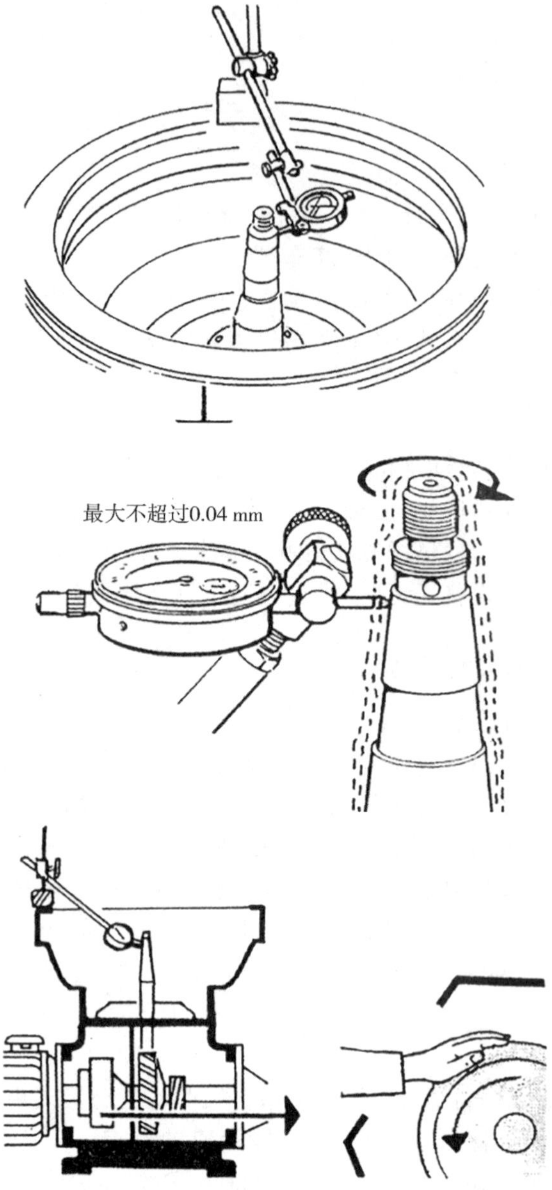

图 3-40　MAPX204 分油机立轴径向间隙测量图

加大,则可能造成“水中含油”的现象,如果燃油的比重减小,就可能形成“油中含水”现象。因此,比重环的口径应根据油的比重不同而改变。所用污油的比重越大,所选比重环的口径越小。一般情况下,为了提高分离效果,比重环的口径尽可能选得大些。图 3-43 示出了 MAPX204 分油机的比重环选择图表。这里我们可以举两个例子来加以说明如何正确选用合适的比重环。

例 1　图 3-43 中,左半部分纵坐标表示被分离油在 15 ℃时的密度,而横坐标为分离温度。右半部分的纵坐标表示选用比重环的内径(mm),横坐标表示分离量(m^3/h)。如果被分离油的密度在 15 ℃(60 ℉)下为 965 kg/m^3,实际分离温度为 70 ℃(160 ℉),经查图表,可以找出比重环的直径(内径)为 $\Phi=56.5$ mm,而对应的分离量应该在 1.5 m^3/h。

例 2　如果被分离油的密度在 15 ℃(75 ℉)下为 875 kg/m^3,实际分离温度是 60 ℃(140 ℉),与其对应的比重环直径为 $\Phi=70$ mm,而分离量应为 2.0 m^3/h。

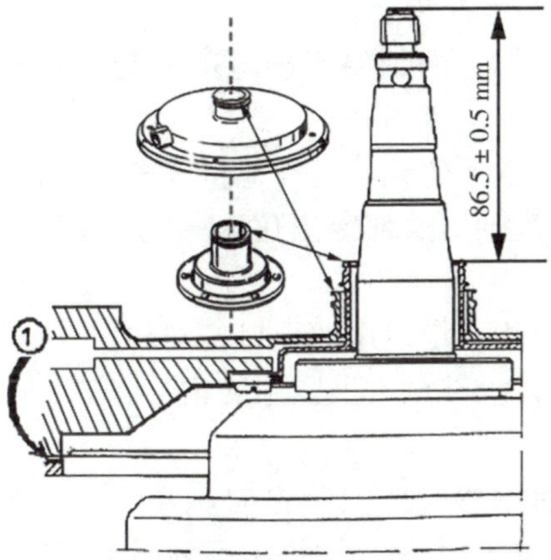

图 3-41　MAPX204 分油机立轴轴向距离测量图

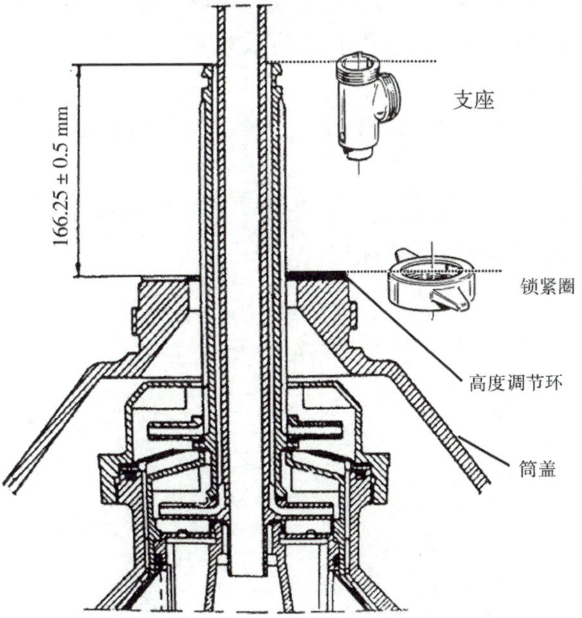

图 3-42　MAPX204 分油机轴向距离测量图

六、MAPX204 型分油机的装复

分油机经拆卸、清洗、检查后,特别是各种橡胶圈的检查,确认所有零部件完好即可进行装配工作。装复操作程序可按拆卸的反顺序进行。同时在装配工作中应注意以下几点:

1. 所有零部件应保持清洁，并在活动部件的表面涂上润滑剂。

2. 注意零部件的装配记号，正确安装。装配时绝不允许将不同分离筒上的零部件互换安装，否则分离筒的平衡将受到破坏，分油机工作时将产生强烈的振动。

3. 滑动圈装入分离筒本体内时，应注意滑动圈的定位销孔，一定要对准本体上的定位销。弹簧底座的紧固螺栓应对角均匀地拧紧。

4. 安装配油锥体时，配油锥体上的销要正确地落入滑动底盘的缺口中，可通过转动配油锥体来实现。

5. 安装分离盘时，应按分离盘上的编号正确地将分离盘套在配油器上。

6. 安装配油器时要正确将配油器底部定位孔落在配油锥体的定位销上，可以通过转动配油器来实现。

7. 分离盘顶盖、分离筒盖上均有定位用的缺口，安装时，一定要使缺口对准相应的凸块。

8. 分离筒盖大锁紧圈和本体上部刻有上紧用的记号，安装时一定要上紧到使记号对准的位置。

9. 安装摩擦离合器，要注意摩擦片的安装方向。要防止摩擦块受油脂污染，否则会造成摩擦块因长时间打滑而发热受损，同时使分油机达不到额定转速。

10. 装电动机时应注意使摩擦片全部进入摩擦筒，并按照要求调整同轴度和偏移量，使之符合安装要求。

11. 安装立轴系和水平轴系时，应保证轴系上各零部件之间的正常位置关系和正常的配合间隙。安装时应避免碰擦现象。立轴和水平轴系装好后应能转动自如，无卡紧卡死现象和不正常声响。

12. 分离筒装配完毕后，应手动转动分离筒，观察其转动是否平稳，听有无异常响声，确认转动灵活且无异常现象。

13. 装配工作完成后，确认全部安装过程正常，可按分油机的操作程序及规则启动分油机，检查分油机的工作状况，判断安装的优劣。

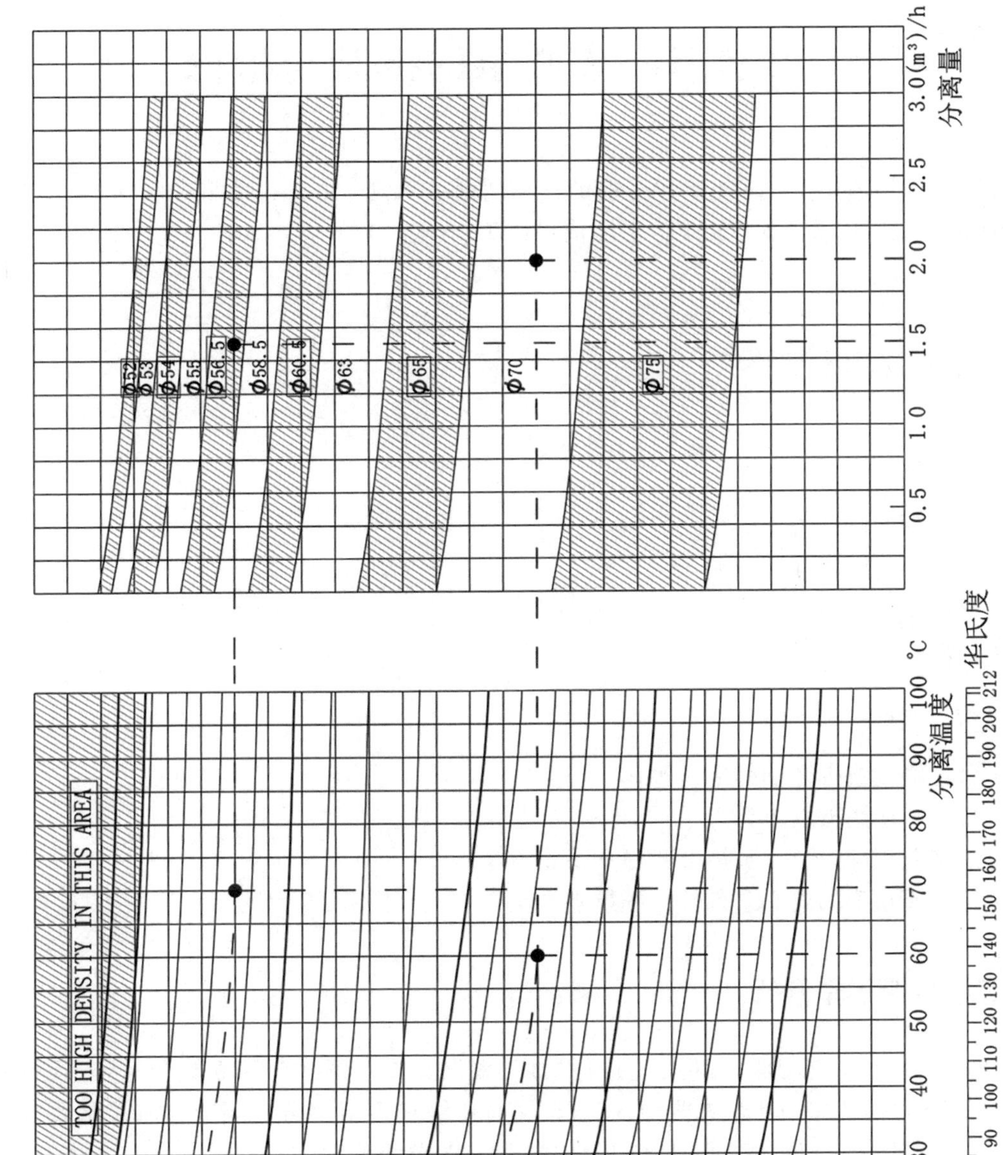

图 3-43　MAPX204 分油机比重环选择图

第七节　离心泵的拆装与检修

（本节内容适用于：750 kW 以上船舶二/三管轮、未满 750 kW 船舶二/三管轮、750 kW 以上船舶值班机工以及未满 750 kW 船舶值班机工。）

一、实操内容与要求

1.实操内容

(1)拆卸前的准备工作。

(2)离心泵的装卸。

(3)离心泵的检修。

(4)离心泵的装复。

2.实操要求

(1)正确完成拆卸前的准备工作。

(2)正确使用拆装工具。

(3)掌握正确的离心泵拆装步骤和操作方法。

(4)掌握正确的离心泵各部件的检查方法。

二、拆装设备介绍

离心泵属于叶轮式泵，在船舶上应用最广，根据其安装形式分为立式和横卧式两种，按泵壳的形式分为蜗壳式和叶轮式两种，按级数又有单级和多级之分。船上的海淡水泵、压载泵、消防泵等大部分泵都使用离心泵。如图 3-44 所示为单级蜗壳式离心泵。

图 3-44　单级蜗壳式离心泵实物图

图 3-44 和图 3-45 分别为蜗壳式离心泵实物和结构图，从图中可知，蜗壳式离心泵由叶轮 1、叶片 2、泵壳 3、吸入管 4 和扩压排出管 5、泵轴 6 及轴封等所组成。叶轮用键和固定螺帽 7 固定在泵轴 6 的一端，轴的另一端穿过填料函伸出泵壳由原动机驱动右旋回转。固定螺帽 7 通常采用左旋螺纹，以防反复起动因惯性而松动。

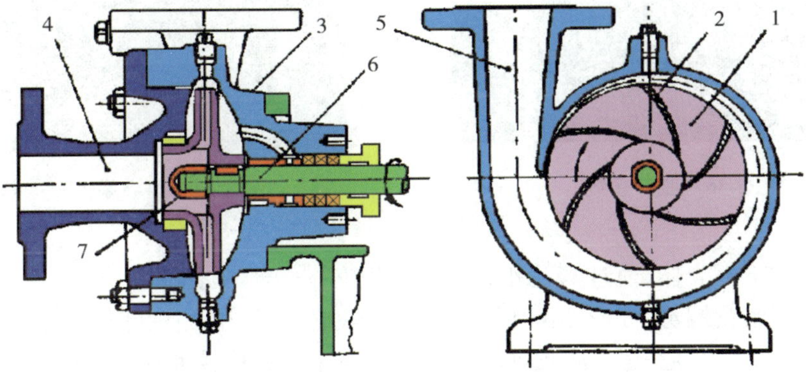

图 3-45　蜗壳式离心泵结构图

1—叶轮；2—叶片；3—泵壳；4—吸入接管；5—扩压管；6—泵轴；7—固定螺帽；8—蜗室

三、拆卸前的准备工作

1. 穿戴劳保防护服（安全帽、工作鞋等）。
2. 检查拆装和测量工具（如拉马、葫芦吊、铜锤等）的使用状况，若有问题应及时更换。
3. 准备需更换的备件物料。
4. 清理现场，准备好放置零部件所用的支架、垫木等。
5. 若待拆解的泵仍连接在系统中，需要确保泵的电源已断开，完全排空泵和管道内的液体，关闭进出口阀门，等待泵体冷却至安全温度。
6. 在拆装全程中应在操纵台前悬挂“禁止起动”的警示牌。

四、离心泵的拆卸

1. 拆装前准备好所需的工具，关闭泵的吸排阀，关闭电源，并挂上警示牌。
2. 拆除电动机电源盒盖，如图 3-46 所示，将电动机的接线脱开。为了防止安装时接线错误使电动机反转造成过载，线头要做好标记。
3. 拆除固定电动机的螺栓，电动机通过弹性联轴器和离心泵相连，拆卸离心泵前一般需拆除固定电动机的螺栓，卸下电动机。
4. 拆除连接上下泵壳的 8 个固定螺栓，用钢丝绳套过泵轴固定架，用葫芦吊慢慢吊出轴承箱和泵上端盖，若拿不下来，可以用螺丝刀撬一撬。
5. 拆下的泵上端盖总成，如图 3-47 所示，泵轴穿过上端盖后末端通过叶轮螺母连接有叶轮。

图 3-46　脱开接线

图 3-47　离心泵上端盖总成

6. 离心泵的下部壳体，通过法兰和吸排管路相连，一般无须拆卸。

7. 拆除叶轮锁紧螺母，如图 3-48 所示，倒置上端盖总成，用扳手卸下泵轴末端的叶轮锁紧螺母。需要特别注意的是，为了防止叶轮锁紧螺母由于旋转惯性而松动，叶轮锁紧螺母旋向和叶轮转向相反，拆卸时应注意锁紧螺母的旋向为反螺纹。判断叶轮锁紧螺母旋向的方法很简单，船舶离心泵一般为后弯叶片，通过叶片弯曲方向就可以大致判断出离心泵的转向，叶轮锁紧螺母拆卸方向和叶轮转向相同。

8. 取下叶轮，取下叶轮锁紧螺母后就可以取出叶轮，若拿不下来，如图 3-49 所示，可以用三爪拉马轻轻拉出。

图 3-48　拆除叶轮锁紧螺母

图 3-49　拆除叶轮

9. 拆除上端盖，若离心泵的上端盖和轴承支架是可拆分结构，用螺丝刀略微撬动，即可拆下上端盖。

10. 反转上端盖，拆除轴封压盖螺丝，取下轴封压盖，如图 3-50 所示，顺次取下机械轴封的弹簧座、弹簧、动环和嵌在轴封压盖中的静环。如图 3-51 所示，机械轴封由动环、静环、弹簧、弹簧座以及形成两个静密封的两个 O 形圈组成。动环和静环端面的两个面精密配合形成动密封。检查机械轴封各密封面，必要时换新。

图 3-50　机械轴封

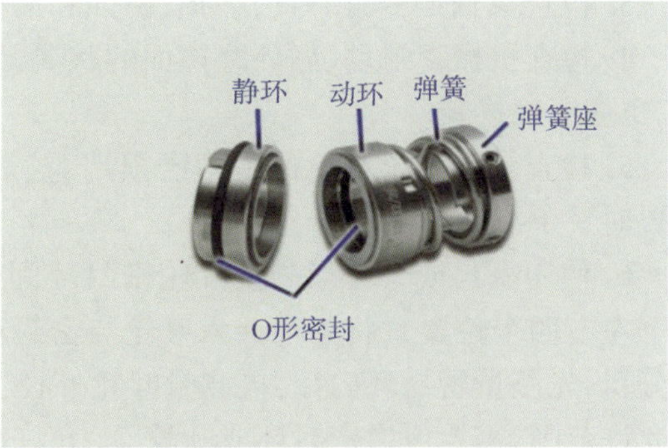

图 3-51　机械轴封的组成

11. 拆卸弹性联轴器,用专用工具拆下联轴器锁紧螺母,如果没有专用工具,也可用簪子或螺丝刀切向敲击旋出。取下联轴器,如太紧,可用拉马拉出。

12. 拆卸轴承端盖,用扳手拆下泵轴上下两端两个轴承的端盖螺丝,拆下上下轴承端盖。

13. 拆卸轴承,轴承架水平放置,用铜锤敲出泵轴的上端部,慢慢取出泵轴和轴承。如图 3-52 所示,用拉马分别取出上下两轴承。需要注意的是,拉马的钩齿一定要抓住轴承的内圈,否则会拉坏轴承。检查泵轴是否有弯曲,对拆下的轴承进行清洁检查,必要时换新。

图 3-52　拆卸轴承

五、离心泵的检修

1. 检查叶轮的状态,当叶轮有下列缺陷之一时应予换新:

(1)叶轮表面出现较深的裂纹无法焊补;

(2)表面因腐蚀而形成较多的砂眼或穿孔;

(3)叶轮盖板因腐蚀而变薄,影响机械强度;

(4)叶轮进口处有较严重的磨损而又难以修复;

(5)叶轮已经变形。

2. 检查泵壳是否有裂纹,是否有腐蚀而形成较多的砂眼或穿孔。若有,看是否能修补,不能修补就换新。

3. 检查泵轴是否有裂纹、磨损、腐蚀和沟槽，视情况进行修理或换新。

4. 检查机械密封动、静环摩擦面的状况，必要时进行研磨或换新。O 形密封圈若老化无弹性，也应予以换新。

5. 检查轴承滚子与滚道是否磨损严重、表面是否有腐蚀、裂纹，空转试验看是否有卡阻，必要时要予以换新。

6. 使用塞尺或千分尺测量叶轮密封环间隙，在叶轮和密封环上选择多个测量点（通常为上下左右四个位置），将塞尺插入叶轮与密封环之间的间隙，记录每个点的厚度。如果用内径千分尺，先测量密封环内径，再测量叶轮外径，计算两者差值。确保间隙值在允许范围内，若超出允许范围，需要更换密封环或叶轮。（允许范围通常为 0.2~0.5 mm，具体需参考不同型号离心泵的技术手册）

六、离心泵的装复

1. 在泵轴上涂点滑油，将两端滚动轴承装在轴上，用合适的空心铁管垫在轴承内圈上，击打空心铁管使轴承归位，或将轴承放入热机油中，等受热膨胀后再套到泵轴上去，待冷却后即可符合要求。

2. 清洁好泵轴轴承座，用铜锤慢慢敲击，使装好轴承的泵轴装回轴承架内，转动泵轴，看是否活络。

3. 盖上轴承上下端盖并上紧螺丝。

4. 装上弹性联轴器泵轴端。

5. 检查弹性橡胶套，如果损坏或失去弹性须换新。

6. 在上端盖轴封腔中依次放入弹簧和动密封，注意动密封上 O 形圈的换新。把轴封压盖装复在离心泵上端盖上。

7. 把上端盖整体装回泵轴轴承架上。

8. 装回弹簧座和叶轮，注意动环、弹簧座以及叶轮间的定位。

9. 上紧海底螺母到规定值。

10. 将轴承箱装回固定架，拧上泵端盖和泵壳之间的螺丝，对角均匀上紧，注意泵端盖和泵壳之间的垫片要换新并涂上密封胶，防止漏水，上紧后要转动泵轴，看是否有卡阻。

11. 装回电机，注意联轴器要到位，上紧电机与固定架上的螺栓，且边转动叶轮边上紧，看是否有卡阻现象，确保电机轴线和泵轴轴线对中。

12. 接上电线并上紧接线盒上螺丝，合上电源开关，按下启动按钮，查看电机转向是否正常，若正常，将泵的吸排阀打开，摘下警示牌。

13. 装复后进行试运转，检查是否有异常的震动和噪声。立式单级离心泵拆装与检修完成。

第八节　往复泵的拆装与检修

（本节内容适用于：750 kW 以上船舶二/三管轮、未满 750 kW 船舶二/三管轮、750 kW 以上船舶值班机工。）

一、实操内容与要求

1.实操内容

（1）拆卸前的准备工作。
（2）往复泵的装卸。
（3）往复泵的检修。
（4）往复泵的装复。

2.实操要求

（1）正确完成拆卸前的准备工作。
（2）工具选择、使用正确得当。
（3）往复泵缸盖、活塞的正确拆装。
（4）掌握阀箱解体的正确步骤及往复泵泵阀研磨的方法。
（5）掌握往复泵的胶木胀圈测量方法。

二、拆装设备介绍

船舶上大多采用离心泵来输送冷却水、生活日用水等，但由于离心泵的自吸能力较差、吸高较大或吸入管阻力较大等原因，在船舶压载水系统和舱底水系统中，使用离心泵无法保证工作的正常，所以在船舶上还设置了自吸能力较好的往复泵。往复泵作为扫舱泵和舱底水泵的重要性不言而喻，前者关乎船舶的营运经济性，后者关乎船舶和货物的安全性。在轮机管理中维持往复泵的正常运行至关重要，故轮机管理人员需要正确掌握往复泵的维修保养。

本任务以国产 2DSL 型电动双缸四作用往复泵为例，介绍往复泵的拆装与检修要点。该型号外观结构图如图 3-53 所示，该泵的结构特点是：电动机垂直安装于曲轴箱上部，其转向必须符合规定方向，否则会导致轴带齿轮泵反转而中断正常润滑供油。减速齿轮箱通过输入轴与电机输出轴直连，其输出轴直接构成曲轴组件。在拆卸过程中，需优先拆卸减速器壳体，方可使曲轴经减速箱侧面圆孔完整取出。

图 3-53　2DSL 型电动双缸四作用往复泵结构

传动机构主要由曲轴、连杆、十字头、导板等组成。

如图 3-54 所示，国产 2DSL 型往复泵的润滑采用压力润滑，曲轴轴承、曲柄机构以及减速齿轮的润滑由曲轴所带的齿轮油泵供给。

图 3-54　国产 2DSL 型往复泵压力润滑

泵缸本体和阀箱铸成一体，有四个独立的阀室，在每个阀室内各装有一个吸入阀和一个排出阀，如图 3-55 所示。

图 3-56 是单缸双作用往复泵的工作原理图，它主要由活塞、泵缸、吸入阀和排出阀等部件组成。

当活塞从下向上运动时，泵缸上腔容积减少，上腔和与之相通的阀箱中层内的气体压力随之升高，顶开右侧排出阀，经阀箱上层排出室的排出管排出。相反，泵缸下腔容积增大，下腔和与之相通的阀箱中层内的气体压力降低，阀箱下层吸入室中的气体顶开左侧吸入阀，进入泵缸。于是吸入室和吸入管中的气体压力也就降低，液体在吸入液面上的气压作用下，将沿吸入管上升。当活塞反向向下运动时，代之开启的是右侧吸入阀和左侧排出阀，而前述开启的吸、排阀将关闭，泵经吸、排口的吸排方向不变。这样活塞连续往复运动，吸入管中气体将不断被排往排出管，最后液体将进入泵缸，泵就开始排送液体。

图 3-55　国产 2DSL 型往复泵阀箱

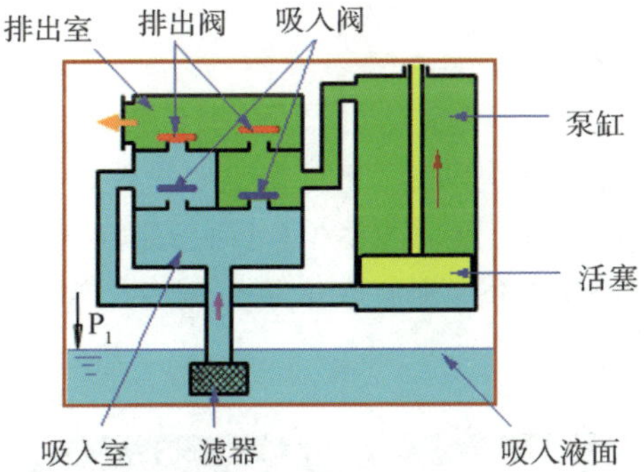

图 3-56　单缸双作用往复泵工作原理图

往复泵曲轴每转吸排液体的次数称为作业数。上述往复泵每一往复行程活塞两侧各吸排一次液体，是双作用泵。每一往复行程吸排一次液体，是单作用泵。由两个双作用泵缸或三个单作用泵缸组成的往复泵称为四作用泵和三作用泵。

三、拆卸前的准备工作

1. 穿戴劳保防护服（安全帽、工作鞋等）；
2. 检查拆装工具（如拉马、扳手等）的使用状况，若有问题应及时更换；
3. 若待拆解的往复泵仍连接于系统中，需要确保泵的电源已切断，并采取隔离措施，防止意外起动；
4. 彻底排空泵内液体，避免拆卸时泄漏；
5. 清理现场，准备好放置零部件所用的支架、垫木及需要更换的备件物料；
6. 在拆装全程中应在操纵台前悬挂“禁止起动”的警示牌。

四、往复泵的拆卸

1. 为了便于后续拆卸，如图 3-57 所示，先拆除固定在泵壳上的吸入空气室。

图 3-57　拆除吸入空气室

2. 拆下接油盘泄油管。

3. 拆下接油盘螺丝,取下接油盘。

4. 松开活塞杆和十字头之间的锁紧螺母及活塞杆和十字头的连接,为取出连杆做好准备。为了防止拆除十字头销时十字头跌落,此时先不要把连杆完全从十字头上拆除。

5. 拆除十字头导套一侧的堵头,盘动曲柄,使十字头销正好位于导套开孔处。

6. 拆去十字头销上的定位弹簧圈,装上取十字头销专用螺栓,如图 3-58 所示,即可将十字头销轴慢慢取出。

图 3-58　拆除十字头销

7. 拆下曲轴箱有机玻璃观察孔盖,盘车到合适位置。

8. 松开连杆大端螺栓,取出连杆大端下瓦。

9. 将曲轴转动一个适当的角度,如图 3-59 所示,从观察孔取出曲柄连杆。

图 3-59　取曲柄连杆

10. 完全旋松活塞杆和十字头连接螺栓，用手从曲轴箱观察窗伸进十字头导套中，适当调整曲柄角度，慢慢取出十字头，如图 3-60 所示。

图 3-60　取十字头

11. 松开填料压盖和泵缸盖上的固定螺帽，将泵缸盖打开并提起，然后将活塞、活塞杆一起向上提，直到活塞全部露出时为止。

12. 一人用两用扳手从曲轴箱中固定住活塞杆，另一人从活塞下部拆除活塞固定螺母上的保险销后拆除螺母，拆下活塞。最后依次取下泵缸盖、填料箱盖和活塞杆。

13. 拆去阀箱盖上的紧固螺帽，拆下阀箱盖。

14. 拆除排出阀上部锁紧螺母，取出里面的排出阀弹簧和阀盘。

15. 拆除阀箱底部的阀杆下部固定螺母。

16. 从阀箱上部整体取出阀杆、排出阀座以及吸入阀整体。如图 3-61 所示，这是解体后的吸入阀和排出阀。

图 3-61　解体后的吸入阀和排出阀

17. 用同样的方法拆除其他四组吸排阀，到此往复泵活塞、吸入阀、排出阀等解体工作基本结束，然后可用煤油或轻柴油等将所拆下的零部件进行清洗，以备进行检查和测量。

五、往复泵的检查与测量

1.泵缸的检查

如图 3-62 所示，用煤油或轻柴油清洗缸套表面，认真检查缸套是否有裂纹、擦伤和拉毛等缺陷，并查看缸套的两端是否有凸台。若发现有裂纹，应更换新的缸套；若缺陷较轻微，可用油石打磨再使用细帆布抛光。缸套磨损情况要用内径千分尺定期进行测量和检查，当磨损量达到极限标准时，就应换新活塞或换新缸套。

图 3-62　泵缸的检查

2.活塞和活塞环的检查

如图 3-63 所示，检查活塞表面有无腐蚀，活塞与缸壁有无摩擦、拉毛现象，如有摩擦痕迹，说明活塞杆对中性不良，应检查并需重新找正。

图 3-63　活塞和活塞环的检查

活塞环的材料选择取决于输送液体的性质、工作温度和压力条件，常选用铸铁、青铜和夹布胶木、电木等材料。对于本示例往复泵，活塞环常用夹布胶木，为了增加弹力，活塞环内侧开一圈凹槽，并嵌入由磷青铜丝制成的弹性元件。夹布胶木活塞环在水中浸泡会发胀，以致使环的间隙变小而咬缸，因此使用这种材料制成的活塞环时，安装前最好先放进 80 ℃左右热水中浸泡一段时间，待其完全变软胀开后再将其套在活塞上，等充分冷却后再装入槽内进行天地间隙测量，然后再放入缸套内。

3.活塞环切口间隙和天地间隙的检查

(1)切口间隙的测量

将活塞环并列平放在泵缸中磨损最大的位置，切口位置大概相同，涂上少许牛油，用白纸把环切口印在上面，然后游标卡尺测量切口间隙的大小。活塞环切口间隙的大小，是活塞环弹性强弱的标志。切口间隙过大，会导致密封性下降，应予以更新；切口间隙过小，也会引起卡死，造成缸套、活塞环的偏磨。如图 3-64 所示，也可用塞尺直接测量放入缸套中活塞环的切口间隙。

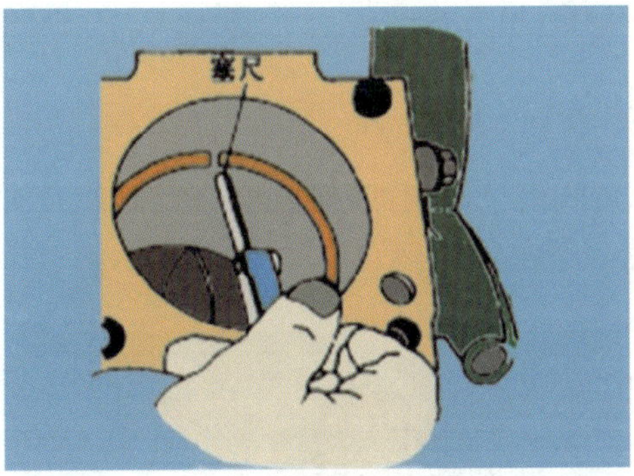

图 3-64　活塞环切口间隙测量

(2)天地间隙的测量

天地间隙测量方法有塞尺法和相减法两种。如图 3-65 所示，塞尺法即是将活塞环装入活塞环槽中，用塞尺沿整个圆周测量环与环槽的平面间隙，一般要测量前后左右四个位置的间隙，取其平均值。

图 3-65　活塞环的天地间隙测量(塞尺法)

如图 3-66 和图 3-67 所示,相减法即分别用千分尺测环槽的宽度和活塞环不同位置厚度取其平均值,两者的差值即为天地间隙。如切口间隙和天地间隙的值超出极限值,则应予以更换。

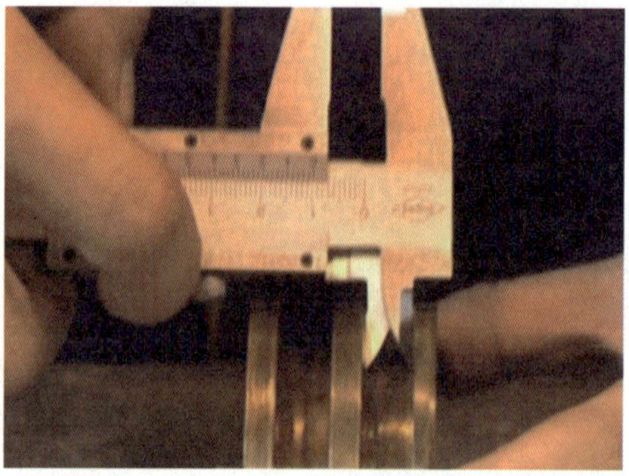

图 3-66　活塞环的天地间隙测量(相减法一)

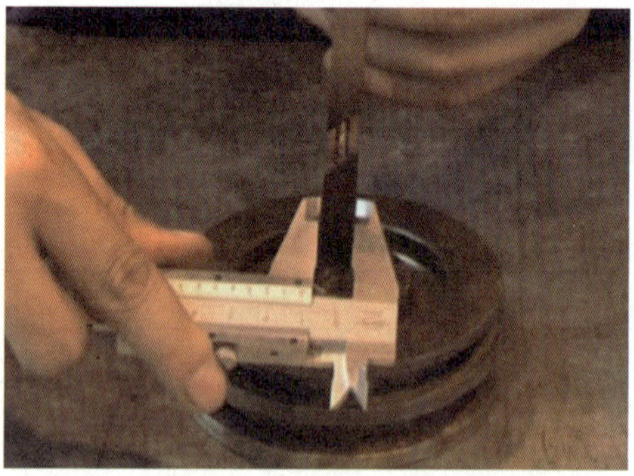

图 3-67　活塞环的天地间隙测量(相减法二)

4. 泵阀的研磨

如图 3-68 所示,往复泵泵阀由呈盘状或环状的阀盘、阀座及弹簧组成,借助于弹簧的压紧力,阀盘紧压在阀座上,形成一个密封构件。

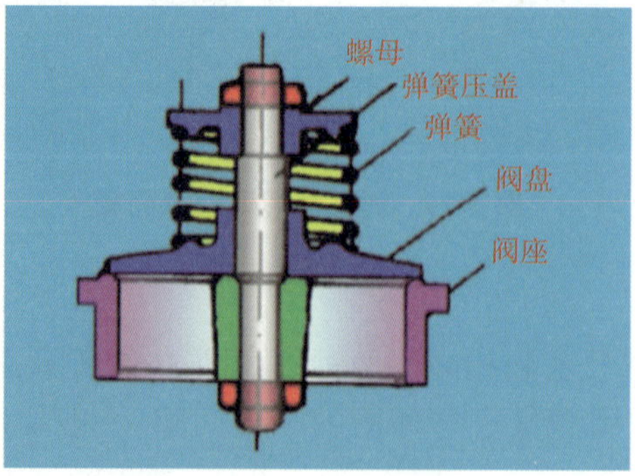

图 3-68　往复泵泵阀

构件的密封面也就是阀盘和阀座的接触面，如图 3-69 所示，这个面必须平整无缺陷，一般需要相互配研才能保持良好的严密性。

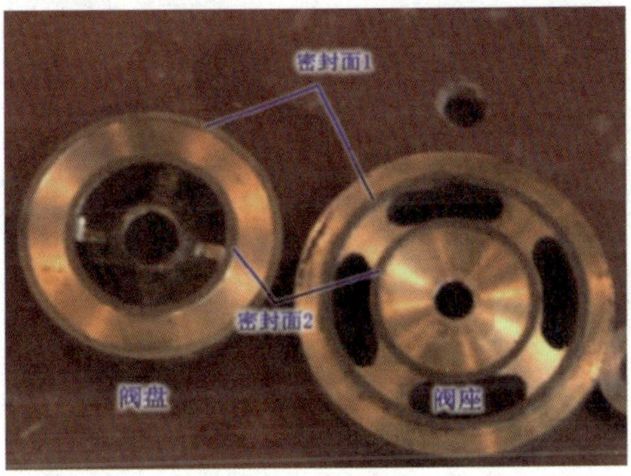

图 3-69　密封面

往复泵泵阀是泵的易损件之一，它的工作好坏对泵的工作性能有重要的影响。工作中应仔细检查阀与阀座的贴合面密封情况。如发现有轻微的斑点、划痕等可以用研磨砂或研磨膏在研磨平台上研磨，也可将阀放在阀座上相互研磨。如果发现划痕、斑点较深，应先光车，然后再研磨。

如图 3-70 所示，粗磨时将粗研磨砂适量、均匀地涂于阀盘（或阀座）密封面上，并滴少量机油。然后，用手给阀盘（或阀座）施以一定的压力，在平板面上以“8”字形轨迹研磨；根据研磨情况，可多次添加粗研磨砂和机油。直至研磨面上无明显痕迹时，清洗阀盘（或阀座）。细磨时换以细研磨砂，以粗研的同样方法研磨几分钟后，清洗之。

图 3-70　涂粗研磨砂

最后在阀座面上均匀地涂以一薄层润滑油，将阀盘与阀座对研后，观察阀盘与阀座的贴合情况：以有均匀的色点为合格，否则应重新细研。亦可用涂红蓝粉或划铅笔痕等方法，检查阀与阀座的密合线的封闭程度。

5.阀的密封试验

如图 3-71 所示，将阀倒置后注入煤油，5 min 内不发生渗漏为合格，否则，应重新细研。

图 3-71　阀的密封试验

如图 3-72 所示，对使用中的阀弹簧也应经常注意检查是否有变形、折断或失去弹性等现象。如果阀弹簧因变形，而其自由长度缩小量达 5%以上时，说明该弹簧力已经变弱，应予以换新。新换的弹簧应在直径、圈数，自由高度和安装高度等方面均应和原来保持一致。在装阀时，特别要注意吸、排阀弹簧不要装错，因为一般排出弹簧的张力略大些。

图 3-72　阀弹簧的检查

六、往复泵的装复

在装复之前，各个零件均要保持光洁。装复时要特别注意零件的正确位置，应保持相互间原有的平行度等，不可硬敲猛击。

1.泵阀的装复

把吸入阀座装入阀杆，如图 3-73 所示，上紧固定螺母和锁紧螺母。注意阀座密封面的方向，不要装反。在吸入阀座上涂上少许滑油后装入阀箱中。注意阀座是否落座到位。依次装入吸入阀盘、吸入阀弹簧及其弹簧座；阀座和阀箱体隔板间一般设有密封垫圈，如失效需换新。装上排出阀阀座，注意阀座是否落座到位。依次装入排出阀盘、排出阀弹簧及其弹簧座；上紧上下阀杆的固定螺帽。装上阀箱盖，上紧螺丝。同理装复其他吸排泵阀。

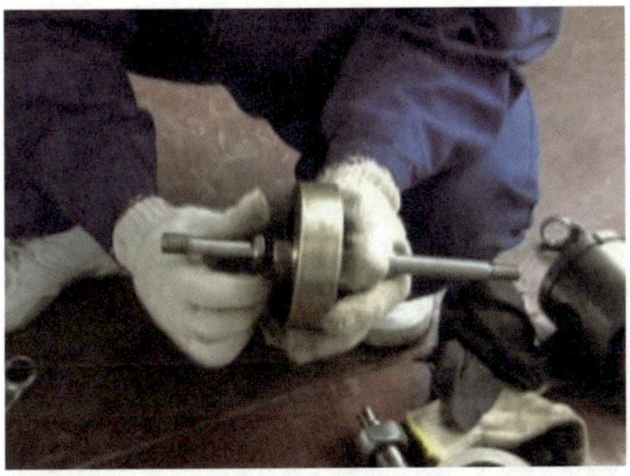

图 3-73　泵阀的装复

2.活塞组件的装复

如图 3-74 所示，将胶木胀圈放于热水中浸泡，待其变软后取出。将已变软的胶木胀圈取出后，迅速套装于活塞上、冷却，使其搭口间隙伸张到 8 mm 左右。待胶木胀圈完全冷却后，将其装入槽中。安装时注意弹力钢丝的搭口和胀圈的搭口要错开，胀圈装配完毕后，互相的对口位置也要错开。

图 3-74　活塞组件的装复

将连杆串入缸盖和填料函压盖中，把十字头连接端插入十字头导套中，一人用手把定，另一人在连杆下端装上已组装好的活塞，上紧固定螺母和保险销。

将装复好的活塞放入缸套内。如果活塞环卡住下不去，可用三个工具分别从搭口两侧和搭口对侧三个方向均匀向中心顶，即可顺利装入活塞环。

在十字头上涂上滑油，从曲轴箱侧慢慢放入十字头导套中，注意放入时下方有人接应，防止十字头坠落砸坏连杆。

把连杆从十字头导管上端插入十字头中，适当对中后插入十字头销。

将活塞杆上端螺丝拧入十字头下部螺孔中。取下十字头销取出专用螺杆，装复卡簧圈。

装上连杆大端轴承，上紧螺栓到规定值，此时应保证运转自如，但也不能太松，否则应该调整连杆轴瓦的垫片。

交叉上紧缸盖螺栓，装复曲轴箱观察盖、吸入腔空气室、集油盘及其他相关附件。

3.更换填料

往复泵大多采用填料密封。如图 3-75 所示,更换填料时,先选取适当尺寸的盘根,剪取连杆圆周长度的盘根,两端剪成 45°角斜搭口,压入填料函中,压入多根填料注意搭口要错开。

图 3-75　更换填料

盖好填料压盖,上紧填料压盖时一定要注意两边螺丝需平衡用力,防止因压盖倾斜而和连杆擦碰。

还应注意:填料不能压得太紧,以防活塞杆发热而咬死。

填料的松紧度可通过压盖的螺母来进行调节,以填料不发热,并能有少许液体渗出以起到冷却和润滑活塞杆的作用为宜,但泄漏量不得多于 60 滴/min。

装复后进行试运转,检查是否有异常的震动和噪声。国产 2DSL 型电动双缸四作用往复泵拆装与检修完成。

第九节 齿轮泵的拆装与检修

（本节内容适用于：750 kW 以上船舶二/三管轮、未满 750 kW 船舶二/三管轮、750 kW 以上船舶值班机工以及未满 750 kW 船舶值班机工。）

一、实操内容与要求

1.实操内容

（1）拆卸前的准备工作。
（2）齿轮泵的装卸。
（3）齿轮泵的检修。
（4）齿轮泵的装复。

2.实操要求

（1）正确完成拆卸前的准备工作。
（2）工具选择、使用正确得当。
（3）齿轮泵的正确拆装。
（4）掌握端面间隙、径向间隙和啮合间隙的测量方法。
（5）正确检查与更换轴、轴承、轴封。

二、拆装设备介绍

齿轮泵属于回转式容积泵，在船上一般用作燃油驳运泵、燃油输送泵、燃油增压泵以及滑油驳运泵等，故轮机管理人员需要正确掌握齿轮泵的维修保养。

本任务以船舶最常见的 CB 型外啮合齿轮泵为例，介绍齿轮泵的拆装与检修要点。

如图 3-76 所示，普通齿轮泵主要由泵体、主动齿轮、从动齿轮、主动轴、从动轴、前后两端盖以及附属的轴承、密封圈、垫片等组成，其工作原理是依靠泵体与啮合齿轮间以及两端盖间围成的工作容积周期性变化来输送液体或使之增压的回转式容积式泵。

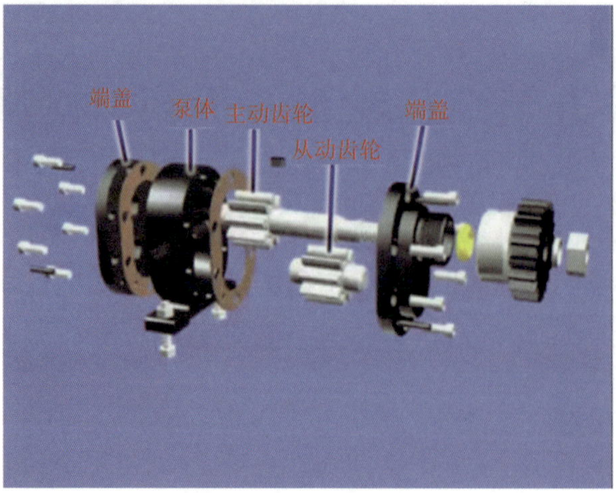

图 3-76　齿轮泵结构

三、拆卸前的准备工作

1. 穿戴劳保防护服(安全帽、工作鞋等)；
2. 检查拆装及检测工具(如扳手、螺旋测微器、千分尺等)的使用状况,若有问题应及时更换；
3. 确保泵的电源已断开,完全排空泵和管道内的液体,等待泵体冷却至安全温度；
4. 准备需更换的备件物料清理现场,准备好放置零部件所用的支架、垫木等；
5. 清理现场,准备好放置零部件所用的支架、垫木等；
6. 在拆装全程中应在操纵台前悬挂“禁止起动”的警示牌。

四、齿轮泵的拆卸

1. 如图 3-77 所示,拆装前准备好扳手、螺旋测微器、铅丝、塞尺、牛油等工具。

图 3-77　工具

2. 切断电源，关闭齿轮泵的吸、排阀，拆除连接管路，将泵从机座上拆下，把齿轮泵放在工作台上，准备好必备的拆装测量工具。

3. 如图 3-78 所示，用錾子或钢字码等工具在泵壳上各部件配合处标上号码和接缝记号，以保证装配时能按原来的顺序和位置装复。

图 3-78　标记

4. 用内六角扳手拧下泵两侧端盖上的紧固螺栓，并对螺栓编号。

5. 用螺丝刀轻轻沿端盖与本体的结合面处将端盖撬松，注意不要撬太深，以免划伤密封面，因 CB 型齿轮泵是不用密封垫密封的，密封主要靠两密封面的加工精度及泵体密封面上的卸油槽来实现的。

6. 如图 3-79 所示，将主、从动齿轮、轴承及右端盖板取出。注意将主、从动齿轮相对应位置做好记号。

图 3-79　齿轮泵解体

7. 将主、从齿轮及相关联动部件解体。最后用煤油或轻柴油将所有拆下的零件进行清洗并放于容器内妥善保管，以备检查和测量。

8. 拆下泵壳上主动轴上的轴封，若拿不下来，可以用平口螺丝刀撬一撬，如图 3-80 所示。

图 3-80　拆轴封

五、齿轮泵的检修

1.外观检查

检查泵壳是否有裂纹，是否有因腐蚀而形成的砂眼或穿孔，若有，看是否能修补，如不能修补则需要换新。

如图 3-81 所示，仔细检查齿轮、泵壳和端盖的工作表面，如有擦伤、划痕或裂纹，必须设法消除，必要时换新。

图 3-81　泵壳检查

如图 3-82 所示，检查齿轮齿面腐蚀及点蚀，要求锈斑和点蚀不超过齿面积的 25%，泵齿不应有裂纹和折断。

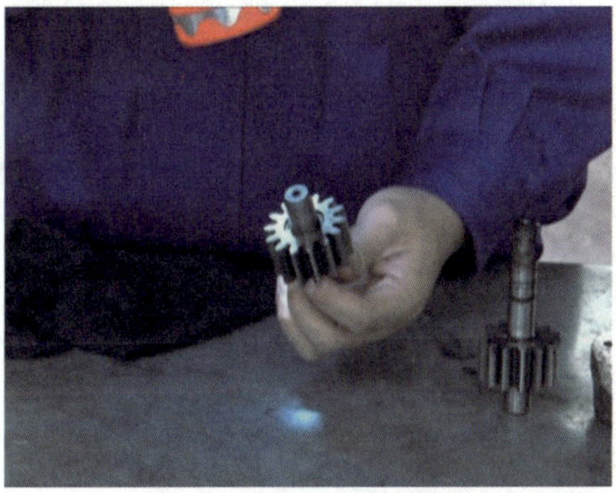

图 3-82　齿轮检查

如图 3-83 所示，检查齿轮泵泵轴，对于过度磨损或锈烂的泵轴，通常需要更换新轴，或重新压入新的轴承衬套，以恢复轴承间隙；检查轴与轴承的接触面是否有不正常划痕和磨损。

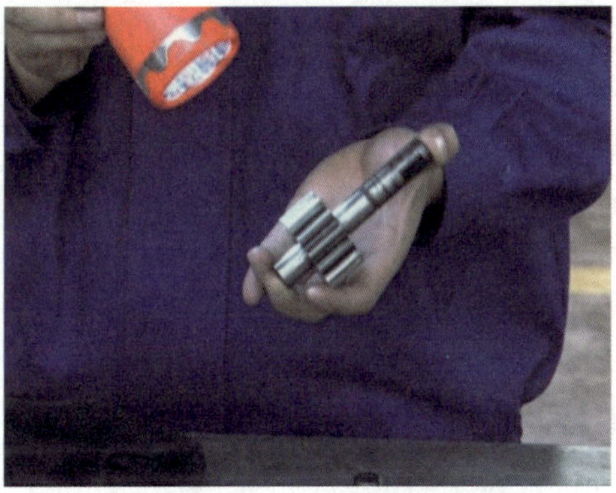

图 3-83　泵轴检查

2.齿顶（顶面）间隙测量

齿轮的齿顶圆与泵壳的径向间隙，即齿顶间隙。如图 3-84 所示，可用塞尺测量：选取规格合适塞尺（另外游标卡尺或内外径千分尺测泵壳内径和齿轮齿顶圆直径也可以）。将主、从动齿轮正确装好，用塞尺测量各齿顶与泵壳间隙，做好记录，最后依据间隙最大值得出齿轮泵的径向间隙，齿轮泵的径向间隙应保持在 0.02~0.04 mm，最大不超过 0.08 mm，间隙过大时，需更换新齿轮。

图 3-84　齿顶间隙测量

3.端面间隙测量

端面间隙即齿轮端面和两侧端盖之间的间隙。

截取两段长度约等于节圆周长软度合适的铅丝，用牛油将圆形软铅丝黏于齿轮端面节圆处。

装上泵盖，对称均匀地上紧齿轮泵端盖螺母；所有螺母均应上紧至规定预紧力。

对称均匀地拧下泵盖螺母，取下泵盖。

取下软铅丝片并清洁；在每一圆形软铅片上选取 4 个测量点，用外径千分尺测量软铅片厚度，做好记录，最后根据 8 个测量值得出的平均值即为齿轮泵的轴向间隙，齿轮轴向间隙应在 0.04~0.08 mm，最大不超过 0.12 mm，此间隙可用改变纸垫厚度来加以调整，如果齿轮端面擦伤而使端面间隙过大时，可通过增减泵盖垫片厚度进行调整。

若无法通过调整达到要求时，可在平台上涂研磨砂，将泵体结合平面研磨到符合规定的端面间隙为好，一般情况下不研磨泵盖。若其磨损的凹陷超过 0.05 mm 时，才需要磨平。

4.啮合间隙测量

啮合间隙即主、从动齿轮啮合面的间隙。

截取三段规格合适的软铅丝，每段长能围住一个齿面为宜。

装配好主动齿轮，将三段软铅丝用牛油沿从动齿轮一只轮齿的齿宽方向等距黏合好后装配从动齿轮，其黏合软铅丝的齿处于排出腔，如图 3-85 所示。

图 3-85　测量啮合间隙黏合软铅丝

在泵壳外部做标记后装配齿轮泵盖和传动装置。

顺转向转动齿轮泵黏合软铅丝的齿到吸入腔。

拆解齿轮泵，拆卸出从动齿轮，取下软铅片，如图 3-86 所示，用螺旋测微仪测量压于啮合齿轮两侧压扁的铅丝，可得啮合间隙值。

图 3-86　啮合间隙测量

5.安全阀检查

安全阀解体。用扳手松开安全阀阀盖螺栓，取下阀盖；依次取出调压弹簧、阀芯、阀座组件；对多级弹簧和复合阀芯结构，标记各部件顺序及方向，避免回装错误。

安全阀的清洁与检查。使用柴油或专用溶剂清洗阀芯、阀座、弹簧及阀体流道，去除油污、金属碎屑及沉淀物；检查阀芯与阀座密封面是否光滑，轻微磨损可用细砂纸修复，严重缺陷则需要更换；测量弹簧自由长度，对比原始数据，变形量超过 5%则需要更换；检查阀体内部有无裂纹、冲蚀痕迹，流道是否畅通无堵塞。

压力调整。在泵出口安装压力表（量程为额定压力 1.5 倍以上），缓慢起动泵，逐渐关闭出口阀门升压，观察压力表读数；当压力接近设定值时，微调调节螺钉，反复测试至安全阀在设定压力下稳定开启、关闭（启闭压差通常≤10%）。

六、齿轮泵的装复

对齿轮泵内部零件的相互位置和间隙大小，要求较高。在装复以前，各个零件均要保持光洁，主、从轴等要涂上润滑油。

1. 按拆卸相反的顺序分别把主、从动齿轮装入泵体中。

2. 装复端盖，如图 3-87 所示，注意泵壳上的定位销位置，应保持各零件相互间原有的平行度、垂直度、中心距和间隙的大小，不可硬敲猛击。

3. 交叉分次上紧螺栓到规定值。

4. 将轴封套入主动轴。

5. 转动主动轴检查是否能良好运转。

6. 装复后进行试运转,检查是否有异常的震动和噪声。CB 型外啮合齿轮泵拆装与检修完成。

图 3-87　齿轮泵装复

第十节　空压机的拆装与检修

（本节内容适用于：750kW 以上船舶二/三管轮。）

一、实操内容与要求

1.实操内容

（1）空压机的拆卸。
（2）高、低压吸排阀组，曲轴、轴承、轴封的测量、检查。
（3）空压机装复。

2.实操要求

（1）正确完成拆卸前的准备工作。
（2）正确使用吊具、通用工具、专用工具。
（3）掌握正确的空压机拆装步骤和操作方法。
（4）掌握正确的空压机相关部件的测量、检查方法。

二、拆装设备介绍

CZ 60/30 型空压机是一种船用二级空压机，如图 3-88 所示，现以它为例说明空压机的结构。这种空压机的排气量为 60 m^3/h，转速为 750 r/min，一级额定排气压力为 0.64 MPa，二级额定排气压力为 3 MPa。

曲轴 17 只有一个曲拐，输入端装有兼作联轴器的飞轮 24，电动机通过弹性联轴器带动曲轴旋转，再经连杆、活塞销带动活塞 6 在气缸 8 内上下往复运动。气缸及铝合金铸造的活塞都分成直径上大下小的两段，活塞顶部以上为气缸的低压级工作空间，活塞不同直径段过渡锥面以下的环形空间为高压级工作空间，这种形式称为级差式。活塞上段有 6 道活塞环，下段有 6 道活塞环和一道刮油环。活塞销用经表面淬火的 20 号钢制造，与活塞上的销孔过盈配合（因为铝合金活塞热胀系数比钢大），而与连杆小端有 0.025~0.077 mm 的配合间隙。

空气经滤清器 1 吸入气缸上部，滤清器用金属丝网或化学纤维层滤出气体中的灰尘等固体杂质，以减轻缸内磨损。较好的滤清器过滤效率达 99.9%，滤清器阻力损失一般为 24.5~58.9 Pa，但污染后可急剧增大。低压级吸气阀 4 和排气阀 7 装在气缸盖 5 上，升程为 3 mm。低压级安全阀 10 装在高压级入口处，开启压力为 0.7 MPa（一般比额定排压约高 15 %）；高压级的吸气阀 9 和排气阀 23 装在气缸中部的阀室内，升程为 2.1 mm。高压级安全阀 22 装在排气阀室出口处，开启压力为 3.3 MPa（一般比额定排压约高 10%）。

空压机运行较长时间后,气阀容易积碳,活塞环和阀片容易磨损,需要定期或不定期拆卸检查。此外,冷却水腔内沉积的水垢可能会影响冷却效果。因此,空压机需要定期进行维护保养,保证空压机工作正常。

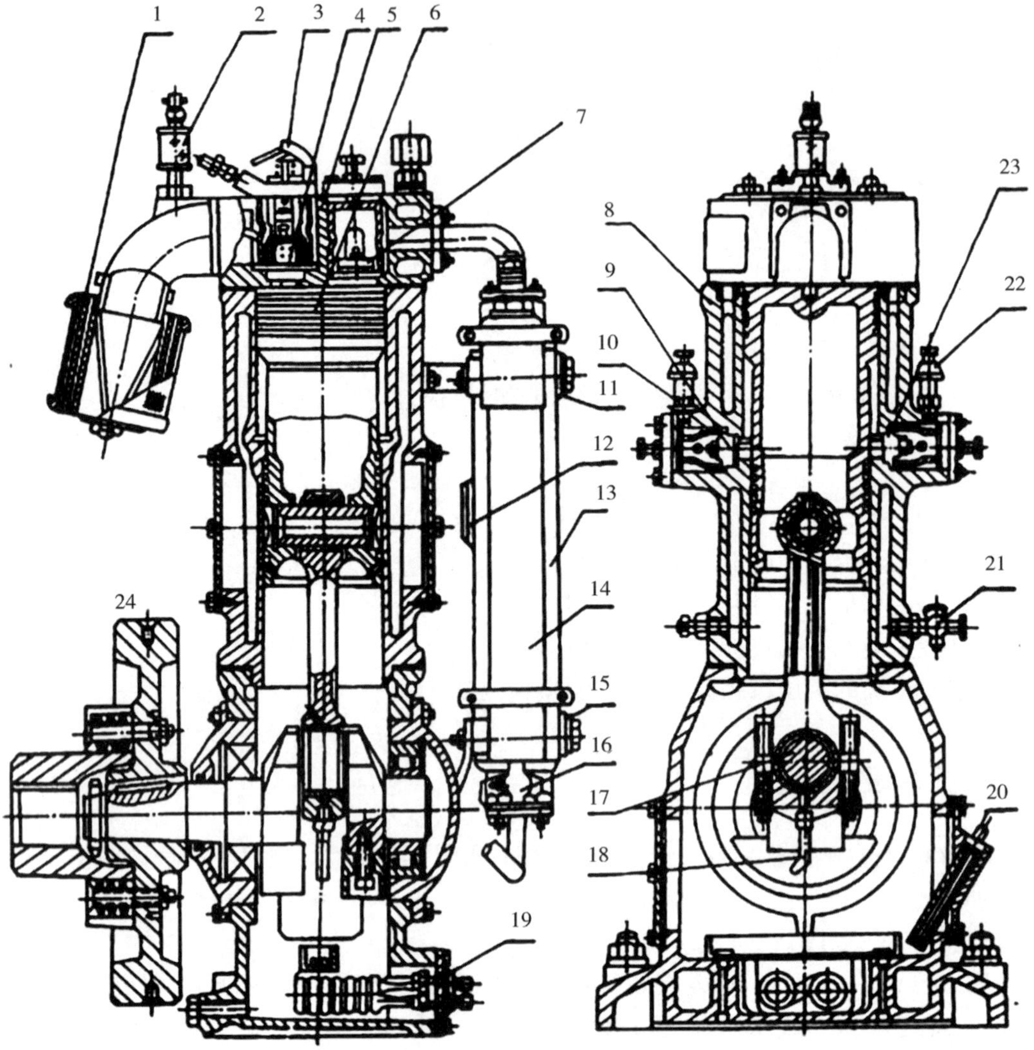

图 3-88 CZ 60/30 型空压机

1—空气滤清器;2—滴油杯;3—卸载机构;4——一级吸气阀;5—气缸盖;6—活塞;7——一级排气阀;8—气缸体;9—二级吸气阀;10——一级安全阀;11、15—防蚀锌棒螺塞;12—安全膜;13—冷却器;14—气液分离器;16—泄放阀;17—曲轴;18—击油勺;19—滑油冷却器;20—油尺;21—泄水旋塞;22—二级安全阀;23—二级排气阀;24—飞轮(兼联轴器)

三、拆卸前的准备工作

1. 穿戴劳保防护服(安全帽、工作鞋等)。

2. 检查吊装工具及起重设备(如手拉葫芦、钢丝绳、吊环、卸扣等)的安全状况,若有问题应及时更换;

3. 准备空压机拆装与检修工作所使用的常用工具、专用工具及量具,以及需更换的备件物料等;

4. 清理现场,准备好放置零部件所用的支架、垫木等;

5. 将空压机控制方式转为“机旁”,切断电源,关闭去空气瓶的截止止回阀,切断冷却水的供给;

6. 在拆装全程中应在空压机控制箱处悬挂“禁止起动”的警示牌。

四、空压机的拆卸

1. 拆卸前注意做标记,按照对角拆卸,分两次松开缸盖螺栓,拆下缸盖及相关部件,如图3-89(a)所示。

2. 用专用工具取出一级吸、排气阀,选用适合工具进行解体清洁。气阀因工作条件恶劣,是空压机中最易发生故障的部件,应定期进行检查与修理。

3. 松开连杆螺栓,取出下轴承盖及轴瓦,注意标记,如图3-89(b)所示。

4. 盘车至上止点,取出活塞连杆组件,如图3-89(c)所示,按以下程序检查活塞环损坏情况。

(1)活塞环的搭口间隙测量

检查时,将清洁过的活塞环平放在相应气缸缸径磨损最小的部位,用厚薄规(塞尺)测量搭口间隙,并做好记录。

(2)活塞环的天地间隙测量

检查时将清洁过的活塞环或新环依次装入清洁后的各道环槽中(注意,不可将上下端面颠倒)。使用厚薄规沿圆周上几个点测量环与环槽平面间隙,取其平均值。

活塞环的天地间隙超过极限时,则应换新。新环装入后,用手将环塞在环槽内转动一圈,看是否运转自如,有无卡阻。如天地间隙过小时,应进行研磨。但应注意只能锉磨环的上端面,使其符合要求。

(3)活塞环的背隙测量

如图3-90所示检查时,将活塞环装到活塞环槽内,用手把环压入环槽内,使活塞外表面成一凹口。然后将直尺紧贴活塞的外圆表面,用塞尺塞入其凹口内,塞尺的厚度即为活塞环深入环槽的深度(活塞环的背隙)。活塞环深入环槽的深度,其值根据缸径的大小而定。一般来讲低压活塞环深入环槽深度应大于1 mm;高压缸应大于0.5 mm。

(a)　(b)　(c)

图 3-89　空压机拆卸

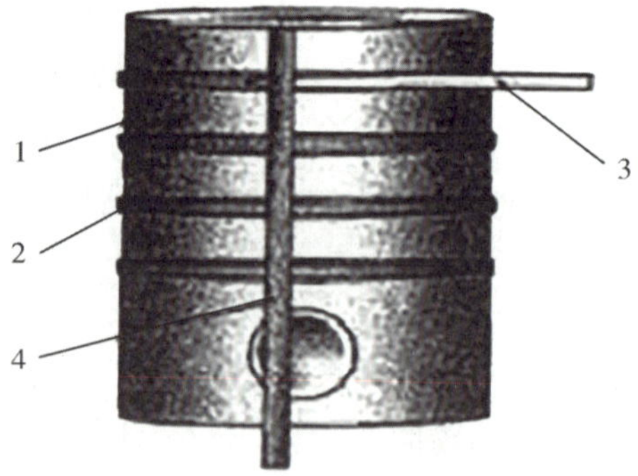

图 3-90　活塞环背隙测量

1—活塞;2—活塞环;3—塞尺;4—直尺

(4)活塞环的弹性

丧失弹性的环是不能使用的，最简便的检查方法测量其自由开口尺寸，然后把活塞环搭口并拢或张开一倍，再测量其开口尺寸。如变化量超过 10%，则说明环弹性不足，应换新。

五、高、低压吸排阀组的检修

1. 解体高低压吸排阀组，小心取出阀片，并把其他部件摆放好。

2. 清洁平台及阀片，将阀片置于平台上进行外观检查：

气阀拆下后应把它们放在煤油或轻柴油中浸泡，然后用软布将它们洗净，绝不能用刮、铲、磨等方法清除其表面的污垢和结碳。特别对阀座与阀片的配合面更应注意，否则会损坏精加工表面。当阀座与阀片上出现划痕等损伤时，建议换用备件。但在备件缺乏，阀座和阀片磨损或擦伤不大的情况下，可用研磨方法进行修复，如图 3-91 所示。

图 3-91　气阀的检修

3. 按正确方法进行阀片的研磨：

(1)准备好研磨平台及研磨砂。

(2)粗研：将粗研磨砂加少量的滑油调匀后，均匀涂抹于阀片阀面，然后在干净的研磨平台表面以“8”字形的推磨方式进行研磨，研磨时用力要均匀，并周期性地将研磨件进行 180°或分四个 90°旋转，以防止偏磨出现。重复研磨直至研磨面无明显痕迹时，清洁阀片。

(3)细研：换以细研磨砂，以与粗研相同的方法进行细研几分钟后清洁。

(4)精研：将研磨台与研磨件清洁干净后，使用滑油以相同的方法进行精研。

4. 组装阀件并进行密封检查：

研磨后用煤油检漏，组装时注意其方向性和灵活性。

六、曲轴、轴承、轴封的测量、检查

对曲轴、轴承及轴封进行外观检查、清洁、测量，并视情况更换部件。

1.曲轴的检查

检查曲轴时，发现下列情况就必须修理或换新：

(1)曲轴出现擦伤或刮痕；

(2)曲轴弯曲或扭转变形；

(3)曲轴有裂纹；

(4)曲轴键槽磨损；

(5)曲轴磨损超过规定的允许极限。曲轴轴颈和曲拐轴颈磨损，可用外径千分尺测量，如图 3-92 所示。在 1-1 和 2-2 位置，取断面 Ⅰ－Ⅰ 和 Ⅱ－Ⅱ 两个互相垂直的方向分别测量其轴颈并记录数值，根据测量数值，计算轴颈的圆度和圆柱度并与标准值对照。

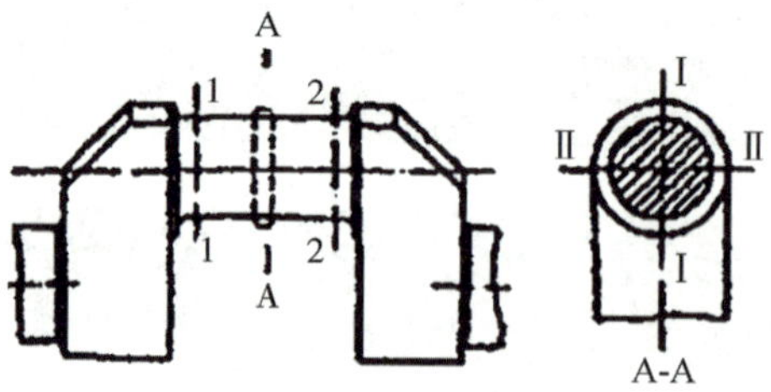

图 3-92　曲轴的测量

2.曲柄销轴承间隙测量

(1)选择合适的软铅丝，其直径一般为被测规定间隙的 1.5 倍。

(2)截取两段能包住轴颈 150°弧的软铅丝，用牛油将铅丝沿轴向等距粘于连杆大端轴承盖中装复。

(3)把连杆螺栓上紧到规定的扭矩。

(4)再拆下轴承盖，取下软铅片并清洁。

(5)用外径千分尺测量两段铅丝片中间部分的厚度，做好记录。

(6)计算出两个测量值的平均值，即为连杆大端轴承的间隙。

3.轴封检查

空压机轴封一般采用普通油封,如检查发现老化或漏油现象,应予换新。

七、空压机装复

1.评价标准

(1)活塞连杆组件组装;
(2)安装轴承盖及轴瓦,上紧连杆螺栓;
(3)安装缸盖及相关部件。

2.装配注意事项

(1)装复前,应将各零部件清洁干净。特别注意不要碰伤各配合面。
(2)装复油、水、气管路时要注意防漏。
(3)装配时各零部件和摩擦部位应涂以适量的润滑油。
(4)装配部件,应按顺序进行,防止漏装错装。
(5)装配时应按说明书要求对主要装配间隙进行测量和调整。
(6)紧固气缸盖螺母须用扭力扳手,对称逐次上紧,不要一次将其拧紧。紧固连杆螺母时也需使用扭力扳手,按照说明书规定的上紧方法逐次拧紧至规定值。如没有扭力扳手,可按组合件预装时所做的标记上紧。

上紧时应注意下列事项:①螺栓交替上紧;②分 2 至 3 次完成;③上至原标志处;④最后用开口销钉锁紧。

(7)扭力扳手使用完毕应按规定进行保养。

3.装复顺序

(1)将曲轴转到上止点位置,在曲柄销和缸壁涂上润滑油,然后把组装好的活塞连杆组件吊入气缸内。此时注意活塞环搭口应相互错开。
(2)装上连杆大端盖、连杆螺栓,按规定上紧螺母并装妥开口销。
(3)盘车数圈,检查空压机转动是否灵活自如,是否有不正常的声响。
(4)经检查一切完好后,清理曲轴箱内部,然后盖上曲轴箱道门。
(5)装复气缸盖和气阀组件及空气过滤器。
(6)装好进、排气管,冷却水管,油管,油水分离器及仪表。
(7)连接好电动机。

第十一节　锅炉水位计的拆装与检修

（本节内容适用于：750 kW 以上船舶二/三管轮、未满 750 kW 船舶二/三管轮。）

一、实操内容与要求

1.实操内容

（1）拆卸前的准备工作。
（2）锅炉水位计解体，更换垫床、组装。

2.实操要求

（1）正确完成拆卸前的准备工作。
（2）正确使用吊具、通用工具、专用工具。
（3）掌握正确的锅炉附件的拆装步骤和操作方法。
（4）掌握正确的锅炉附件相关的检查方法。

二、拆装设备介绍

本任务以船用锅炉玻璃板式水位计为例介绍结构和拆装检修要点。水位计如图 3-93 所示，采用高强度透明玻璃板，能够直接显示锅炉内的水位，便于观察。玻璃板通常经过特殊处理，具有较高的耐压和耐温性能。玻璃板和密封材料能够承受锅炉内的高压和高温环境。适用于船用锅炉的极端工作条件，确保长期稳定运行。结构设计便于安装和维护，通常通过法兰或螺纹与锅炉连接。提供直观的水位显示，便于操作人员实时监控锅炉水位。部分水位计利用光学原理，使水和蒸汽呈现不同颜色，便于区分，提高了水位识别的准确性，特别是在光线不足的情况下。设计考虑维护便捷，玻璃板可单独更换，降低维护成本。维护过程简单，减少了维护时间和费用。

水位计玻璃板长时间使用后，其板边可能出现缺口、汽蚀剥斑和裂缝，甚至碎裂，因而不能水密，这就需要拆卸，更换备件。

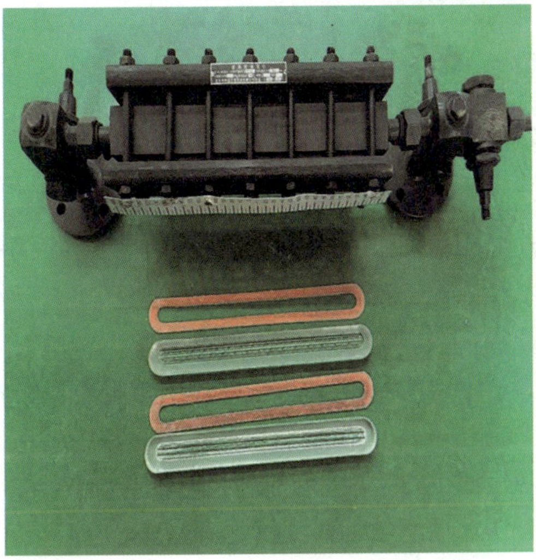

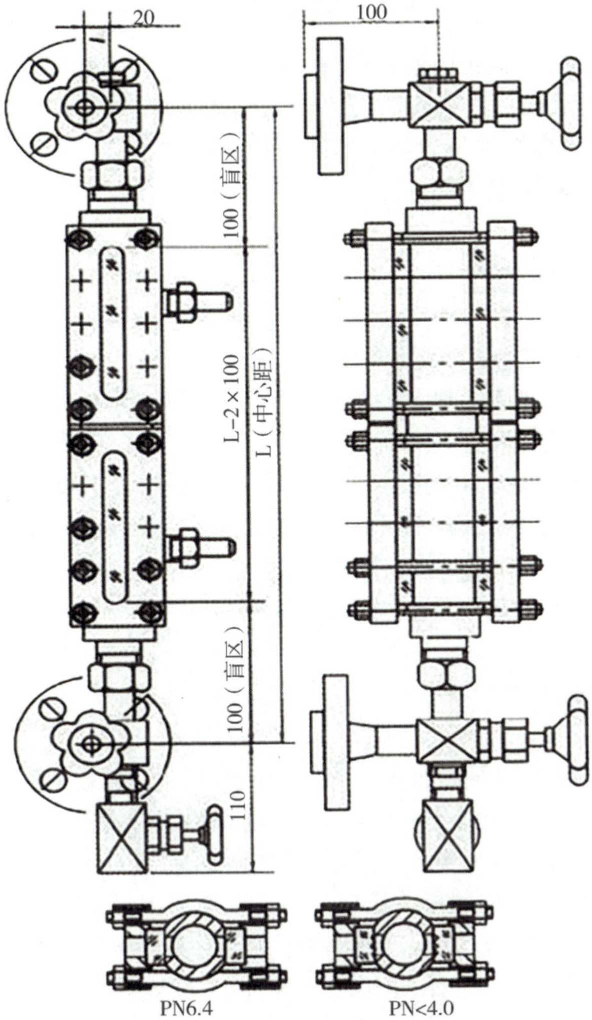

R49-AID（透光单色）

图 3-93　玻璃板式水位计

三、拆卸前的准备工作

1. 穿戴劳保防护服(安全帽、工作鞋等)。

2. 检查通用工具、专用工具的安全状况,若有问题应及时更换。

3. 准备拆装工作所使用的常用工具、专用工具及量具,准备扳手、螺丝刀、研磨工具、研磨膏、清洁布、润滑油、密封垫片等以及需更换的备件物料等。

4. 清理现场,准备好放置零部件所用收纳盒、布料等。

5. 关闭锅炉,切断电源,要确保锅炉已停止运行,并切断电源和燃料供应。待锅炉冷却至安全温度后再操作。确保系统无压力,穿戴防护装备。

6. 在拆装全程中应在操纵台前悬挂“禁止起动”的警示牌。

四、水位计的拆卸

1. 在拆卸水位计之前,必须正确地将水位计汽、水空间的旋塞关闭。待稍冷却后,均匀松开压板螺丝,小心取下玻璃板。进行清洁,尤其要刮净垫床。

2. 使用扳手或螺丝刀拆卸水位计与锅炉的连接螺栓或螺母。

3. 小心取出水位计,避免损坏部件。

五、水位计的清洁与修理

1. 清洁水位计和锅炉连接处的残留垫床和污垢。

2. 检查通气阀、通水阀和冲洗阀。

3. 换新玻璃管时应注意:填料应换新,管口要平整。

4. 水位计本体平面要清洁,旧垫床必须清洁干净,表面不可有凹陷、划痕等缺陷。

5. 玻璃板两侧垫床要完好无损,不可有折断、厚薄不均等缺陷。如需更换垫床,应选择合适垫床,确保新垫床与水位计和锅炉接口匹配,材质应耐高温、耐腐蚀。安装垫床时,将新垫床正确放置在接口位置,必要时使用适量密封胶增强密封效果。

六、水位计的组装

1. 垫床安装时,应预先将玻璃板连同框架烘热一段时间,如置于炉顶或放于热水中,让其充分热胀后再进行装配。将水位计小心放回原位,确保垫床位置正确。在装配时,玻璃板的垫床要做得大小恰当而且完整,其框架与玻璃板的接触面要绝对清洁,并涂上混有石墨(格兰粉)的气缸油或白铅油,然后将玻璃板放正。在上紧螺钉时要注意对称且逐渐地分几次上紧,不可以一次上紧,否则即使当时没有压碎玻璃板,也会在装上锅炉后由于热胀和泄漏而碎裂。

2. 组装连接件,装好通气阀、通水阀和冲洗阀,再装玻璃管或玻璃板组件;均匀拧紧连接螺栓或螺母,避免过紧或过松。

3. 检查密封性：水位计装复后，应按操作规程点火升压，检查水位计的安装情况，注意各连接处的密封情况；确保水位计与锅炉连接处无泄漏。之后，按水位计冲洗程序冲洗水位计数次。

第十二节　锅炉燃烧器的拆装与检修

（本节内容适用于：750 kW 以上船舶二/三管轮、未满 750kW 船舶二/三管轮。）

一、实操内容与要求

1.实操内容

（1）燃烧器的解体。
（2）雾化片的清洁与研磨。
（3）燃烧器的组装。

2.实操要求

（1）掌握正确的燃烧器的拆装步骤和操作方法。
（2）掌握正确的雾化片研磨方法。

二、拆装设备介绍

本任务以 LZ5W 型船用锅炉整体式燃烧器为例进行介绍，如图 3-94 所示。主要结构包括：（1）燃料供应系统，包括燃料泵、过滤器和喷嘴，确保燃料稳定供应。（2）空气供应系统，包括风机和风门，提供燃烧所需空气并控制风量。（3）点火装置：用于点燃燃料，通常包括点火电极和火焰探测器。

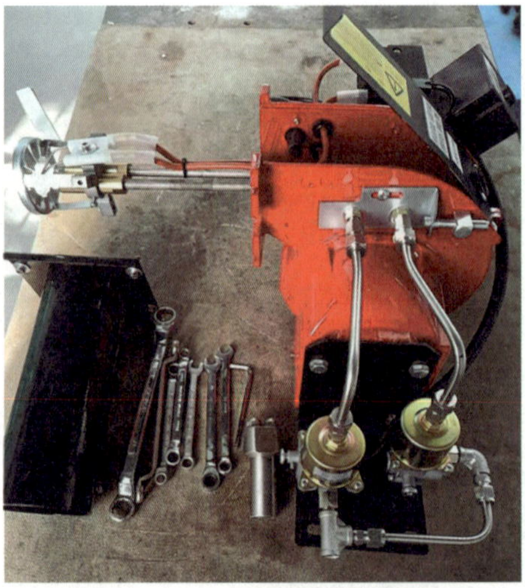

图 3-94　LZ5W 型整体式燃烧器

燃烧器采用压力式喷油器，其任务是把油雾化成很小的油滴，以利于燃油迅速和完全燃烧。压力式喷油器利用油泵将油压入喷油嘴，使油在其中高速旋转后喷出雾化。其构造原理如图 3-95 所示。

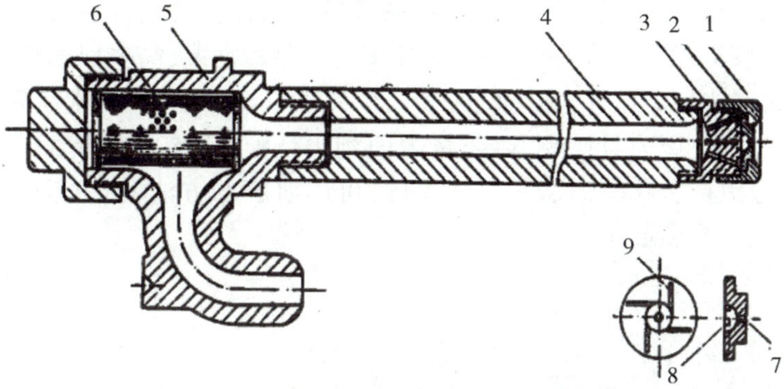

图 3-95　压力式机械喷油嘴

1—喷嘴帽；2—雾化片；3—喷嘴体；4—筒体；5—管接头；6—滤网；7—喷孔；8—旋涡室；9—切向槽

在喷油器的后端有一个管接头 5 与输油管相连，其中装有滤网 6。管接头用螺纹连接于空心的喷油器筒体 4 上。后者前端以螺纹连接喷嘴体 3，雾 化片 2 被喷嘴帽 1 用螺纹拧紧在喷嘴体上。喷油器头部的喷嘴（包括喷嘴体、雾化片和喷嘴帽）对喷油量的大小和雾化质量的好坏起着决定性的作用。

油泵把燃油升压送入喷油器，使油经喷嘴体上 6~8 个通孔到达前端面的环形浅槽，然后进入雾化片的切向槽 9 和旋涡室 8，形成强烈的旋转。由于旋涡室壁面的限制，油的旋转半径不断缩小，最后由喷孔 7 喷出。油流旋转的切向速度随旋转半径的缩小而增加，压力也越来越低，当压力降低到低于外面气体的压力时，外面气体就被吸入喷油器，使中心形成一个气体旋涡，所以油离开喷油器时是呈环形截面喷出，形成空心圆锥形。旋转越强烈，则雾化角越大。油从喷油器喷出后，由于油流本身的紊流脉动以及油流与空气相互撞击而雾化成细小的油滴。

压力式喷油器工作一段时间以后，其端部会因为长期受高温火焰烘烤而结碳，甚至会使部分喷油孔堵塞，这不但会引起雾化质量变低，且会导致油雾圆锥体的歪斜，破坏正常燃烧，必须拆下清洗。在某些全自动化锅炉中供油管上靠近喷油嘴处接有压缩空气管。当锅炉停止喷油熄火时，可用压缩空气吹除残存在喷油嘴上的油滴，延长拆下清洗的周期。

三、燃烧器的解体

1. 首先停止锅炉工作，挂好警示牌。
2. 关闭喷油器进、回油阀。
3. 拆除系统与燃烧器的连接油管。
4. 将燃烧器从锅炉火口处支承盖板上拆下。
5. 拆卸滤器盖，取出滤器。
6. 拆卸雾化片锁紧螺帽，取下雾化片。

四、雾化片的检查与研磨

1. 检查雾化片(如图 3-96 所示)时,发现喷孔磨损过大,表面出现裂纹等缺陷,应予换新。
2. 当雾化片切向槽因冲蚀而增大时,可用研磨的方法使其槽由深变浅。
3. 检查时如发现雾化片与喷嘴体配合密封面上有轻微划痕,需要研磨修复。

喷油嘴的关键零件是雾化片,在清洗时如发现有难以清除的碳粒,则应先用柴油浸泡使之变软后再清洗,切勿用金属刃具硬剔,以防将表面刻出伤痕,影响雾化质量。当切向槽的深度因冲蚀而增大时,应更换雾化片。若一时无备件,可用研磨的方法使之减小,以便恢复原有的通路面积,临时使用。步骤如下:

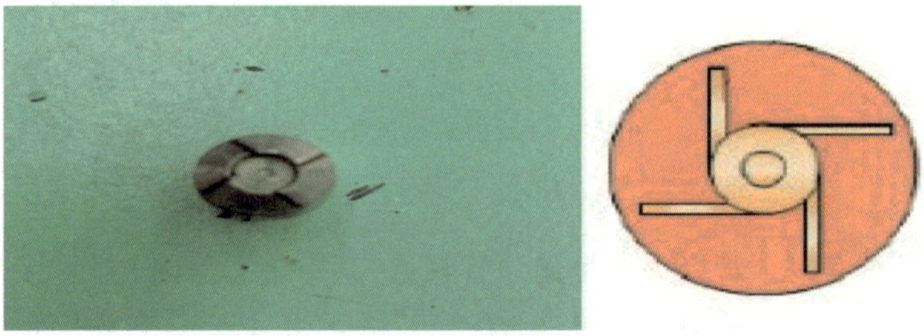

图 3-96　雾化片

(1)准备好研磨平台及研磨砂。
(2)先用粗研磨砂,后用细研磨砂。
(3)研磨过程中注意加一些滑油。
(4)研磨按"8"字形进行。
(5)精研:将研磨台与研磨件清洁干净后,使用滑油以相同的方法进行精研。

五、点火电极的检查调整

(一)检查步骤

1. 关闭电源,挂警示牌,确保系统完全隔离。
2. 检查是否有积碳、油污或腐蚀,用细砂纸(如 600#)轻擦清除。
3. 检查陶瓷绝缘体是否有裂纹或破损,避免高压漏电。
4. 用塞尺测量间隙,通常应为 3~5 mm(参考厂家手册,如某型号锅炉燃烧器建议 3.5 mm)。电极尖端应位于喷油嘴前方 2~4 mm,确保火花在燃油雾化区产生。
5. 检查高压导线是否老化、松动,接头无氧化或电弧烧蚀痕迹。

(二)调整方法

1. 松开电极固定螺栓,用塞尺定位后拧紧,确保两电极平行(间距误差≤0.2 mm)。

2. 电极尖端应略高于喷油嘴中心线(1~2 mm),避免燃油直接喷射到电极上。使用定位夹具或手动微调,确保火花在燃油雾化锥内。

3. 通电后观察火花状态(需两人配合,确保安全)。正常:蓝色强火花,连续放电。

异常:红色弱火花或间断放电,需检查变压器(输出电压应≥10 kV)或更换电极。

六、燃烧器的组装

1. 将雾化片装上喷嘴体,上紧锁紧螺帽;
2. 装上滤器和滤器盖;
3. 将组装好的燃烧器伸入锅炉火口处,并装妥;
4. 装妥燃烧器和燃油系统的连接油管;
5. 打开燃烧器进、回油阀。

第十三节 双头螺栓与螺栓的上紧

(本节内容适用于:750 kW 以上船舶二/三管轮。)

一、实操内容与要求

1.实操内容

(1)拆卸前的准备工作。
(2)双头螺栓的拆卸。
(3)双头螺栓的安装。

2.实操要求

(1)正确完成拆卸前的准备工作。
(2)正确使用通用工具、专用工具。
(3)掌握正确的双头螺栓拆装步骤和操作方法。

二、拆装设备介绍

双头螺栓,顾名思义,两端都有螺纹。双头螺栓是一种非常实用的紧固件,特别是在需要灵活调整和承受重载的场合。它的独特设计使得两端都有螺纹,可以分别安装两个螺母,提供更好的固定和承载能力。

图 3-97

双头螺栓的尺寸包括长度、螺纹直径和螺距，所以在购买和使用时一定要注意这些细节。这种螺栓能轻松应对高温高压的挑战，在船舶、风电设备等行业，双头螺栓也被广泛应用。双头螺栓还可以根据不同的需求，制成不同材质，像是不锈钢、合金钢等，适应各种环境的挑战。

三、拆卸前的准备工作

1. 穿劳保防护服、工作鞋，佩戴护目镜和手套、安全帽等。
2. 检查拆装通用工具、专用工具的安全状况，若有问题应及时更换。
3. 准备拆装工作所使用的常用工具、专用工具及量具，如双螺母扳手、专用拉拔工具、加热枪（如必要）、润滑剂（如 WD-40）、锤子、铜棒以及需更换的备件物料等。
4. 清理现场，准备好放置零部件所用的布料、纸张、收纳盒等。
5. 确保设备处于停机、泄压状态。
6. 在拆装全程中应在操纵台前悬挂“禁止起动”的警示牌。

四、双头螺栓的拆卸

1.松动螺栓

双螺母法：将两个螺母旋入螺栓同一端并相互锁紧，用扳手反向旋转下方的螺母以松开螺栓，如图 3-98 所示。

2.专用工具

使用双头螺栓专用扳手（带内六角或卡槽）固定螺栓一端，反向旋转拆卸。

3.加热法

若螺栓锈蚀严重，可用加热枪局部加热（注意温度，避免损伤母材），利用热胀冷缩原理辅助拆卸。

4.拔出螺栓

用拉拔器或铜棒轻敲螺栓端部，缓慢取出。若卡死，避免强行敲击，可交替加热和喷润滑剂。

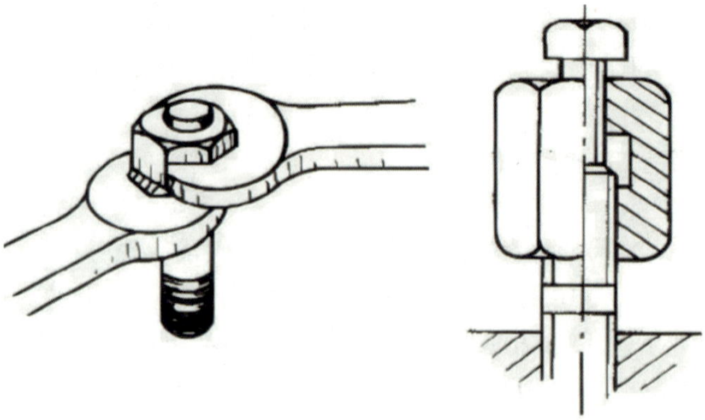

图 3-98　双螺母法

五、双头螺栓的安装方法及上紧要求

1.安装方法

(1)双螺母法:将两个螺母旋入螺栓一端并锁紧,用扳手旋转上方螺母将螺栓旋入孔中,到位后松开螺母。

(2)专用工具法:使用适配的安装工具将螺栓垂直旋入,确保两端螺纹均正确啮合。

2.上紧要求

(1)多螺栓固定件一般应按照原厂规定的上紧顺序和上紧力矩要求上紧;

(2)如无原厂规定的情况下,上紧顺序可按均匀、对称交叉、由内及外、由中间向两端的方法上紧,以保证能平整压紧;

(3)上紧螺栓时,可按下述程序上紧,即首次上紧到规定力矩值的1/3、二次上紧到2/3、三次上紧到规定值。每次上紧都要完成对所有螺栓的上紧后才能进行下一步。

第十四节　阀门的拆装与检修

(本节内容适用于:750 kW 以上船舶二/三管轮。)

一、实操内容与要求

1.实操内容

(1)阀门解体。
(2)阀门检修。
(3)阀的组装。

2.实操要求

熟练实施截止阀、止回阀、截止止回阀、蝶阀和安全阀的拆卸、清洗、检查与测量、修理、装复和试验。

二、阀门类型与结构

1.截止阀

如图 3-99 所示,截止阀是用于接通或切断管路中介质和控制其流量的,截止阀的阀杆轴线与阀座密封面垂直,阀杆通过带动阀盘的上下升降进行开启和关闭。截止阀一旦处于开启状态,它的阀座和阀盘密封面之间就不再有接触,而当它关闭时也具有非常可靠的切断动作,因而它的密封面机械磨损较小。由于大部分截止阀的阀座和阀盘比较容易修理,更换密封元件时无须把整个阀门从管线上拆下来,这对于阀门和管线焊接成一体的场合是非常适用的。

2.止回阀

如图 3-100 所示,止回阀的作用是只允许介质向一个方向流动,阻止反方向流动。通常这种阀门是自动工作的,在一个方向流动的流体压力作用下,阀盘打开;流体反方向流动时,由流体压力和阀盘的自重作用于阀座,从而切断流动。包括升降式止回阀和旋转式止回阀。

3.截止止回阀

如图 3-101 所示,截止止回阀是具有截止和止回(阻止工作介质逆向流动)双重作用的阀件。它的阀体、阀盖等和截止阀完全一样,与截止阀不同的仅仅是阀盘和阀杆的结构,它的阀盘并不固接在阀杆上,而是由带有止动凸肩的阀杆松插在阀盘的导孔中央。

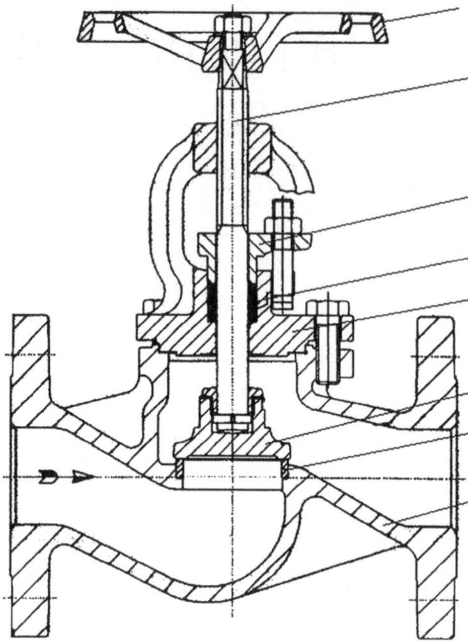

图 3-99 **截止阀**

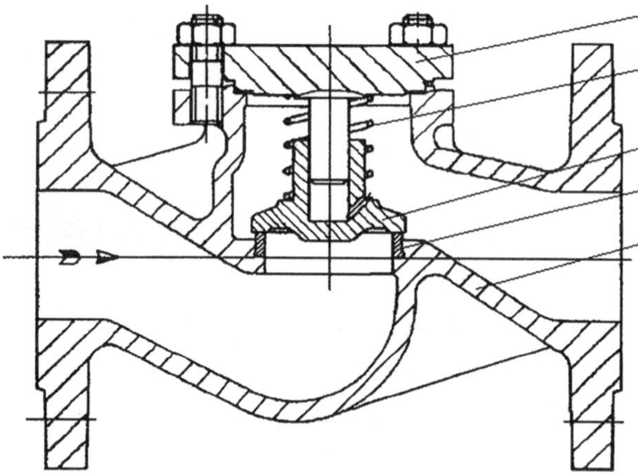

图 3-100 **止回阀**

由于截止止回阀的阀杆只是松插在阀盘的导孔中央,因此当手轮顺时针旋转阀杆下降时,阀杆顶住阀盘并强迫阀盘下降而紧紧地压在阀座上,此时起截止作用;而当手轮逆时针旋转阀杆上升时,阀盘并不随之提起,只有在介质作用于阀盘下面的作用力大于阀盘上面的作用力和阀盘的重量时,阀盘才能抬起(抬起的高度取决于阀杆上升的高度和介质的流动情况)。介质回流时,阀盘则下降而自动关闭阀门,此时起止回作用。

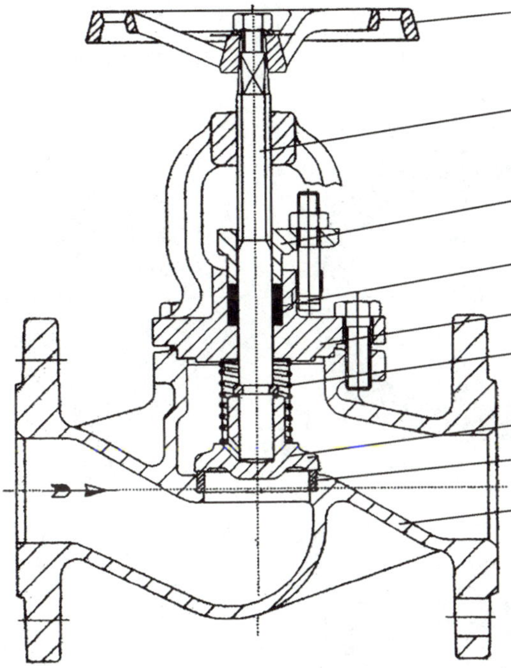

图 3-101　截止止回阀

4.蝶阀

如图 3-102 所示,蝶阀是用圆形蝶板作启闭件并随阀杆转动来开启、关闭和调节流体通道的一种阀门。蝶阀的蝶板安装于管道的直径方向。在蝶阀阀体圆柱形通道内,圆盘形蝶板绕着轴线旋转,旋转角度为 0°~90°之间,旋转到 90°时,阀门则呈全开状态。

蝶阀的特点:

(1)结构简单紧凑,外形尺寸小,重量轻,适用于大口径的阀门。

(2)流体阻力小,全开时有效流通面积较大。

(3)启闭方便迅速,调节性能好。

(4)启闭力矩较小,启闭较省力。

(5)密封面积较大,对工作介质的洁净程度和温度有较高要求。受密封圈材料的限制,蝶阀的使用压力和工作温度范围较小。

5.安全阀与泄放阀

如图 3-103 所示为安全阀,安全阀与泄放阀在结构和性能上很相似。一般用作锅炉等大型设备的安全装置称之为安全阀,安装在管道上或其他设施上的称之为泄放阀。安全阀必须经过压力试验才能使用。

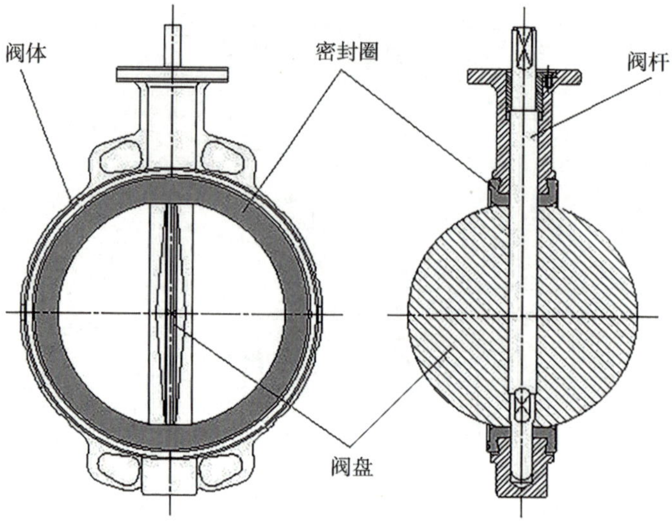

图 3-102　蝶阀

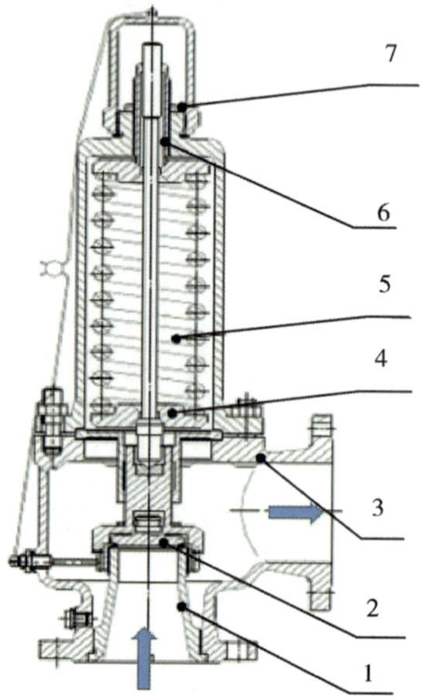

图 3-103　安全阀

1—阀体;2—阀盘;3—阀壳;4—弹簧座;5—弹簧;6—调节螺栓;7—锁紧螺母

三、阀门的拆装与检修

1.阀门解体

(1)截止阀和截止止回阀的解体

①拆除阀盖螺栓。将阀盖与阀体脱开,如阀盖与阀体配合过紧,可用螺丝刀在四周缝隙内撬动,并旋下阀杆,阀盖就易顶起。

②松开填料压盖螺母和手轮螺母,取下手轮,将阀杆从阀盖中旋出,再将阀盘从阀杆端拆

下(或从阀体中取出)。

③拆下填料压盖,取出填料。

(2)蝶阀的解体

①拆下阀杆和阀盘的连接销钉,取出阀盘(注意销钉呈锥形,从大端取出)。

②拆下阀杆。

(3)安全阀的解体

①拆下上方的安全阀手动强开机构。

②拆除阀盖螺栓,将阀盖与阀壳脱开。

③拆下阀杆上的锁紧螺母和调节螺栓,取出阀杆。

2.阀门检修

(1)检查阀杆、阀盖、阀体是否有裂纹;检查阀盘、阀座配合密封面是否磨损、腐蚀、划伤;检查阀杆是否有磨损、轴向划伤和螺纹损坏;判断是否需要更换。

(2)阀盘和阀座配合密封面出现轻微的麻点、锈蚀斑点、划痕等,可用研磨或先光车后研磨的方法修理。研磨后需进行密封性试验,可采用煤油渗透法或铅笔画线法检查。

(3)阀盘采用平板研磨方法:将研磨平板工作面清洁好,在平板上涂上研磨剂,把阀盘放在平板上,沿平板表面以“8”字形的手法研磨。最后在平板上涂上一层滑油,继续研磨,使阀盘表面光滑平整。

3.阀的组装

(1)密封垫床必须换新。

(2)更换新填料时,尺寸和质量要符合要求。

(3)填料压盖上紧程度要适宜,一般以手能转动手轮为宜。

(4)在阀盘处于开启(或能开启)状态下,将阀盖和阀杆的组合件装入阀体中。

(5)螺栓应对角逐次均匀上紧。

(6)阀的装复按拆卸解体时的相反顺序进行,阀装复后,应检查阀各连接处的密封情况。

第十五节　板式换热器的拆装与检修

(本节内容适用于:750 kW 以上船舶二/三管轮。)

一、实操内容与要求

1.实操内容

(1)换热器的拆卸。
(2)换热器的清洗、检查、测量与修理。
(3)换热器装复和试验。

2.实操要求

熟练实施换热器的拆卸、清洗、检查与测量、修理、装复和试验。

二、拆装设备介绍

换热器是实现热量交换的设备,使用换热设备是为了达到加热或冷却的目的,船舶常用的换热器可分为冷却器和加热器。本章以冷却器为例对换热器的拆装检查进行讲解。

如图 3-104 所示,板式换热器是由许多波纹形的传热板片,按一定的间隔,通过橡胶垫片压紧组成的可拆卸的换热设备。板片组装时,两组交替排列,板与板之间用黏结剂把橡胶密封板条固定好,其作用是防止流体泄漏并使两板之间形成狭窄的网形流道,换热板片压成各种波纹形,以增加换热板片面积和刚性,并能使流体在低流速下形成湍流,以达到强化传热的效果。板上的四个角孔,形成了流体的分配管和汇集管,两种换热介质分别流入各自流道,形成逆流或并流通过每个板片进行热量的交换。

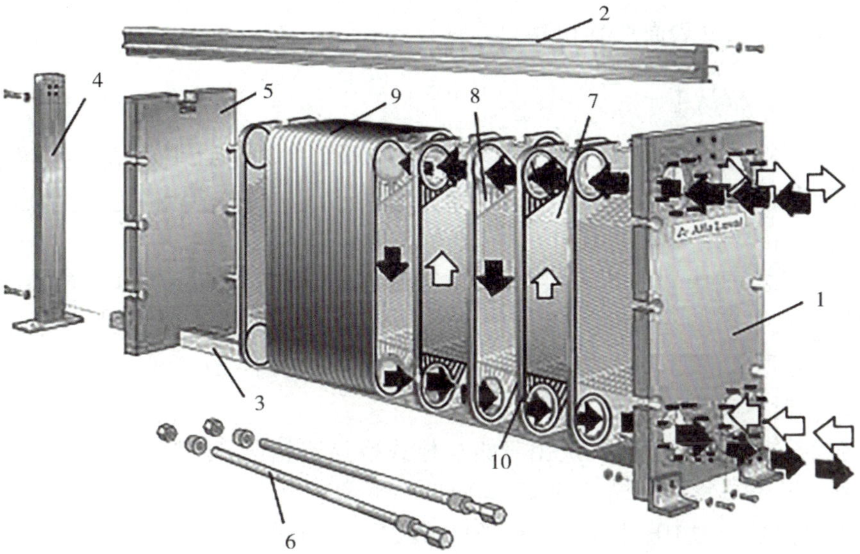

图 3-104 板式换热器的结构图

1—固定板;2—承载杆;3—导杆;4—支柱;5—压力板;6—螺杆;7—换热板;8—换热板;9—板片组;10—密封垫圈

三、板式换热器的拆装与检修

1.换热器的拆卸

(1)将板式换热器上各连接管的阀门关闭好。

(2)拆卸板式换热器上连接各管法兰,卸下进出管,排净换热器中介质。

(3)检查承载杆的滑动面,并对其进行清洁和润滑。

(4)在板片组装置的外表面上画一条对角线进行标记。

(5)用直尺在对称的四个位置上测量板式换热器的厚度 A 值(固定板和压力板之间的板片组厚度),并记下该 A 值和位置。各位置的 A 值应相等,且与板式换热器上的铭牌所标的 A 值一致。

(6)用扳手对称地、均匀地卸下板式换热器紧固螺杆上的螺帽。

(7)移开压力板,卸下板式换热片。拆卸时应注意各个换热片的编号,以及上、下端与正、反面,切记不要搞错,若有必要可重新按拆卸的方位做好记号。如果仅用水(不使用清洁剂)进行清洁,则不需要拆卸板片。

2.换热器的清洗、检查、测量与修理

(1)换热器清洗,用热水刷洗或用适合的溶液浸泡后清水刷洗。

(2)若要更换新垫片,取下密封垫片后需用丙酮或其他酮类有机溶剂,将垫片槽擦净,再将胶黏剂均匀涂在板片密封槽里。

(3)逐片检查传热板片是否有裂纹或穿孔,若有,须及时修整或替换。

(4)检查换热板片是否有凹坑或局部变形,超过允许值的,进行修整或替换。

(5)检查密封垫片是否有老化、变质、裂纹等缺陷,禁止用硬的物品在表面上乱划。

(6)密封垫片与板片表面严禁积存固体颗粒,如沙子、铁渣等。

3.换热器装复和试验

(1)将清洗干净的换热片按所编顺序号安装在承载杆和导杆上。应特别注意换热板的上、下端及正反面,交错插入板片,并将密封垫,依据板片悬挂列表中的规定朝向、方向和拆卸前板片组画的对角线标记来确定板片位置,绝对不能装错。

(2)将压力板装回,上紧压力板,将螺杆重新装妥,用专用扳手将其按对角顺序均匀上紧,或用专门的扭力扳手上紧,正确的上紧力矩由说明书给出。

(3)用直尺在原来的四个位置测量板式换热器的 A 值,均匀地调整螺杆螺母,直到 A 值达到拆卸前或很接近拆卸前的 A 值尺寸。

(4)先将换热器的一种流体的进出管路与板式换热器相连,打开相应的进出口阀,检查其换热器是否存在外漏或混流。若无泄漏,则应拆卸下这一流体的连接管路,再将另一流体的进出管路连接到换热器上,加压,检查泄漏情况,若无异常,可连接所有管路,这样板式换热器便可投入使用。

第十六节　壳管式换热器的拆装与检修

(本节内容适用于:750 kW 以上船舶值班机工以及未满 750 kW 船舶值班机工。)

一、实操内容与要求

1.实操内容

(1)拆装之前的工具准备;
(2)壳管式冷却器清通之前的准备工作;
(3)拆开并清通冷却器,判断清通的效果;
(4)使用专用工具进行试漏检查,必要时封管;
(5)掌握锌块安装的要点;
(6)安装时检查端盖与壳体之间密封圈或垫床。

2.实操要求

能正确完成冷却器的拆装、清洗、检查工作。

二、壳管式换热器的拆装和检修

清洗前将冷却器的进出口阀关死,打开冷却器下部的放水阀,放出冷却器内的残水。拆除靠近冷却器的短管和前后端盖,用合适的工具进行清通。

1.海水侧的清洗

(1)使用专用通条清通每一个冷却管,清除管内海水微生物和泥渣;
(2)清通后使用淡水冲洗每一个冷却管,并可依据冷却水管出水情况判断清通效果;
(3)清除前后端盖的污物和锈蚀。

2.冷却器的泄漏检修

冷却器的泄漏检查采用压力试验法。

(1)水压试验:

①操作方法:将换热器管侧和壳侧分别充满水,排净空气后缓慢升压。试验压力一般为设计压力的 1.25~1.5 倍(具体倍数根据相关标准和设备要求确定)。在升压过程中,仔细观察压力变化和设备有无泄漏迹象,保压一段时间(一般不少于 30 min),检查压力是否下降。如果压力下降明显,说明可能存在泄漏。

②优点：水压试验安全可靠，因为水的压缩性小，一旦发生破裂等紧急情况，水的能量释放相对缓慢。同时，水容易获取，而且可以直观地观察到泄漏位置，因为水会从泄漏处渗出。

③缺点：对于微小泄漏的检测灵敏度相对较低，一些微小的孔隙可能不会有明显的水滴渗出。

(2)气压试验：

①操作方法：用干燥、洁净的空气或其他惰性气体(如氮气)作为试验介质。同样将管侧和壳侧分别升压至规定压力，一般为设计压力的 1.1~1.15 倍。在升压过程中，用肥皂水或其他检漏剂涂抹在可能泄漏的部位(如焊缝、法兰连接处、管口等)，观察是否有气泡产生。

②优点：气压试验对微小泄漏比较敏感，能够检测出较小的泄漏点。而且气体可以充满设备的各个角落，检测范围更全面。

③缺点：气体是可压缩的，一旦发生破裂等情况，气体瞬间释放的能量较大，具有一定的危险性。所以气压试验需要采取严格的安全措施，如设置防护栏、控制升压速度等。

(3)堵管的泄漏维修

用锥形堵头将管口堵塞，管堵材料的硬度不能高于管子的硬度。堵后不应焊接，因为焊接时，管子局部受热就容易使周围的管子和管板处也同时受热，从而对管子有一种拉脱的作用，造成周围的列管也松动，在运行中很可能产生泄漏。堵管数不得大于总管数的 10%。

3.冷却器的密封件检查与装复

(1)检查端盖的隔水板与密封圈(或密封板)，隔水板完好无缺陷，密封圈完好并有一定的弹性，如有破损老化应予换新。

(2)清洁端盖密封面，放好密封件，装复冷却器端盖，均匀上紧端盖螺丝，打开放气阀门，微开进水阀放净系统空气后进行通水检查无泄漏后，冷却器投入工作。

第十七节　管系的拆装和修理

（本节内容适用于：750 kW 以上船舶二/三管轮、未满 750 kW 船舶二/三管轮、750 kW 以上船舶值班机工以及未满 750 kW 船舶值班机工。）

一、实操内容与要求

1.实操内容

（1）管路的拆除。
（2）管路的检查与修复。
（3）管路组装和试压。

2.实操要求

（1）正确完成拆卸前的准备工作。
（2）正确使用吊具、通用工具、专用工具。
（3）能够正确进行管系的拆卸、检修与装复工作。

二、船舶常用管道材料介绍

管子是用来输送各种工作介质的通道，在各类船舶上常用的管子主要有三大类别，即钢管、铜管、塑料管。船舶管路绝大多数采用钢管。

1.钢管

钢管按制造工艺分为有缝钢管和无缝钢管，钢管的材料有普通碳素钢、优质碳素钢、合金钢和不锈钢等。主要用于Ⅰ级和Ⅱ级管系的管子。

（1）无缝钢管

无缝钢管由圆坯加热后，经穿管机穿孔轧制（热轧）而成，或者经过冷拔成为外径较小的管子。有足够的强度，良好的延伸率和工艺性，在船舶各管系中应用最为广泛，如蒸汽管、燃油管、滑油管、压缩空气管等。不锈钢管也属于无缝钢管的范畴。

（2）有缝钢管

有缝钢管由钢板卷曲后经焊接而成，按表面颜色分为白铁管和黑铁管。材料无严格要求，机械性能相对较差。一般为Ⅱ级管系。

2.铜管

铜及铜合金抗腐蚀性能好，但价格较贵。Ⅰ级和Ⅱ级管系中所使用的铜和铜合金管应为无缝管，Ⅲ级管系所用的铜和铜合金材料，应根据接受的标准进行制造和试验。

最常用的铜管有紫铜管（含铜量>99.5%）和黄铜管（铜锌合金）两种。两者相比较，紫铜管的韧性稍高一些，黄铜管的强度稍高一些。

（1）紫铜管

紫铜管质地柔软，工艺性好，具有很高的塑性和耐蚀性。不适用于高温、高压系统，价格较贵。在一般的船舶上只用于压力表管或直径 $\Phi \leqslant 14$ mm 的液压油类管，但在舰艇上得到广泛应用。

（2）黄铜管

黄铜管抗海水及空气的腐蚀能力强，导热率好，价格较贵，一般用于热交换器的管束。加工时均应首先进行退火处理。

三、管系的拆装

1.管路的拆除

（1）关闭准备拆装管路前后的阀门，打开管路上的压力卸放阀，卸放管路内的压力和液体；

（2）拆松固定管路的管夹；

（3）所有连接管路上的连接螺栓拆卸完毕后，可解开管路固定夹，移走损坏管路；

（4）按照顺序拆卸管路，一般是从上到下，先仪表后阀门，拆卸过程中不得损坏管件和仪表；

（5）拆下的管子、管件、阀门和仪表要归类放好。

2.管路的检查与修复

（1）清洁，检查是否有锈蚀、穿孔等并进行修复；

（2）选取合适的密封件材料按模板制作密封垫件；

（3）用刮刀去除管路连接法兰处旧密封件并换用新密封件。

3.管路组装和试压

（1）安装中要保证横平竖直；

（2）每对法兰的平行度、同心度要符合要求；

（3）阀门安装前要将内部清理干净，关闭好再进行安装，对有方向性的阀门要与介质流向一致；

（4）在规定的压力下和规定的时间内管路所有接口无渗漏现象。

四、船舶管系的维修方法

船舶管系的损坏主要是管子的损坏，会影响柴油机的正常运转，甚至危及船舶安全。破损管路的修复方法通常包括换新法、焊补法、管箍法、打水泥箱法、铁水泥修补法和环氧树脂修补法。

1.换新法

用新的管路更换有问题的管路，可以一次解决修复段管路的所有问题。换管修复时管路必须停止工作，是成本最高的修复方案。

2.焊补法

选稍大于管子孔洞的钢板，弯成与管子外径相同的圆弧形，贴到管壁上盖上洞孔，然后将钢板的边缝焊牢于管子上。当焊补燃油、滑油管路的管子时，必须将管子拆下进行焊补，以免引起爆炸和火灾。

3.管箍法

此法也称打卡子法。在管道孔洞部位包裹一层橡胶，然后用管箍夹牢。无管箍时，可用铁丝替代，但需在橡胶外面再覆盖铁皮或铜皮。此方法多用来修补直径较小的低压海水、淡水管道或蒸汽管道上的小孔洞。管箍如图 3-105 所示。

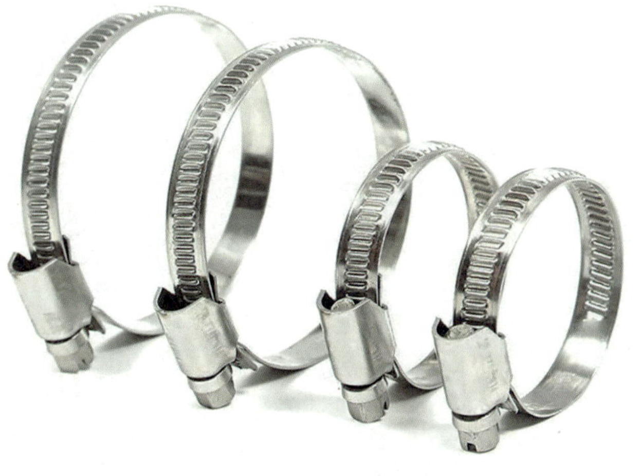

图 3-105　管箍

4.打水泥箱法

也称水泥修补法，多用来修补直径较大的海水管子上的孔洞，尤其适用于靠近舱底板的大直径海水管上的漏洞。修补前，应先将管子漏洞处的油污清洁干净，用木板或铁板制作一个简单的托架，支撑于有漏洞管子处，再用铁丝将管子和托架固定。修补时，用调和好的水泥灌注于托架与管子之间，将漏洞堵住。待水泥干燥固结后将托架拆除。调和水泥时应掺以一定比例的沙子,灌注水泥后应每隔 1~2 h 洒一次淡水,以防水泥产生裂纹。

5.铁水泥修补法

如图 3-106 所示,铁水泥是一种修补剂,又名“冷焊剂”,耐化学腐蚀,抗磨和耐磨,可在常温下固化,可作为应急堵漏管子之用,适用于小直径管子的修补。修补前,应先将管子卸压,放掉存水,并清洁管子孔洞周围。按照使用说明定量调配铁水泥,涂于管子漏洞处并用玻璃丝带包扎,约数小时后铁水泥干燥固结,将管子上的孔洞堵住。

图 3-106　铁水泥

第十八节　管系堵漏

（本节内容适用于：750 kW 以上船舶值班机工以及未满 750 kW 船舶值班机工。）

一、实操内容与要求

1.实操内容

（1）管路堵漏器材的选择。
（2）管路的堵漏。

2.实操要求

（1）正确地选择堵漏器材。
（2）正确完成管路堵漏。

二、根据不同的场合正确选用合适的管路堵漏器材

1. 两瓣半圆形卡子：如图 3-107 所示，这种方法一般用在管路压力较小的场合。

图 3-107　两瓣半圆形卡子

2. 铁皮管夹：如图 3-108 所示，这种方法一般用于管路压力较小、尺寸较小的场合。

图 3-108　铁皮管夹

3. 专用管夹:这种专用管夹可以用在一些压力较大的场合。
4. 打水泥:适合靠近舱底板的大直径海水管路。
5. 铁水泥:适合修补直径较小的管路破损。

第十九节　过滤器的拆装和清洗

（本节内容适用于：750 kW 以上船舶值班机工以及未满 750 kW 船舶值班机工。）

一、实操内容与要求

1.实操内容

(1)待拆洗滤器的转换。
(2)正确掌握打开滤器的操作方法。
(3)熟悉滤芯的结构并可正确拆出。
(4)对不同的滤器、滤芯正确清洗。
(5)对滤器壳体内进行检查、清洗。
(6)滤器装复，排气操作。
(7)清理现场，工具收妥。

2.实操要求

完成对过滤器的转换、解体、检查、清洗，准备好清洗设备以及安装到位。

二、滤器的拆卸

在船舶管理中，应经常注意检查燃、滑油滤器进、出口压力差。如其压力差增大，则滤器可能堵塞，须拆下清洗；若压力过小，则滤器可能损坏，也应及时拆下检查更换。由于滤器具体结构不同，故拆装方法也不尽相同。

一般船舶不论在燃油系统或滑油系统，不管是粗滤器还是细滤器都制成双联式，即两个滤器安装在同一底座上，且又并联于系统中。在两个滤器之间装有一个三通旋塞，其露出端上刻有记号“⊥”用以指示旋塞的工作位置。当旋塞手柄垂直向下时，记号指明旋塞的工作位置为“⊥”，即进油油路同两个滤器相通，两个滤器同时工作；若把旋塞手柄置于左水平位置，记号指明旋塞的工作位置为“├”，即进油与右侧滤器相通，表明右侧滤器工作，左侧滤器停止工作（这时可以清洗左侧滤器）。若把旋塞手柄置于右水平位置，记号指明旋塞的工作位置为“┤”，即进油同左侧滤器相通，表明左侧滤器工作，右侧滤器停止工作（这时可以清洗右侧滤器）。如图 3-109 所示：

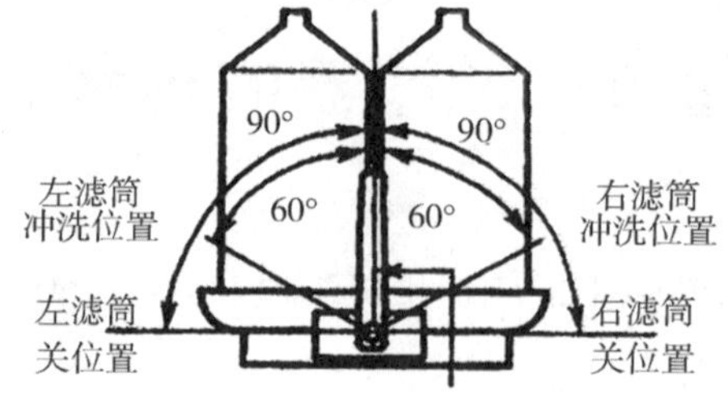

图 3-109　滤器工作位置转换

运行中滤器的拆卸：

1. 转换滤器：拆解滤器之前，首先应确认清洗的滤器，将旋塞转至使要清洗的滤器停止工作，而使旁通滤器投入工作。在转换手柄时要尽量快，以免因系统断油而造成设备自动停车（这种操作故障在航行的船舶上也是常会发生的）。有的滤器的三通旋塞手柄有固定锁，转换前应首先打开锁，转换后再锁上。

2. 转换检查：将滤器的放气旋塞稍松一下（或稍松滤器盖），如果没有油喷出，表示滤器转换正确。

3. 打开滤器下部的放油阀，放出滤器中的残油。

4. 打开滤器上部盖子，将滤芯抽出，进行清洗或更换（如果是两层金属网式，还需将内层的金属网拆下清洗），如图 3-110 所示。

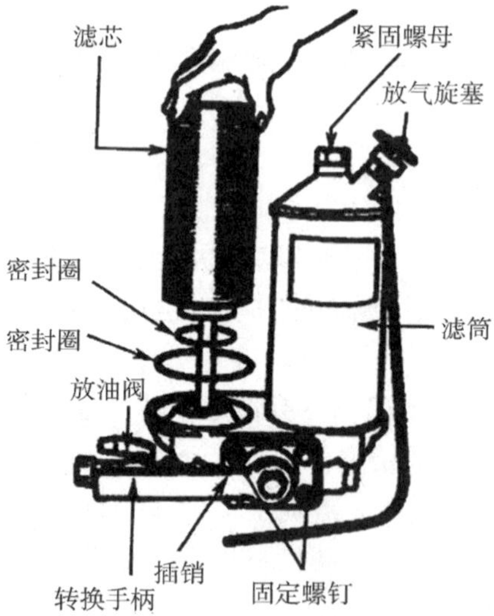

图 3-110　滤器的拆卸

三、滤器的清洁

1. 如果是滑油滤器的滤芯,原则上不允许在柴油中浸泡(防止将燃油带入滑油系统中),而应将滤芯抽出后直接用毛刷将其污物除掉,如图3-111所示,然后用压缩空气吹净。

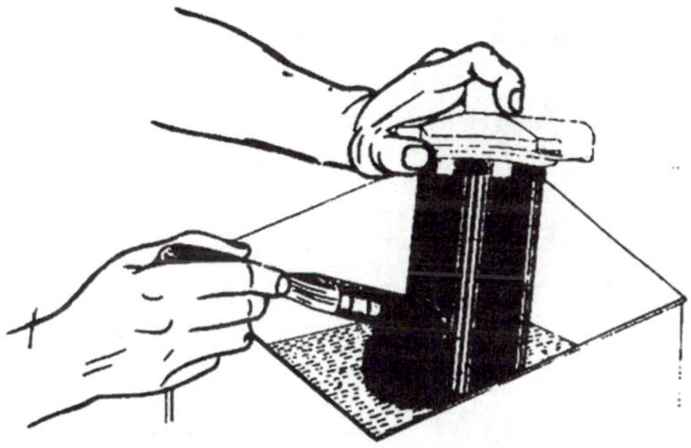

图3-111 滤芯的清洗

如果滑油细滤器的滤芯很脏,单纯用压缩空气吹不净,可先在装有四氯化碳或清洁剂的桶内浸泡,再用压缩空气吹干,将滤芯装入干净桶内,倒入少许和柴油机同一规格牌号的滑油,将滤芯在滑油中涮一下即可安装。注意:对多层的金属网式细滤器,用减压空气吹净时,应由内向外吹,不要反向吹气,以防止杂物在气流作用下卡死在金属网内。在清洁过程中绝不允许用棉纱擦抹。必须擦抹时,最好用纤维少的绸布或者是软皮布。

2. 滤芯清洗完,可利用透光法检查清洁程度。

3. 必要时,还需清洁滤器壳体内部(可用绸布擦净,也可用同一品种的油冲净)。

四、滤器的装复

1. 组装滤器,在滤芯和滤筒上分别换装新的密封圈并装妥。用手压下滤筒以压下置于滤芯上的弹簧,并拧上紧固螺母。关闭放油阀,开启放气旋塞。

2. 转动转换手柄至冲洗位置。放气旋塞处流出的气泡在管口处完全消失时,关闭放气旋塞,再将转换旋塞转到原来滤器工作的位置上,上紧转换旋塞的锁,检查密封垫圈处有无漏油,擦净滤器外面残油,滤器清洗工作便告以结束。

参考文献

[1] 崔向东，张运秋，陈正昂. 船舶柴油机拆装与检修. 大连：大连海事大学出版社，2020.
[2] 费千. 船舶辅机[M]. 大连：大连海事大学出版社，2010.
[3] 李斌，王忠诚，段续旭等. 主推进动力装置(二/三管轮)[M]. 大连：大连海事大学出版社，2021.
[4] 李斌，杨智远，傅克阳. 主推进动力装置(大管轮)[M]. 大连：大连海事大学出版社，2022.
[5] 刘西全. 船舶柴油机拆装与操作[M]. 大连：大连海事大学出版社，2015.
[6] 马喜仲. 大管轮适任评估中的增压器实操分析[J]. 船海工程，2014(01)：87-89.
[7] 潘汝良. 船舶动力设备拆装与检修[M]. 大连：大连海事大学出版社，2020.
[8] 潘汝良. 船舶动力设备拆装[M]. 大连：大连海事大学出版社，2014.
[9] 吴艳茹. 浅谈柴油机曲轴项目实操评估要点[J]. 天津航海，2014(01)：56-58.
[10] 于群. 轮机综合训练与操作[M]. 大连：大连海事大学出版社，2014.
[11] 张跃文，李斌. 船舶柴油机(第三版)[M]. 大连：大连海事大学出版社，2024.
[12] YANMAR 6EY26. Marine propulsion engine operation manual. YANMAR CO.,LTD.，2009.

附录